Martina Weber

Zwischen Handwerk und Inspiration

Lyrik schreiben und veröffentlichen

D1666797

Martina Weber

Zwischen
Handwerk und Inspiration

Lyrik schreiben und veröffentlichen

Mit Beiträgen von
Karin Fellner, Norbert Hummelt und Christian Schloyer
sowie Gesprächen mit
Kurt Drawert und Nathalie Schmid

2., vollständig überarbeitete Auflage 2008

.uschtrin.

In punkto Rechtschreibung folgt das vorliegende Werk
den Wünschen der jeweiligen Autorinnen und Autoren.
Bei den zitierten Gedichten und Gedichtausschnitten
wird die alte Rechtschreibung verwendet.

Quellenhinweise:
Martina Weber, „bäume an lichterketten gelegt" (S. 20): © Martina Weber
Norbert Hummelt, „Fensterausschnitt, Antennendraht" (S. 21–28): © Norbert
    Hummelt
Norbert Hummelt, „rapid eye movement" (S. 28), in: *Zeichen im Schnee.*
    © Luchterhand Literaturverlag, München 2001, S. 66.
Nathalie Schmid, „letztes wort" (S. 54): © Nathalie Schmid
Karin Fellner, „Mitschwingen. Widerhall" (S. 70–79): © Karin Fellner
Jürgen Nendza: „Vor dem Einkauf" (S. 101), in: *Haut und Serpentine,*
    © Verlag Landpresse, Weilerswist 2004, S. 12.
Steffen Popp, „Bukolische Postkarten I" (S. 105): © Steffen Popp
Friederike Mayröcker, „im Gebirge, August" (S. 106), in: *Winterglück. Gedichte
    1981–1985,* © Suhrkamp Verlag, Frankfurt/Main 1986, S. 12.
Christian Schloyer, „Ist Lyrik ein Erkenntnisinstrument?" (S. 124–142):
    © Christian Schloyer

© Uschtrin Verlag, München 2008
2. Auflage 2008 (1. Aufl.: Federwelt Verlag)
ISBN 978-3-932522-09-3

Druck: AZ Druck und Datentechnik GmbH, Kempten
Lektorat und Satz: Franziska Scheitzeneder
Umschlaggestaltung: Annette Bauer
Website des Verlags: www.uschtrin.de

INHALT

TEIL 2: LYRIK VERÖFFENTLICHEN

Vorwort zur 2. Auflage

Dieses Buch wendet sich an alle, die an ihrer Lyrik arbeiten wollen. Vor allem richtet es sich an Anfänger und fortgeschrittene Anfänger, die eine poetische Schreibweise entwickeln möchten.

Als Autorin dieses Buches muss ich mir die Frage gefallen lassen, ob man das Schreiben von Gedichten vermitteln kann oder – anders gefragt – ob man es lernen kann, ein Gedicht zu schreiben. Ich kann niemandem beibringen, ein gelungenes zeitgenössisches Gedicht zu schreiben. Spätestens seit der Romantik gibt es keine Gattungs- oder Regelpoetik mehr, also allgemein gültige Regeln, anhand derer die Qualität eines Gedichtes gemessen und auf einer Skala von ungenügend bis sehr gut eingeordnet werden kann. In unserer Zeit stellt jedes Gedicht seinen eigenen Maßstab auf. Die Verantwortung und Freiheit des Schreibenden ist damit größer – aber auch die Fallhöhe. Als Lehrender kann man allenfalls ein vorhandenes Talent hervorlocken und fördern, ein Talent, das sich zunächst in Interesse und im Willen, Gedichte zu schreiben, äußert. Genau das möchte dieses Buch in Verbindung mit seinen Literaturtipps sein: ein Angebot an handwerklichen Mitteln und inspirierenden Ideen für die ersten Jahre mit der Lyrik.

Viele Menschen haben ein echtes Bedürfnis, literarische Texte zu schreiben, wissen aber nicht, wie sie anfangen sollen, und oft wissen sie auch nicht, worüber sie schreiben wollen. In dieser Situation brauchen die Personen, die so gern Autoren sein möchten, verschiedene Arten von Anregungen. Sie müssen – auch für die Lyrik – lernen, wie sie in einen Schreibfluss geraten und wie sie Zugang zu ihrem Unbewussten finden.

Sie benötigen auf der anderen (der bewussten) Seite handwerkliches Wissen, um ihre Texte zu formen. Und sie brauchen Ideen, Anregungen, etwas, das in ihnen arbeitet und sich eigenständig formt.

Wer ernsthaft Lyrik schreiben möchte, muss sich zuerst ein Fundament bauen. Zunächst sollten Sie lernen, Lyrik so zu lesen, dass Sie als Schreibender davon lernen können. Da es keine

Gattungspoetik mehr gibt, brauchen Sie ab einem bestimmten, fortgeschritteneren Zeitpunkt für Ihre literarische Entwicklung auch Aufsätze, in denen Lyrikerinnen und Lyriker ihre Haltung zur Lyrik (ihre poetologische Position) offenlegen. Wenn Sie sich mit diesen Texten auseinandersetzen, werden Sie mit der Zeit auch ein eigenes poetologisches Konzept entwickeln bzw. herausfinden, welches Konzept Ihren eigenen Gedichten zugrunde liegt.

Nur die aktive Auseinandersetzung mit der Lyrik sorgt dafür, dass sich das Wissen um die Grundlagen im Unterbewussten absetzt und das Schreiben irgendwann von selbst steuert. Wer mit unterschiedlichen Schreibweisen experimentiert und selbstkritisch an den eigenen Gedichten arbeitet, schwimmt sich irgendwann frei und findet eine eigene Stimme.

Für die zweite Auflage habe ich das Buch ganz erheblich überarbeitet, in weiten Teilen neu geschrieben und vieles ergänzt. In diese Auflage habe ich zwei Interviews aufgenommen: zum einen mit Kurt Drawert, an dessen *Darmstädter Textwerkstatt* ich in den Jahren 2002 und 2003 teilgenommen habe, was mein Gespür für Lyrik entscheidend geprägt hat. Zum anderen mit der Schweizer Lyrikerin Nathalie Schmid, die sich mit mir unter anderem über ihre Herangehensweise an das lyrische Schreiben unterhielt. Norbert Hummelts Beitrag „Fensterausschnitt. Antennendraht" über seine Verbundenheit mit der Romantik und seine wichtigsten Lesestationen fand sich schon in der ersten Auflage und ist immer noch sehr lesenswert. Hinzugekommen sind Beiträge von Christian Schloyer, dem Leonce-und-Lena-Preisträger des Jahres 2007, der für dieses Buch seine poetologische Position ausformuliert hat, sowie ein Beitrag von Karin Fellner, die von ihrer Arbeit als Lyriklektorin berichtet. Die Verlagsliste habe ich komplett neu recherchiert, viele neue Literaturtipps, Hinweise auf Internetseiten und 28 Arbeitsanregungen zur Entwicklung der eigenen Lyrik eingefügt.

Meine Artikel zu den handwerklichen Grundlagen basieren vor allem auf den in den Literaturempfehlungen genannten Titeln. Manche Begriffe werden uneinheitlich verwendet (heißt es nun *Vers* oder *Verszeile* oder *Zeile*?), über manches wird in der

Germanistik gestritten (zum Beispiel über das Verhältnis von Metrum und Rhythmus). Da die Artikel zum Handwerk keine wissenschaftlichen Arbeiten, sondern praktische Hilfe sein sollen, habe ich mich in solchen Fällen an die Meinung gehalten, die in der Literatur überwiegend vertreten wird.

Die Lyrik ist nicht nur die experimentierfreudigste und freieste literarische Gattung, sie wurde auch immer, und verstärkt seit der Moderne, von der Reflexion und Diskussion nicht nur der Literaturkritik, sondern vor allem auch der Schreibenden begleitet. Um möglichst vielen, auch widersprüchlichen Stimmen Raum zu geben, habe ich im gesamten Buch weitere Zitate platziert.

Martina Weber

Teil 1: Lyrik schreiben

1. Eine lyrische Stimme entwickeln
Martina Weber

1.1. Was ist ein Gedicht?

Der vernichtendste Kommentar zu Texten, die jemand als eigene „Gedichte" vorstellt, ist: „Das sind keine Gedichte." Dieser Satz verstört den Schreibenden und irritiert sein Verhältnis zum Geschriebenen, das das große Wort „Gedicht" nicht zu verdienen scheint. Doch was macht einen Text zum Gedicht?

Die Frage, wie Gedichte von anderen Textgattungen abgegrenzt werden können, ist in der Literaturgeschichte immer wieder diskutiert worden. In der Bevölkerung verbreitet ist ein Verständnis, das auf Johann Gottfried Herder (1744–1803) zurückgeht. Kennzeichen von Dichtung ist demnach ein stimmungsvoller Ausdruck der Innerlichkeit eines Ich, das mit dem Autor oder der Autorin identisch ist, in Versen geschrieben, rhythmisiert und möglichst noch gereimt. Ein typisches Beispiel dafür sind diese Verse unbekannter Herkunft:

Willst du dein Herz mir schenken,
so fang' es heimlich an,
dass unser Beider Denken
Niemand errathen kann.
Die Liebe muss bei Beiden

~~~~~~

„(…) die Öffentlichkeit lebt (…) vielfach der Meinung: da ist eine Heidelandschaft oder ein Sonnenuntergang, und da steht ein junger Mann oder ein Fräulein, hat eine melancholische Stimmung, und nun entsteht ein Gedicht. Nein, so entsteht kein Gedicht. Ein Gedicht entsteht überhaupt sehr selten – ein Gedicht wird gemacht."
Gottfried Benn: Probleme der Lyrik, in: Gesammelte Werke 2, herausgegeben von Dieter Wellershoff, 2003, S. 1059.

allzeit verschwiegen sein,
drum schliess' die größten Freuden
in deinem Herzen ein.

Die Dichtung der Moderne, die in Frankreich mit Charles Baudelaires *Les Fleurs du Mal (Die Blumen des Bösen)* 1857 begann, hat sich von dieser einschränkenden Vorstellung gelöst und alle traditionellen Elemente der Lyrik in Frage gestellt. Zu den extremen Beispielen, die die bisherigen Grenzen der Lyrik sprengten, gehört die visuelle Poesie, die mit typografischen Bildern arbeitet. So stellt Reinhard Döhl in seinem „Apfelgedicht" aus dem Jahr 1965 durch ein Über- und Nebeneinanderschreiben des Wortes „Apfel" die Form eines Apfels dar (an einer Stelle findet sich das Wort „Wurm"). Eine weitere Extremform sind Lautgedichte.

Der Anfang von Ernst Jandls „schtzngrmm":

schtzngrmm
schtzngrmm
t-t-t-t t-t-t-t
grrrmmmmm
t-t-t-t

Sehr ungewöhnlich ist auch das „Atemgedicht" von Gerhard Rühm, dessen schriftliche Fixierung eine Anleitung zu einem mehrmaligen Ein- und Ausatmen ist, wobei vor dem letzten Ausatmen eine Pause eingelegt wird.

Wer nach einer Definition des Gedichtes sucht, läuft also Gefahr, die Kategorie Dichtung durch Werturteile zu begrenzen. Außer zeitlich gebundenen Werturteilen aus der jeweiligen historischen Epoche (zum Beispiel der Johann Gottfried Herders) sind auch geografische Unterschiede in der Wertschätzung von Gedichten erkennbar. Die Lyrik angloamerikanischer Tradition ist zum Beispiel eher alltagsnah, während man der deutschsprachigen von der Literaturkritik gelobten Lyrik vorwerfen kann, tendenziell verkopft und konstruiert zu sein. Zudem entwickelt jede Lyrikerin, jeder Lyriker irgendwann eine eigene Poetologie, also eine Vorstellung davon, was – für sie oder ihn – ein gelungenes Gedicht ausmacht, genauso wie Leser und Kritiker eine eigene Vorstellung vom guten Gedicht haben.

Karl Otto Conrady, Herausgeber der umfangreichen Lyrikanthologie *Der neue Conrady,* schlägt folgenden offenen Lyrikbegriff vor: „Zur Lyrik gehören alle Gedichte, und Gedichte sind sprachliche Äußerungen in einer speziellen Schreibweise. Sie unterscheiden sich durch die besondere Anordnung der Schriftzeichen von anderen Schreibweisen, und zwar durch die Abteilung in Verse, wofür bei der ‚Visuellen Poesie‘ die Bildgestaltung mit den Mitteln des (nicht immer nur sprachlichen) Materials und der Schrift eintritt. Der Reim ist für die Lyrik kein entscheidendes Merkmal."[1] Durch die Wahl einer bestimmten Schreibweise entscheiden Autorinnen und Autoren selbst, so Karl Otto Conrady weiter, ob sie einen Text als „Lyrik" betrachtet haben wollen. Die Frage nach der Qualität sei vom Lyrikbegriff zu trennen.

Die Anordnung in Versen ist die einzige allgemein anerkannte Eigenschaft von Gedichten. Der Begriff „Vers" lässt sich auf das lateinische Verb *vertere* (wenden, drehen, kehren) zurückführen. Der Vers ist das Umgewandte. Sein Kennzeichen ist die Wendung vom Ende der einen zum Beginn der nächsten Zeile. Daraus ergibt sich, dass ein Gedicht mindestens zwei Verse haben muss.

---

[1] Karl Otto Conrady (Hg.): *Der neue Conrady.* Das große deutsche Gedichtbuch. Düsseldorf und Zürich: Artemis und Winkler 2001, S. 13 f.

„Ob ein Gedicht als gelungen oder mißlungen zu werten ist, ob es die einzelne Leserin und den einzelnen Leser anzieht, irritiert oder abstößt und wie schließlich eine ihrem Gegenstand adäquate Interpretation auszusehen hat, die subjektive und objektive Momente in sich vereinigt – für all das lassen sich heute keine allgemeingültigen Maßstäbe mehr aufstellen."
Dieter Burdorf: Einführung in die Gedichtanalyse, 2. Auflage 1997, S. IV (aus dem Vorwort zur 1. Auflage).

1.2. Zwischen Regeln und Regellosigkeit

Aus der Offenheit des Lyrikbegriffs folgt, dass man niemandem sagen kann, wie er ein Gedicht zu schreiben hat. Ein Gedicht muss sich nicht reimen, es muss nicht metrisch gebunden sein und es muss auch keine Metaphern oder sonstigen Stilmittel enthalten. Niemand, der ein Gedicht schreibt, braucht Details aus seinem Leben preiszugeben, selbst wenn im Gedicht von „ich", „du" oder „wir" die Rede ist. Denn das „Ich" im Gedicht ist – anders als in der Definition nach Herder – von seinem Urheber zu unterscheiden. Die Literaturkritikerin Margarete Susman hat in ihrem Buch *Das Wesen der modernen deutschen Lyrik* 1910 den Begriff des „lyrischen Ichs" geprägt. Das lyrische Ich ist Strukturelement eines Gedichts genauso wie es die Gedichtform, Metrum, Rhythmus, Klangfiguren wie Reim oder Assonanz, Bilder und rhetorische Figuren, Stoff und Thema sind. Die Unterscheidung zwischen lyrischem Ich und Autor schützt den Autor vor der Unterstellung, er offenbare sein Innerstes im Gedicht. Selbst wenn das lyrische Ich auch Erfahrungen des Autors transportiert, so ist ein Gedicht im Unterschied zum so genannten wirklichen Leben doch immer ein Kunstprodukt. Der Autor ist verantwortlich für das, was er erschafft und in die Welt setzt.

Etwas ist guten Gedichten bei aller Verschiedenheit aber doch gemeinsam: Sie schaffen sinnliche Räume. Ein sprachbezogenes Gedicht wie Ernst Jandls „schtzngrmm" wirkt unmittelbar auf den Lesenden, mehr noch auf den Hörenden, ein. Gedichte wie „Willst du dein Herz mir schenken" sind dagegen eher auf eine Aussage bedacht[2] und ermöglichen es dem Lesenden, in die Gefühlswelt des lyrischen Ichs einzutauchen und eigene Gefühle mit denen des lyrischen Ichs zu verbinden oder an deren Stelle zu setzen, weiterzudenken und zu phantasieren. So

---

[2]Allerdings wirkt hier zusätzlich die melodische Einkleidung auf den Leser.

wird das Lesen von Lyrik zu einer Begegnung mit sich selbst oder mit Themen, die einem wichtig erscheinen. Neben der Lust an Sprache, Rhythmus und Melodie ist es vor allem diese innere Bereicherung, die den Zauber der Lyrik ausmacht. Die Öffnung für den Leser bezeichnet Kurt Drawert in seinem grundlegenden poetologischen Essay „Die Lust zu verschwinden im Körper der Texte" aus dem Band *Rückseiten der Herrlichkeit* als den Mehrwert des Gedichtes.

Wenn es beim Schreiben von Gedichten darauf ankommt, im Leser Gefühle zu erzeugen, kann man die Qualität von Gedichten – jedenfalls unter anderem – danach beurteilen, ob dies gelungen ist. Betrachtet man folgende Zeilen

ich fühl mich so irre
einsam und leer

und akzeptiert man, ausgehend von Karl Otto Conradys weitem Lyrikbegriff, dass es sich dabei um ein Gedicht handelt, muss man leider sagen, dass das Gedicht ziemlich miserabel ist. Denn die Einsamkeit des lyrischen Ichs wird nur behauptet. Das Gefühl wird im Leser nicht erzeugt. „Don't tell, show!" – zeigen, nicht erzählen! – ist ein Grundsatz, der immer wieder in der US-amerikanischen Anleitungsliteratur für das Schreiben von Prosa zu lesen ist. Er gilt auch für die Lyrik. Das einzig Pfiffige an den beiden Versen ist der Zeilensprung.

Legt man nämlich nach dem Lesen des ersten Verses, also nach dem Wort „irre", eine kurze Pause ein und liest dann weiter, wird man überrascht, weil die Aussage aus dem ersten Vers – der der Leser entnimmt, das lyrische Ich sei „irre", also irgendwie verrückt – eine Wendung nimmt. Dem lyrischen Ich geht es nämlich um die Einsamkeit und die Leere, und der Ausdruck „irre" dient nur der Steigerung und hat, wie erst beim Lesen des zweiten Verses klar wird, die Bedeutung von „sehr".

✍ ✍ ✍ ✍ ✍ ✍ ✍ ✍ ✍ ✍ ✍ ✍ ✍ ✍ ✍ ✍ ✍ ✍ ✍ ✍
„Lyrik ist zum allergrößten Teil eben keine Frage des Geschmacks, sondern vor allem eine des Handwerks."
Christoph Buchwald: Jahrbuch der Lyrik 2003, 2002, S. 127.

Den Leser zu überraschen ist also ein weiteres Zeichen gelungener Lyrik. Überraschen kann man durch Zeilensprünge, Metaphern, durch unerwartete inhaltliche Wendungen, Brüche im Gedankengang und im Rhythmus, durch ungewöhnliche Bilder und Aussagen, durch Mehrdeutigkeit, Pointen, Wortspiele, Witz und Humor.

Um Gefühle im Leser zu erzeugen, sollte man anschaulich schreiben: Bilder erzeugen und mit ihnen arbeiten, Farben, Gerüche, Berührungen, Kälte- oder Wärmereize, Wind und Regen spürbar machen, Klischees und Trivialität meiden, ebenso Abstrakta: Drei Orangen sind sinnlicher als Obst.

Jedes Gedicht stellt seine Regeln selbst auf. Das Gedicht ist gelungen, wenn es seinen eigenen Maßstäben entspricht, wenn es also in sich schlüssig ist. Möchte jemand ein Gedicht nach traditionellen Mustern schreiben, muss er sich zunächst mit diesen Mustern vertraut machen, sei es ein fünfhebiger Jambus oder ein Kreuzreim, ein Sonett oder ein Limerick. Wer ein Gedicht in einem regelmäßigen Metrum schreibt und an einer Stelle das Metrum durchbricht, ohne dass diese Abweichung inhaltlich geboten wäre, hat die Regeln, die das Gedicht selbst vorgab, durchbrochen und sollte die Stelle überarbeiten. Schwieriger wird es mit allgemeinen Aussagen über Regeln, wenn ein Gedicht in so genannten „Freien Versen" verfasst ist, wie es gegenwärtig bei den meisten Gedichten der Fall ist. Freie Verse sind weder an einen Reim noch an ein Metrum gebunden und sind, im Unterschied zu den „Freien Rhythmen", auch sonst kaum rhythmisch geprägt und sprachlich eher sachlich und weniger emotional gehalten.

�’ ꘧ ꯰ ꘧ ꯰ ꘧ ꯰ ꘧ ꯰ ꘧ ꯰ ꘧ ꯰ ꘧ ꯰ ꘧ ꯰ ꘧ ꯰ ꘧ ꯰ ꘧

„Immer ist die Wahl der Form die erste Entscheidung des Dichtenden, (…). Wird sie zur Fehlentscheidung, so ist ein volles Gelingen des künstlerischen Planes schon ausgeschlossen."
Rudolf Hagelstange, in: Hans Bender (Hg.): Mein Gedicht ist mein Messer, 1955, S. 36.

1.3. Lyrik lesen lernen

Wie aber können Sie lernen, Gedichte zu schreiben, wenn es kaum allgemeine Regeln gibt oder wenn man jedes Gedicht nur im Einzelfall anhand seiner Gesamtkomposition beurteilen kann? Der erste Schritt ist der, Gedichte zu lesen. Dies mag selbstverständlich klingen. Bekanntermaßen übersteigt die Zahl der Lyrik Schreibenden die Zahl der Lyrikleser jedoch erheblich. Die Scheu davor, Lyrikbände und Literaturzeitschriften zu kaufen und daraus zu lernen, muss enorm sein. Vielleicht liegt es daran, dass Lyrik-Einsteiger das Angebot auf dem Markt nicht überblicken.

Ihr Gefühl für die Sprache und die Gesamtkomposition von Gedichten können Sie nur fördern, indem Sie Lyrik lesen – und zwar gute. Dabei kommt es weniger darauf an, möglichst viele Gedichte zu verschlingen, sondern Gedichte auszuwählen, die Ihnen etwas geben und von denen Sie lernen können. Diese sollten Sie immer wieder lesen.

Ein und dasselbe Gedicht kann auf den einen Leser völlig anders wirken als auf den anderen. Je nach Persönlichkeit kann es Sie im Innern tief berühren oder kalt lassen. Wenn Sie Gedichte lesen, um von ihnen zu lernen, sollten Sie vor allem auf die handwerklichen Aspekte achten. Machen Sie sich zunächst die Grundsätze für den gelungenen Zeilenbruch klar und achten Sie dann in der nächsten Zeit bei Ihrer Lektüre vor allem darauf, wie die Zeilenbrüche gesetzt sind. Allmählich geht das Wissen um den gekonnten Zeilenbruch ins Unbewusste über, idealerweise „sitzt" dann der Zeilenbruch bei künftigen

„Nicht nur das Schreiben, sondern auch das Lesen von Lyrik ist eine Spezialdisziplin, bei der es merkwürdigerweise nur ein Gesetz gibt, das der Authentizität und der inneren Logik. Ein Gedicht muß, ich kann es nicht anders ausdrücken, stimmen, doch die Kriterien dafür sind, sowohl beim Schreiben als auch beim Lesen, ganz persönliche.
Cees Noteboom, in: Joachim Sartorius (Hg.): Minima Poetica, Suhrkamp, Frankfurt am Main 2003, S. 192.

Gedichten und Sie können sich einem anderen Thema widmen. Auf diese Weise nehmen Sie sich einen Baustein nach dem anderen vor, den Umgang mit Rhythmus und Metrum, mit Reim und anderen Klangelementen.

Achten Sie neben den Details auch auf die Gesamtkomposition eines Gedichtes. Bleibt das Gedicht in einer Bildebene oder wechselt es zwischen verschiedenen Bildebenen? Zielt das Gedicht auf einen bestimmten Effekt? Stimmen die Bilder? Ist das Gedicht so überladen, dass der Lesende am Ende nicht weiß, was er gelesen hat? Wer ist das lyrische Ich? Löst das Gedicht Gefühle im Leser aus oder stellt es nur Behauptungen auf? Welche Wörter ziehen die Aufmerksamkeit besonders auf sich? Gehören sie einem bestimmten Wortfeld an? Lösen sie Gefühle aus? Sind die Verben lebendig oder blass? Ist eine Spannung spürbar? Wie wird sie erzeugt? Wird die Spannung am Ende des Gedichtes abgebaut oder bleibt sie bestehen? Werfen Sie immer auch einen Blick auf den Titel: Zieht er Aufmerksamkeit auf sich, ist er geheimnisvoll oder banal? Verrät er zu viel, enthält er einen wichtigen Aspekt, der das Gedicht erklärt, oder ist er nichtssagend?

Wer auf diese Weise liest und schreibt, fragt und weiterfragt, entwickelt allmählich ein Gefühl dafür, welche Gedichte in sich stimmig sind und welche nicht. Sie lernen, gelungene von weniger gelungenen Gedichten zu unterscheiden. Im Lauf der Zeit wird sich auch Ihr Lesegeschmack verändern; Lyrikbände, die einst unzugänglich erschienen, entfalten nun ihren Zauber. Was ein gelungenes Gedicht ausmacht, können Sie nur nach und nach lernen. Das Wissen muss sich setzen, Sie müssen es immer wieder anwenden und trainieren. Deshalb benötigen Sie viel Zeit und Geduld, bevor Sie in sich stimmige Gedichte auf einem gewissen Niveau schreiben können. In der *ars poetica* (Abschnitt 385) des Horaz ist von einem Zeitraum von neun Jahren die Rede.

Dass ein Gedicht nach Art eines Gedankenblitzes aus dem Nichts entstünde, ist vor allem unter der nicht schreibenden Bevölkerung verbreitet. Es ist ein Irrtum. Es gibt zwar den berauschenden Zustand, in dem sich Worte wie von selbst

schreiben, aber was dann auf dem Papier steht, kam eben nicht
aus dem Nichts, sondern es ist das Ergebnis langer Arbeit.

bäume an lichterketten gelegt traurige
zweige einer einkaufsstraße einbahn
straße in ein licht getaucht orangen
licht auf winterhaut ein überfall ein frühlings-
einfall ein gezwitscher

ist längst kein vogel mehr zu sehn wer weiß wie kalt
wie warm sich ihre füßchen um einen menschen
finger schmiegen nicht sichtbar
eingenistet auf den zweigen laut
sprecher *fern*

gesteuert deine ohren hilflos
ausgeliefert einem silberchip diese tonspur
hörst du nicht
bewusst sie legt sich
unter deine schritte

Martina Weber

2. Fensterausschnitt, Antennendraht
Norbert Hummelt

Das Romantische ist die Kunst des Als-Ob, eine Bewusstseins-
technik, poetischer Widerstand. Es bezeichnet eine Weise, die
Welt anzusehen, als sei mit ihrer wissenschaftlichen Beschreibung und mit der realistischen Erzählung von ihr noch nicht
alles gesagt. Als bleibe da ein Rest Geheimnis, der sich nur einer
poetischen Sichtweise erschließt. Als sei eine solche Weise des
Sehens auch nach der Entzifferung genetischer Codes noch
immer nicht obsolet, weil es einer fortwirkenden menschlichen
Disposition entspräche, die Dinge noch anders zu betrachten, als sie sich nach ihrer Zerlegung in Moleküle und ihrer
Verwandlung in Information zeigen. Als sei es weiterhin eine
Aufgabe der Literatur, eine solche Weise des Sehens zu ermöglichen und so den zerstreuten Dingen etwas von ihrem Geheimnis
zurückzugeben, vielleicht nur dem Vogel, der leeren Dose, dem
Fensterausschnitt, dem Antennendraht. Es ist eine Sache der
Einstellung, ohne Präferenz für einen bestimmten Stil.

  „Die unpoetische Ansicht der Dinge ist die, welche mit
den Wahrnehmungen der Sinne und den Bestimmungen des
Verstandes alles an ihnen für abgetan hält; die poetische, welche
sie immerfort deutet und eine figürliche Unerschöpflichkeit in
ihnen sieht", schrieb August Wilhelm Schlegel in den Vorlesungen
über schöne Kunst und Literatur. Bekannter ist, wie Novalis den
Romantischen Imperativ fasste: „Die Welt muß romantisiert wer-

*„‚Romantisch' wäre vielleicht der wie auch immer geartete Versuch, sich nicht mit
der Registratur des Verschwindens und Zerfaserns von Wirklichkeit zu begnügen,
sondern im vollen Bewusstsein der in diesen Prozessen aufscheinenden Krise unserer
Weltwahrnehmung noch einmal etwas zu wagen, das man poetischen Widerstand nennen
könnte. Also eine Kunstanstrengung, die ‚Entfremdung' nicht rein lakonisch konstatiert,
sondern unterwegs bleibt zu ihrer Aufhebung."
Norbert Hummelt: „In der Fremde". Krisenbewusstsein und poetischer Widerstand als
Elemente ‚romantischer' Weltsicht, in: Text + Kritik, Juli 1999, Heft 143, S. 39f.*

den. So findet man den ursprünglichen Sinn wieder", und wie er diese Operation erklärte: „Indem ich dem Gemeinen einen hohen Sinn, dem Gewöhnlichen ein geheimnisvolles Ansehn, dem Bekannten die Würde des Unbekannten, dem Endlichen einen unendlichen Schein gebe, so romantisiere ich es."

Verbundenheit mit der Romantik ist heute kein üblicher Hintergrund für die Arbeit an neuer Literatur. Das Problem liegt jedoch nicht darin, dass die Romantik als Antwort auf die Aufklärung und als ästhetischer Gegenpol zur Klassik häufiger als andere Epochen in politisch bedenklichem Licht erschien und sich kritische und berechtigte Fragen nach ihrer Mitverantwortung für gefährliche deutsche Gemütskrankheiten gefallen lassen musste. Hier hält die zuständige Forschung längst differenzierte Antworten bereit. Wo die Romantik direkt politisch wurde, wie in den vaterländischen Gesängen, die sie zu den Befreiungskriegen von 1813 beisteuerte, war sie künstlerisch irrelevant, wie es bei jeder ideologischen Verengung mit der Kunst geschieht. In ihren bedeutenden und bis heute interessanten Werken war sie grenzüberschreitend, vor allem in ihrer Poetik. Die neue Poesie aus Deutschland wirkte aber auch nach Europa hinein und besonders nach Frankreich, was Heine in Paris so ärgerte, dass er mit den Romantikern öffentlich abrechnen musste, bei denen er zuvor in die Schule gegangen war.

Sich in eine solche Diskussion überhaupt einzuklinken, ist eine so schwierige wie notwendige Arbeit. Denn das Problem liegt darin, wie heute Schreibenden überhaupt ein neuer und eigener Zugriff möglich und gestattet sein kann auf längst abgeheftete Kapitel der Literaturgeschichte. Das Problem liegt im Zugriff auf Tradition, und es lässt sich zunächst nur vorsichtig angehen im Verweis auf individuelle Wege zum eigenen Text. Adornos vieldiskutiertes Verdikt, nach Auschwitz könnten keine Gedichte mehr geschrieben werden, richtete sich an eine andere Generation zu einer anderen Zeit, und im Ganzen wirkte es auf die Produktion von Gedichten nach dem Krieg wohl eher anregend. Denn nach dem Krieg war es notwendig und einleuchtend, sich von belasteten Traditionen freizuschreiben, aber das konnte nur in ihrer Kenntnis geschehen.

Der radikale Traditionsbruch der 68er schnitt dann jedoch diejenigen, die in den Siebzigern zur Schule gingen und in den Achtzigern zu schreiben begannen, von einer solchen produktiven Auseinandersetzung weitgehend ab. Aber auch die Phase verordneter Kunstlosigkeit ging vorüber und gab allmählich wieder der Erkenntnis Raum, dass Gedichte nicht zuletzt aus der Kenntnis anderer Gedichte entstehen. Für die Postmoderne standen dann infolge einiger rhetorischer Tricks auf einmal sämtliche nur denkbaren Traditionen wieder zur Verfügung, als riesige Datenbank für ein virtuelles und ironisch gemeintes Spiel der Zeichen. Das war zu leicht und es wurde schnell langweilig, es war auch falsch. Heute stellt sich Schreibenden die Frage nach einem individuellen, skeptischen und selektiven Umgang mit früheren literarischen Sichtweisen, Techniken und Poetiken, ohne die eine verantwortliche Arbeit am Gedicht der Zukunft nicht möglich ist, sofern man denn wünscht, dass es seine gattungsmäßige Eigenständigkeit behaupten kann.

Die Beschäftigung mit der Romantik ist hierfür nur ein Beispiel, wenn auch für mich kein beliebiges. Dafür ist die Romantik einfach zu frisch. Mich faszinierte sie immer, weil sie mir so modern vorkam, und aus der Moderne mochte ich immer die Texte am liebsten, die mir schon wieder romantisch erschienen. „Die Poesie ist das echt absolut Reelle", schrieb Novalis vor 200 Jahren, erstaunlich nah dran an unserer Jugendsprache: „Die Poesie ist das echt absolut Reelle. Dies ist der Kern meiner Philosophie. Je poetischer, je wahrer." Der romantische Aufbruch in den Neunzigern des 18. Jahrhunderts war ja im Kern eine Jugendbewegung. Junge, meist mittellose Akademiker fanden sich in Cliquen, zuerst in Jena, später in Berlin, Heidelberg und anderswo, euphorisierten sich aneinander, verfassten Entwürfe für ein poetisches Leben und eine ins Leben getragene

ᵔᵔ ᵔᵔ ᵔᵔ ᵔᵔ ᵔᵔ ᵔᵔ ᵔᵔ ᵔᵔ ᵔᵔ ᵔᵔ ᵔᵔ ᵔᵔ ᵔᵔ ᵔᵔ ᵔᵔ

„Er [der Dichter] weiß selbst nicht, was er sagen möchte, bis er es ausgesprochen hat, und während er sich bemüht, es zu finden, hat er keine Gedanken dafür, anderen etwas verständlich zu machen. (…) Ihn drückt eine Last, die er loswerden muß, um sich erleichtert zu fühlen."
T. S. Eliot: Die drei Stimmen der Dichtung, in: Über Dichtung und Dichter, 1998, S. 19.

Poesie, ärgerten mit ihren kurzlebigen Zeitschriften das kulturelle Establishment, das Namen wie Goethe oder Schiller trug, verwarfen das Ganze, formierten sich neu, stritten und liebten sich. Sie erfanden das Fragment und die Liebesheirat, balgten sich mit der Aufklärung und forderten eine neue Religion. Sie redeten viel vom Gefühl, wollten es aber mathematisch konstruieren. Friedrich Schlegel hatte unter ihnen die größte Klappe und den brillantesten Kopf, er haute Thesen und Philosopheme schneller raus als die Beatles ihre Songs in der Frühphase, und seine Fragmente waren heftig wie Punk. Nachher wurde er konservativer als alle seine Mitstreiter zusammen, aber wer liest schon sein Spätwerk?

Mit Anfang 20 hatte ich eine Zeit lang das 116. Athenäumsfragment über meinem Bett hängen, das mit dem so rätselhaften wie stimulierenden Satz beginnt: „Die romantische Poesie ist eine progressive Universalpoesie." Das las sich wie eine Poetik der Zukunft, die der Literatur ihrer Zeit weit vorgriff und in ihrem Lob des Fragments bereits die Montagetechniken der Moderne anzukündigen schien. Und neben der hochgemuten Forderung an die Poesie, sie möge die vielfachen Risse und Sprünge in der Welt „in einer endlosen Reihe von Spiegeln vervielfachen", um die Splitter auf einer höheren Reflexionsebene wieder zusammenzufügen, enthielt sie das Lob des Unfertigen, das jeder Anfänger in der Kunst besonders gern hört: „Die romantische Dichtart ist noch im Werden; ja das ist ihr eigentliches Wesen, dass sie ewig nur werden, nie vollendet sein kann." In dieser Zeit begann ich, Gedichte zu schreiben.

Ich bin nicht mit Gedichten groß geworden. Zu Hause wurde zwar viel gelesen, aber Lyrik war nicht dabei. Allerdings war mein Vater ein Meister des mündlichen Alltagsreims; er starb, als ich 16 war. Gedichte kannte ich auch nicht aus dem Deutsch-, sondern nur aus dem Englischunterricht, und zwar großartiges

---

ॐ ◌ ॐ ◌ ॐ ◌ ॐ ◌ ॐ ◌ ॐ ◌ ॐ ◌ ॐ ◌ ॐ ◌ ॐ ◌ ॐ ◌ ॐ ◌ ॐ ◌

„Um die Seele eines Dichters zu durchschauen, muß man in seinem Werk diejenigen Worte aufsuchen, die am häufigsten vorkommen. Das Wort verrät, wovon er besessen ist."

Baudelaire, zitiert nach Hugo Friedrich: Die Struktur der modernen Lyrik, 1961, S. 33.

Zeug: T.S. Eliot, Dylan Thomas, dazu Skakespeares Sonette; außerdem etwas aus den *Dubliners* und Dramen von Beckett und Pinter. William Wordsworth und John Keats waren die ersten Romantiker, mit deren Gedichten ich Bekanntschaft machte. Jetzt las ich endlich Gedichte in deutscher Sprache und fing mit den Romantikern an, gleich darauf kam die klassische Moderne mit Benn, Trakl und den Dadaisten, darüber hinaus hat mich bis heute wenig wirklich berührt, bis auf die Werke Friederike Mayröckers und Ernst Jandls und ein paar andere Ausnahmen in der Literatur der Gegenwart. Ich las den *Taugenichts* und die *Athenäumsfragmente,* Hölderlin, der zwar kein Romantiker war, aber von den Romantikern zuerst gelesen und in seiner Bedeutung erkannt wurde, entdeckte die *Winterreise*, überhaupt die Lieder Schuberts und Schumanns, die Bilder Caspar David Friedrichs und William Turners nicht zu vergessen.

Am empfindlichsten Nerv erwischte mich jedoch der unerhört musikalische und seltsam eingängige Eichendorff, in dessen Naturliebe und zwanglos katholischer Religiosität ich die Gegenwart meines toten Vaters zu spüren meinte und in dessen unwirklich weiträumigen Landschaften mit ihrer Sehnsuchtsmanie und Suggestion ich meine Kindheitsferienlandschaft wiederzuerkennen glaubte. *Die Luft ging durch die Felder, die Ähren wogten sacht,* dazwischen glänzten die mit Autoreifen befestigten weißen Planen über den Strohmieten, unzählige Insekten waren unterwegs in der Sommerhitze, und an den elektrischen Weidezäunen entlang führte der Weg hinab in den kühlen Grund der Klamm, wo es Forellen und Apfelsaft gab, und wo sich das längst funktionslos gewordene Mühlrad noch immer drehte, *dann wär's auf einmal still.* Natürlich weiß ich, wie diese Landschaften sprachlich gebaut sind, so ungenau und seltsam vertraut, dass jeder etwas Besonderes darin wiederzufinden glaubt, das es doch nie gegeben hat; ich weiß um den Irrealis, Eichendorffs bevorzugte grammatische Entsprechung des Prinzips Sehnsucht.

Aber Gedichte sind dazu da, dass man ihnen auf den Leim geht, so gründlich man sie schon durchschaut haben mag. Je klarer, desto mehr Geheimnis. T.S. Eliot, obschon er sich gerne antiromantisch äußerte, um die subjektive Seite seiner Dichtung, insbesondere des *Waste Land,* zu kaschieren, brachte all das auf die unverwüstliche Formel: *Genuine poetry can communicate before it is understood,* was mir sofort einleuchtete. Jedes dauerhaft brauchbare Gedicht hat etwas, das wir sofort verstehen, und etwas, das wir immer erst noch verstehen müssen. In dieser unerschöpflichen Potenzialität liegt die erkenntnisproduzierende Kraft von Literatur. Der polemische und poetische Einspruch der Romantiker richtete sich gegen die restlose rationale Entzauberung der Welt durch einseitigen Gebrauch der Vernunft, nicht gegen diese selbst.

Die modernste romantische Entdeckung ist die des Leibes, ohne den der Geist nicht sein kann. Romantische Künstler stellten damit dem cartesischen Gedanken von der Loslösung des menschlichen Geistes vom Körper, der Voraussetzung für instrumentelles Denken und die rückhaltlose Entfaltung der modernen Naturwissenschaften, eine andere philosophische Sicht gegenüber. Der bewusste Verzicht auf grenzenloses Wissen und auf eine absolute Herrschaft über die Natur erscheint mir als eine zwingende, wenngleich noch nicht völlig erkannte Konsequenz romantischen Denkens. Denken ist zugleich Empfinden, Erkenntnis ist an den Leib gebunden und erfährt darin die sie bestimmende Einschränkung: Ein subjektiver Standpunkt kann durch Verständigung erweitert, aber nie ganz überschritten werden.

Nehmen wir zwei gut vergleichbare Gedichte, eins von Goethe, eins von Eichendorff.

Über allen Gipfeln ist Ruh,
in allen Wipfeln spürest du
kaum einen Hauch.
Die Vögelein schweigen im Walde.

„Diese Arbeiten haben (…) das, was ich an Klängen so liebe: Phantasie, Klarheit, Geheimnisse, betörende Melodien, Tiefe und Brüche, Melancholie und Humor."
Michael Engelbrecht, Moderator der „Klanghorizonte" im Deutschlandfunk, am 15.12.2003.

Warte nur, balde
ruhest du auch.

Der Sprecher in Goethes Gedicht wahrt noch den totalen Überblick, er steht außerhalb der Szenerie, er ist der Weltweise, der noch mit dem Finger zeigen kann: „Warte nur, balde ruhest du auch." Ganz anders ist der Sprecher in Eichendorffs Gedicht „In der Fremde" körperlich in die Szenerie hineingezogen:

Aus der Heimat hinter den Blitzen rot,
da kommen die Wolken her,
aber Vater und Mutter sind lange tot,
es kennt mich dort keiner mehr.

Wie bald, wie bald kommt die stille Zeit,
da ruhe ich auch, und über mir
rauschet die schöne Waldeinsamkeit,
und keiner mehr kennt mich auch hier.

Es ist anzunehmen, dass Eichendorff Goethes Gedicht gekannt hat und den Anklang beabsichtigte. Um so bedeutsamer die Akzentverschiebung im Verweis auf die Leiblichkeit der Stimme, die wir sprechen hören, ihre Sterblichkeit. Sie spielt eine ähnliche Rolle wie die Präsenz der Rückenfiguren in den Gemälden Caspar David Friedrichs, durch die der Betrachter ins Bild eintritt und so vom Überblickenden zum perspektivisch Gebundenen wird, ein verletzlicher Teil des Geschehens: „So ist es, wenn man es betrachtet, als ob einem die Augenlider weggeschnitten wären", schrieb Heinrich von Kleist über Friedrichs revolutionäres Bild *Der Mönch am Meer*, als es 1810 in Berlin erstmals ausgestellt wurde. Das Romantische ist eine Weise, die Dinge anzusehen, als könnten sie unseren Blick erwidern – hungriger Taubenschwarm, der um die Ampel kreist, im Fensterausschnitt der Antennendraht.

Norbert Hummelt: Geboren 1962 in Neuss, lebt in Berlin. Zuletzt erschienen die Gedichtbände: *Zeichen im Schnee* (2001),

Stille Quellen (2004) und *Totentanz* (2007, alle im Luchterhand Literaturverlag). Er ist seit 2005 Herausgeber der *Lyrikedition 2000*. Ebenfalls als Herausgeber veröffentlichte er die Neuübersetzung *William Butler Yeats: Die Gedichte* (Luchterhand 2005) und das *Jahrbuch der Lyrik 2006* (mit Christoph Buchwald, S. Fischer 2005). Er schrieb zahlreiche Essays und Radio-Features zur Geschichte der Dichtung und übersetzte u. a. die „Four Quartets" von T. S. Eliot. Für seine Gedichte wurde er u. a. mit dem Rolf-Dieter-Brinkmann-Preis (1996), dem Mondseer Lyrikpreis (1998) und dem New-York-Stipendium des Deutschen Literaturfonds (2001) ausgezeichnet.

rapid eye movement

*weißt du, was draußen ist? ich bin nicht
sicher.* im fensterausschnitt will mir
nichts erscheinen, u. traumlos muten
mich sogar die rollos an, der ich
den salven schneller augenarbeit, des
tiefschlafs trugbild unter meinen
lidern, in meiner not schon nicht mehr
trauen kann. doch dann bewegt ein licht
sich unversehens, dann nimmt ein reiz
mich langsam mit sich fort unter das
sternbild lindernder substanzen, u. löst
die linien der fixierten welt an einer
kreuzung in köln-ehrenfeld. *weißt du,
was draußen ist? ich bin nicht sicher.*
die ampel wartet, daß ich sie benenne
ich sah das schattenbild der parabol-
antenne, mein unbewimperter dritter
augapfel dort ist auch ein zeichen nur
das auf sich selbst verweist, hungriger
taubenschwarm, der um die ampel kreist.

Norbert Hummelt

3. Der Zeilenbruch
Martina Weber

Die Frage, wann, wie und warum man eine Zeile bricht, stellt sich in jedem Gedicht. Wer mit dem Zeilenbruch bewusst arbeitet, kann in seine Texte zusätzliche Spannung oder Ruhe einbringen, kann Aussagen verdeutlichen oder vage halten. Durch gekonnt gesetzte Zeilenbrüche gewinnt ein Gedicht eine weitere Dimension und damit mehr Tiefe und Kraft.

Beim Zeilenbruch geht es um das Verhältnis von Vers und Satz oder, wenn das Gedicht keine vollständigen Sätze enthält, um das Verhältnis des Verses zu einzelnen Wörtern. Im Unterschied zu Prosazeilen, die je nach Layout mal so, mal anders entstehen, ist der Zeilenbruch das charakteristische äußere Kennzeichen eines Gedichtes. Für den Zeilenbruch bieten sich zwei Möglichkeiten an: Zeilenstil und Zeilensprung.

3.1. Zeilenstil

Beim Zeilenstil fallen Vers und Satz zusammen. Ein Beispiel ist die erste Strophe von Goethes „Erlkönig":

> Wer reitet so spät durch Nacht und Wind?
> Es ist der Vater mit seinem Kind;
> Er hat den Knaben wohl in dem Arm,
> Er faßt ihn sicher, er hält ihn warm.

Oder der Anfang von Paul Celans „Corona":

> Aus der Hand frißt der Herbst mir sein Blatt: wir sind Freunde.
> Wir schälen die Zeit aus den Nüssen und lehren sie gehn:

die Zeit kehrt zurück in die Schale.
Im Spiegel ist Sonntag,
im Traum wird geschlafen,
der Mund redet wahr.

Nach dem Lesen eines jeden Verses legt man immer eine kurze Pause ein, denn ein Vers bildet nicht nur einen Sinnabschnitt, sondern auch eine rhythmische Einheit und eine Wahrnehmungseinheit. Diese Pause nutzt man oft zum Atmen, ein Phänomen, von dem Kurt Drawert in seinem Essay „Die Lust zu verschwinden im Körper der Texte" in dem Band *Rückseiten der Herrlichkeit* schreibt, es belege die Nähe des Gedichtes zum Körper. Das Ende eines Verses bremst also den Lesefluss. Der Zeilenstil verleiht einem Gedicht eine gewisse Ruhe und, wenn die Verse gleich lang sind, Gleichmäßigkeit. Sind die Verse kurz, bremst man beim Lesen öfter und man atmet meistens öfter, als wenn man lange Verse liest. Wer Gedichte schreibt, wird die Länge seiner Verse auch nach seiner Atmung richten und so gestalten, wie es für ihn oder sie angenehm ist.

Würden Sie ausschließlich mit dem Zeilenstil arbeiten, würden Ihre Gedichte schnell monoton. Bewegung bringt der Zeilensprung.

3.2. Zeilensprung oder Enjambement

Vom Zeilensprung spricht man, wenn ein Satz über das Ende eines Verses in den nächsten Vers reicht. Der Zeilensprung wird auch Enjambement genannt, ein Begriff, der sich vom französischen Verb *enjamber* (überschreiten) ableitet. Es gibt mehrere Typen von Zeilensprüngen.

Glatter Zeilensprung
Beim glatten Zeilensprung bleiben die Wortgruppen eines Verses, die grammatikalisch zusammengehören, erhalten, zum

Beispiel Subjekt und Prädikat oder Substantiv und Adjektiv. Grammatikalisch zusammenhängende Wortgruppen nennt man Syntagmen (Singular: Syntagma). Ein Beispiel für den glatten Zeilensprung bieten die Verse 3 bis 7 aus der ersten Strophe von Erich Frieds „Rede in der Hand"; die ersten beiden Verse sind hingegen im Zeilenstil geschrieben.

Komm in die Hand
Sie wärmt uns
Versteck deinen Kopf
unter dem Fingernagel:
Dein langes Haar
wird bald nichts sein
als eine geringelte Linie
in die Kuppe
der Fingerspitze gekerbt

Da man nach jedem Vers beim Lesen kurz innehält, werden die Syntagmen zunächst als Einheit, beim Weiterlesen aber auch als Teile eines Textganzen wahrgenommen. Dies kann dazu führen, dass einzelne Syntagmen in verschiedenen Zusammenhängen verstanden werden.

Besonders raffiniert ist es, einen Vers so zu gestalten, dass man ihn sowohl auf den vorhergehenden als auch auf den folgenden Vers beziehen kann. Ein Beispiel dafür ist der Beginn des Gedichtes „Ich wollte noch sagen" aus dem Band *Frühjahrskollektion* von Kurt Drawert:

Ich wollte noch sagen, ich liebe dich,
glaube ich,
sehr,
(…)

Bezieht man den Vers „glaube ich" auf das Syntagma „ich liebe dich", so ist sich das lyrische Ich nicht sicher, ob es das lyrische Du liebt. Bezieht man den Vers „glaube ich" jedoch auf den folgenden Vers „sehr", so ist sich das lyrische Ich nur des Grades seiner Liebe nicht sicher. Tauchen innerhalb eines Verses mehrere Syntagmen auf, werden diese beim Sprechen durch kleine Pausen voneinander abgetrennt. Syntagmen innerhalb eines Verses nennt man Sprechtakte oder Kola (Singular: Kolon). Der erste zitierte Vers aus dem Gedicht von Kurt Drawert enthält die Kola „ich wollte noch sagen" und „ich liebe dich".

Harter Zeilensprung

Beim harten Zeilensprung werden grammatikalisch zusammengehörige Wortgruppen getrennt. Aus „Wortstaub" von Werner Söllner:

> Ich kenne mich
> kaum und was mit mir ist.

Hält man nach dem Wort „mich" inne und liest man dann weiter, ändert sich der Sinn der Aussage überraschend. Auch dies ist etwas, was der Zeilenbruch leisten soll und kann: den Leser, die Leserin erstaunen und das Interesse am Weiterlesen aufrechterhalten.

Hätte Werner Söllner nicht mit dem harten Zeilensprung gearbeitet und die beiden Verse entsprechend der Syntagma so gesetzt:

> Ich kenne mich kaum
> und was mit mir ist,

klängen die Verse harmloser und glatter. Der von Werner Söllner gesetzte Zeilenbruch lässt die Verse rau und unharmonisch wirken. Die Spannung aus dem Text wird bildlich gemacht und verstärkt. Ähnlich ist es mit dem Anfang eines Gedichtes von Dieter M. Gräf:

Kippendes Jahr

> kam, als wäre ein Schalter
> umgelegt, die Kehrseite

des Jahres (…)

Die überraschende Wende ins Gegenteil leisten auch folgende Verse aus „Anfang III" von Barbara Köhler:

Die Hände streun Vergessen auf die Haut
wie Staub. So werden langsam wir vertraut
dem Abschied. (…)

Das verzögerte Lesen am Ende eines Verses führt dazu, dass jeweils das letzte Wort am Ende eines Verses und das erste zu Beginn eines neuen Verses betont werden. Je nachdem, welche Wörter man betonen möchte, ergeben sich mehrere Varianten für Zeilenbrüche. Hätte Barbara Köhler zum Beispiel das Wort „langsam" besonders betonten wollen, hätte sie es in einen neuen Vers setzen können. Dies hätte sich allerdings nicht in die kompositorische Anlage ihres Gedichtes eingefügt.

Ein Beispiel für ein gelungen komponiertes Spannungsfeld zwischen Sinneinheiten eines Satzes und der Sinneinheit des Verses ist ein Auszug aus „In Gummistiefeln" von Ralf Thenior:

(…), Wildgänse rauschen durch
die Nacht in deinem Kopf und die Bäuerin
sagt, na, kommt der Chef heut' selber
Milch holen

Die erste grammatikalische Sinneinheit umfasst die Passage „Wildgänse rauschen durch die Nacht in deinem Kopf", die zweite „und die Bäuerin sagt (...)". Die Anordnung der Wörter „die Nacht in deinem Kopf und die Bäuerin" verleiht dem Gedicht einen erotischen Unterton, der durch die fast schon zweideutige Begrüßung der Bäuerin verstärkt wird. Diese Passage ist ein Beispiel dafür, wie das Lesen von Gedichten im Unterschied zum bloßen Hören zusätzlichen ästhetischen Genuss bereitet.

Besteht ein Vers nur aus einem einzigen Wort, wird dieses Wort besonders betont. Der Schluss von Paul Celans „Stumme Herbstgerüche":

Eine fremde Verlorenheit war
gestalthaft zugegen, du hättest
beinah
gelebt.

Morphologischer Zeilensprung

Noch härter als der harte Zeilensprung wirkt der morpholo-
gische Zeilensprung. Hier verläuft die Grenzen zwischen zwei
Versen durch ein Wort. „Leipzig im Schlummer (11.3.1990)" von
Thomas Kling beginnt so:

koks-installazionen, die abbruch-
reife, bergeberge; heizkörper, ap-
geschaltet (…)

Paul Celan trennt in „Radix, Matrix" die Worte „Ver/schwisterte",
„Zu/geschleuderte" und „du in der Aber-Nacht Be/gegnete". Zwei
Verse in „Fadensonnen" lauten:

Ein baum-
hoher Gedanke

Der Anfang von Friederike Mayröckers „Hautanziehungen":

sülziger Morgen Haupt ihm und Wimpern
der Schädelstätte Kopf-
Steinpflaster, Sofa gesalbt (…)

Was leisten also morphologische Zeilensprünge? Sie verleihen
den getrennten Wortteilen Gewicht und Bedeutung, weil sie
durch die kleine Lesepause am Ende eines Verses besonders
betont werden. Werden Wörter so getrennt, dass der erste
abgetrennte Wortteil auch für sich stehen kann, bringt das
Weiterlesen oft eine Überraschung. So auch der Anfang von
Andreas Altmanns Gedicht „du sagtest: alles":

schwarz und feucht greifen die bäume ein
armig in den boden. (…)

Sonderform: Strophensprung

Einen Zeilensprung können Sie nicht nur zwischen zwei Versen, sondern auch zwischen zwei Strophen setzen. Dies bremst den Lesefluss noch stärker, weil die Lesepause zwischen zwei Strophen etwas länger ist als die zwischen zwei Versen – und dies lässt den Lesenden noch ein wenig länger innehalten. Einen Zeilensprung zwischen Strophen nennt man Strophensprung. Aus „Zum Beispiel" von Jürgen Nendza:

In Freibädern schwappt Jauchzen über
wäscht Kleingedrucktes aus

Gesichtern. (…)

Aus „Während ich atme" von Werner Söllner:

ich habe nichts gegen sie früher
haben hier Menschen gewohnt ich habe

Nichts gegen sie (…)
(…) aber heute früh stehe ich auf ganz
früh stehe ich auf hol uns zwei Gläser

Voll Luft (…)

Eine andere Betonung würde sich durch folgende Variation ergeben:

ich habe nichts gegen sie früher
haben hier Menschen gewohnt ich habe nichts

gegen sie (…)

4. Über die Wirklichkeit hinausgetragen: die Metapher

Martina Weber

Metaphern heben Texte in eine andere Dimension. Sie lassen den Lesenden innehalten und können erheblich zum poetischen Gehalt eines Gedichtes beitragen. Formulierungen wie „Ich trete in die dunkelblaue Stunde" (Gottfried Benn), „Wir schälen die Zeit aus den Nüssen" (Paul Celan) oder „zwischen den Klopfzeichen der Toten" (Uwe Kolbe) zeigen dies.

4.1. Die Metapher und wie man sie bildet

Eine Metapher erkennt man daran, dass ein Wort nicht in seiner eigentlichen, sondern in einer übertragenen Bedeutung verwendet wird. Der Begriff „Metapher" wird abgeleitet vom griechischen Verb *metaphérein* – zu Deutsch: herübertragen.

Um zu verstehen, was wohin getragen wird, muss man zwei Begriffe aus der Sprachwissenschaft kennen: Denotation und Konnotation. Nehmen wir zum Beispiel den Begriff „Traumwäscherei" aus Ingeborg Bachmanns Gedicht „Reklame". Die Denotation ist die Hauptbedeutung eines Begriffes. Die Hauptbedeutung von „Wäscherei" ist ein Ladengeschäft, in dem Stoffe gewaschen werden. Die Hauptbedeutung eines Wortes ist

„Im ‚Leben', d. h. in einem bestimmten Zeitabschnitt, von Augenblick zu Augenblick, ist man zuweilen traurig oder nicht glücklich – aber Poesie – ist kein Zustand, keine Stimmung: sie ist die letzte Instanz. In ihr muß man die Wahrheit, die Grundwahrheit seines Schicksals, unabhängig von Stimmungen aussagen."
Julian Przybos, in: Theorie der modernen Lyrik, Dokumente zur Poetik II, neu herausgegeben von Norbert Miller und Harald Hartung, 2003, S. 610.

meistens eindeutig, weil der Sprachgebrauch zu einer bestimmten Bedeutung geführt hat. Viele Begriffe haben jedoch nicht nur eine Hauptbedeutung, sondern zusätzliche Nebenbedeutungen (Konnotate). Die Wäscherei symbolisiert zum Beispiel innere und äußere Reinigung, je nach Weltsicht vielleicht auch aggressive Waschsubstanzen, Wohlbehagen oder Perfektion.

Es gibt mehrere Möglichkeiten, Metaphern zu bilden. Meist kombiniert man zwei Begriffe. So auch bei der „Traumwäscherei". Die Hauptbedeutungen, also die Denotate dieser Begriffe, gehören verschiedenen Bedeutungsbereichen an. Ein Traum ist etwas Geistiges, eine Wäscherei ist körperlich sichtbar. Durch die Metapher wird im dominanten Begriff oder dem Bildempfänger (hier „Wäscherei") eine Bedeutungsverschiebung vom Denotat hin zum Konnotat vorgenommen. Dies ist die Übertragung. Eine Traumwäscherei ist kein real existierender Laden, in dem eine Waschmaschine neben der anderen steht, in die die Träume der Menschen hineingefüllt und gewaschen werden. Es ist ein poetischer Begriff, der unmittelbar das Gefühl erzeugt, dass tiefe oder unbewusste Wünsche ausgelöscht werden – eine unbehagliche Vorstellung.

Weitere Beispiele, anhand derer Sie sich den Aufbau einer Metapher verdeutlichen können, sind „Schäfchenwolke" und „Datenautobahn". Doch diese Wörter haben keinerlei poetischen Gehalt. Sie sind in die Alltagssprache eingegangen und wir nehmen längst nicht mehr wahr, dass es sich eigentlich um Metaphern handelt.

Eine Metapher kann auch nur aus einem Wort bestehen. Ob dieses Wort in übertragener Bedeutung verwendet wird, ergibt

☙ ❧ ☙ ❧ ☙ ❧ ☙ ❧ ☙ ❧ ☙ ❧ ☙ ❧ ☙ ❧ ☙ ❧ ☙ ❧

„,Schlechte' Gedichte sind solche, die Abstrakta mit Konkreta vermischen; ,schlechte' Gedichte sind auch welche, die eine Metapher nach der anderen runterhandeln wie verschiedenfarbige Perlen an einer Schnur. Während ein gutes Gedicht in einer Bildebene bleibt und die durchkonjugiert, wenn ich etwas mit einer Metapher umreiße, dann ,sollte' ich in diesem Gedicht, in dieser Bildebene bleiben. Einer, der das sehr gut kann, ist Derek Walcott. (…) Die Verknüpfungen von Metaphern in einer Bildebene sind für mich die Kunst eines gelungenen Gedichts."
Raoul Schrott: „Dem Abstrakten etwas Konkretes", in: Federwelt – Zeitschrift für Autorinnen und Autoren, Nr. 51 (April/Mai 2005), S. 13.

sich aus dem Kontext. So bezeichnete der Begriff „Haupt" früher nur das Körperteil, heute ist damit auch eine Führungsperson gemeint. Auch der Begriff „Glucke" hat eine übertragene Bedeutung angenommen.

Um eine Metapher zu bilden, können Sie auch ein Substantiv mit einem Verb aus einem anderen Bedeutungsbereich kombinieren, wie in Benns erster Zeile des Gedichtes „Blaue Stunde": „Ich trete in die dunkelblaue Stunde". Normalerweise betritt man Gebäude oder Räume. Benn kombiniert hier jedoch das Verb „betreten" mit einer zeitlichen Dimension. Zusätzliche Spannung bringt das Adjektiv „dunkelblau": Eine Stunde kann eigentlich nicht mit einer Farbe charakterisiert werden.

Metaphern kann man also auf mehrere Arten bilden:

1. Ein Wort wird in sinnbildlicher Bedeutung gebraucht; Beispiel: „Haupt".
2. Zusammensetzung von zwei Substantiven; Beispiel: „Traumwäscherei".
3. Kombination zwischen Verb und Substantiv, eventuell noch mit einem Adjektiv erweitert; Beispiele: „Der Morgen erwacht" oder „Ich trete in die dunkelblaue Stunde".

Im Unterschied zur Metapher wird beim Vergleich eine Vorstellung durch eine andere anschaulich gemacht. Eingeleitet wird dies durch die Vergleichsworte „wie", „als ob", „gleich". Beispiele sind „Wolken wie Schäfchen", „Haare wie Gold". Die Metapher wirkt einprägsamer und hat einen höheren poetischen Wert als der Vergleich. „Schäfchenwolken" oder „Goldhaar" lösen andere Gefühle aus als die entsprechenden Vergleiche (auch wenn es sich hier um abgegriffene Beispiele handelt). Das hängt damit zusammen, dass durch die Kombination verschiedener

„Lyrik ist ja (...) eine archaische Art der Erkenntnis. Der Grundbaustein der Lyrik ist ja die Metapher, und die Metapher tut ja nichts anderes als Ähnlichkeiten feststellen. Etwas ist wie etwas anderes. In diesem Aha-Erlebnis steckt ja quasi die elementarste sinnstiftende Kraft, die wir überhaupt besitzen."
Raoul Schrott, in: Denis Scheck/Hubert Winkels: Mutmaßungen über die Poesie, 1999, S. 5.

Bedeutungsebenen eine Dynamik entsteht, die im Lesenden oder Hörenden weiterwirkt.

In den Anfangsversen von Friederike Mayröckers Gedicht „l'histoire naturelle" nach Max Ernst, für Hans Carl Artmann finden Sie zunächst eine Metapher und in Vers drei einen originellen Vergleich:

zerknüllter Wald, der TAGESMICHAELIS
es scherbt der Knochen : spinnenkraus
die Bäume stehn wie Lumpen da

Ein gelungener Vergleich, der schon metaphorische Züge trägt, steckt in zwei Versen aus dem Gedicht „In der Küche" von Werner Söllner:

Auf dem Teller der Fisch
blutet wie Schnee.

4.2. Arten von Metaphern

Verblasste Metaphern
Sind Metaphern schlecht gewählt, können sie den poetischen Gehalt eines Gedichtes vernichten.

Verblasste Metaphern sind in die Alltagssprache eingegangen und haben an poetischem Gehalt verloren. Heutzutage können sie in Gedichten allenfalls ironisch verwendet werden. Beispiele: Holzkopf, Flaschenhals, Ohrmuschel, Katerfrühstück, Licht der Wahrheit, Redefluss, Rabenvater, blühende Phantasie, glühender Verehrer, Warenstrom, Wetterlage.

Kühne Metaphern
Bei der kühnen Metapher weicht die Wortkombination nur geringfügig von Erfahrungen aus der sinnlich wahrnehmbaren Realität ab. Das bekannteste Beispiel ist die „schwarze Milch

der Frühe" aus Paul Celans Todesfuge. Die Metapher trägt den Gedanken hier nicht in einen anderen Realitätsbereich, sondern nur einen Schritt weg von der gewohnten Betrachtung.

Absolute Metapher
Hier kann der dominante Begriff bzw. der Bildempfänger (in „Traumwäscherei" die Wäscherei) nicht identifiziert werden. Ein Beispiel ist der „Celloeinsatz von hinter dem Schmerz" von Paul Celan. Eine absolute Metapher ist nur schwer oder gar nicht verständlich. Sie ist eine Chiffre.

Echte oder starke Metaphern
Sie sind innovativ wie Ingeborg Bachmanns „Traumwäscherei". Hier eine kleine Liste gelungener Metaphern:
- „das telegraphensummen des stechmückenschwarms", „Kreuzverhör der Sonne", „und immer flüstern die kurtisanenfinger" (Jan Wagner)
- „schattiges Lied", „verspäteter Kuckuck", „fremde Stimme des Glücks" (Werner Söllner)
- „pointillistischer Frühling", „Der Sommer schaltet einen Gang/höher und sieht sich jetzt ähnlich." (Jürgen Nendza)
- „Sternenhände", „Sterne, die sich himmellang umwarben" (Else Lasker-Schüler)
- „grell von kandierten/Lichtern" (Brigitte Oleschinski)
- „den trunkenen Apfel", „als ich weilte auf Reisen in Spätland und Briefe schrieb an den Morgen", „Wir essen die Äpfel der Stummen" (Paul Celan)
- „Eisblumen streut er ans Fenster" (Sarah Kirsch)
- „zerkratzte rufe" (Jennifer Poehler)

๛ ๛ ๛ ๛ ๛ ๛ ๛ ๛ ๛ ๛ ๛ ๛ ๛ ๛ ๛ ๛ ๛ ๛ ๛ ๛

„Für mich ist nämlich das Angedeutete weit wirkungsvoller als das Ausgesprochene. Vielleicht neigt der menschliche Geist dazu, einer Behauptung zu widersprechen. (…) Argumente überzeugen niemanden. Sie überzeugen deshalb niemanden, weil sie als Argumente präsentiert werden. (…) Aber wenn etwas nur gesagt oder – noch besser – angedeutet wird, gibt es eine Art Gastlichkeit in unserer Vorstellungskraft. Wir sind bereit, es zu akzeptieren."
Jorge Luis Borges: „Die Metapher", in: Handwerk des Dichters, aus dem Englischen von Gisbert Haefs, Hanser, München 2002, S. 28.

- „silbergeschirr war das zaumzeug des sonntags" (Ron Winkler)
- „Der Film hatte das Sprechen gelernt" (aus Paul Austers Roman „Das Buch der Illusionen")
- „Das Regal der letzten Atemzüge" (Titel des letzten Romans von Aglaja Veteranyi)

4.3. Sonderform: Synästhesie

Eine Sonderform der Metapher ist die Synästhesie. Bei der Synästhesie werden zwei oder mehr Sinne angesprochen. Auch dieses Wort stammt aus dem Griechischen, es ist abgeleitet vom griechischen Substantiv *synaísthesis* – zu Deutsch: Mitempfindung (im Sinne von „gleichzeitig empfinden"). Die Synästhesie ist typisch für die Dichtung der Romantik (z. B. Brentano) und der deutschen Neuromantik (z. B. Rilke). Hier wirkt sie oft harmonisierend und die soziale Realität verharmlosend. Gegenwärtige Dichtung versucht eher, diesen Effekt zu vermeiden. Einige Beispiele:

Hör, es klagt die Flöte wieder,
Und die kühlen Brunnen rauschen,
Golden wehn die Töne nieder –
Stille, stille, laß uns lauschen!

Holdes Bitten, mild Verlangen,
Wie es süß zum Herzen spricht!
Durch die Nacht, die mich umfangen,
Blickt zu mir der Töne Licht.
(Clemens Brentano: „Abendständchen")

Die gläsernen Paläste klingen spröder an deinem Blick.
(Rainer Maria Rilke: „Spätherbst in Venedig")

Die Mauern stehn
Sprachlos und kalt, im Winde
Klirren die Fahnen.
(Friedrich Hölderlin: „Hälfte des Lebens")

der schnee beginnt in den augen,
wenn der wind das licht
laut aus den pappeln treibt.
(Andreas Altmann: „vorrat")

4.4. Die hohe Kunst: die zweite Ebene

Sehr elegant ist es, durch Metaphern und Vergleiche in einem
Gedicht eine eigene Bilderwelt aufzubauen oder anzudeuten. So
entsteht eine literarische Hinterbühne oder zweite Textebene,
die sich unter den geschriebenen Text legt und im Leser weiterwirkt. Ein Beispiel von Rilke:

Die Treppe der Orangerie

Wie Könige, die schließlich nur noch schreiten
fast ohne Ziel, nur um von Zeit zu Zeit
sich den Verneigenden zu beiden Seiten
zu zeigen, in des Mantels Einsamkeit:

So steigt, allein zwischen den Balustraden,
die sich verneigen, schon seit Anbeginn,
die Treppe: langsam und von Gottes Gnaden
und auf den Himmel zu und nirgends hin;

als ob sie allen Folgenden befahl
zurückzubleiben, – so daß sie nicht wagen
von ferne nachzugehen; nicht einmal
die schwere Schleppe durfte einer tragen.

5. Transportieren, was mich berührt hat
Nathalie Schmid im Gespräch mit Martina Weber[1]

Nathalie Schmid wurde 1974 in Aarau (Schweiz) geboren. Sie besuchte eine Bergbäuerinnenschule und absolvierte das Studium am Deutschen Literaturinstitut in Leipzig. 2004 gewann sie den 1. Preis im Gedichtwettbewerb des Schweizer Autorenverbandes, 2007 erhielt sie beim Autorentreffen Irseer Pegasus den 2. Preis. Nathalie Schmid veröffentlichte in Literaturzeitschriften und Anthologien, unter anderem 2006 und 2007 im *Jahrbuch der Lyrik,* in der Schweizer Literaturzeitschrift *Orte* (Nr. 13, März/April 2005), im *poet[mag]* (Nr. 2, 2006) sowie auf www.poetenladen.de/nathalie-schmid.de. 2005 erschien ihr Gedichtband *Die Kindheit ist eine Libelle* in der Lyrikedition 2000.

Manche Lyrikerinnen und Lyriker schreiben davon, dass die Begegnung mit bestimmten Gedichten für sie – besonders als junge Erwachsene – ein magischer Moment war, der für ihre eigene Poetologie später prägend wurde. Kannst du dich an eine solche Begegnung erinnern?

NATHALIE SCHMID: Ich erinnere mich, wie ich mit fünfzehn in der Gymnasiumsbibliothek das erste Mal Gedichte von Ingeborg Bachmann und Paul Celan gelesen habe. Das war ein sehr bewegender Moment, ein großes Staunen: Was, so kann man schreiben?! Da hat sich mir eine neue Welt eröffnet.

Was hat dich damals an diesen Gedichten so fasziniert?

---

[1]Das Interview mit Nathalie Schmid wurde in gekürzter Form im *poet[mag]* 3/2007 (Magazin des Poetenladens, www.poetenladen.de) veröffentlicht.

NATHALIE SCHMID: Ich glaube, was mich an den Gedichten fasziniert hat, kann man fast allgemeingültig für Gedichte sagen, die einen solchen „Initialmoment" auszulösen vermögen. Bei Bachmann war es das Bildhafte, die Üppigkeit ihrer Sprache von der ich als Lesende so berührt wurde, weil sie etwas abgebildet hatte, was innerlich auch meinen Bildern zu entsprechen schien. Bei Celan wurde ich mehr als Schreibende angesprochen, davon, wie er mit der Sprache umgegangen ist, wie er sie für ein Gedicht in die Luft geworfen hat und auf den Boden fallen ließ, wie er nicht davor zurückgeschreckt ist, sie zu zerschneiden und wieder neu zusammenzufügen. Es war, als spräche er eine neue, eine andere Sprache und doch standen da Worte, die ich der Bedeutung nach ja kannte.

Wie empfindest du diese Gedichte heute?

NATHALIE SCHMID: Heute fühle ich mich von Bachmanns Üppigkeit eher zurückgestoßen. Celan lese ich immer noch mit Staunen, vor allem was seine Rhythmisierungen anbelangt.

Was suchst du heute in Gedichten? Sind es immer noch Rhythmisierungen, die dich ansprechen? Gibt es Gedichtbände oder Einzelgedichte, die du immer wieder liest?

NATHALIE SCHMID: Ein Gedicht muss mich auf einer tiefen, vegetativen Ebene berühren, es muss mich überraschen, sonst lese ich es nicht wieder oder gar nicht zu Ende.
Immer wieder lese ich Anne Carsons Gedicht „Versuch über das Glas" aus dem Band *Glas, Ironie und Gott*. Es ist für mich ein fantastisches Beispiel dafür, wie haarscharf hier Zeilenbruch und Rhythmisierung eingesetzt werden, um den Raum für die Worte noch größer werden zu lassen, sie hallen sozusagen und leuchten auf, ich kann sie atmen sehen, dadurch wie sie gesetzt sind. Abgesehen davon finde ich ihre Bilder atemberaubend treffend und überraschend zugleich. *Alphabet* von Inger Christensen ist ein Band, den ich beinahe brauche. Da werden für mich die einzelnen Worte immer wieder neu gewichtet, hinter jedem Begriff

tun sich ganze Welten auf, das ist ganz große Dichtung. Und in *Nachtaufnahmen* von Lawinia Greenlaw lese ich oft. Ich mag ihre Art zu erzählen auf diesem knapp bemessenen Raum, ihre Fähigkeit, mit einer einzelnen Zeile den Abgrund eines menschlichen Gefühlshaushaltes aufzeigen zu können.

In der Schweizer Literaturzeitschrift Orte *(Nr. 139) hast du geschrieben, du hättest während des Studiums am Deutschen Literaturinstitut (DLL) gelernt, dass Gedichte nicht einfach aus einer rein musischen Eingebung heraus passieren, sondern dass man an ihnen und mit ihnen arbeiten muss.*

NATHALIE SCHMID: Ja, das war eine wichtige Erkenntnis. Früher dachte ich wirklich, ein Gedicht fällt einem einfach so zu und das bedeutet dann „Talent". Das mag manchmal vielleicht auch der Fall sein, aber es bleibt nie nur dabei. Danach folgt eine Zeit der intensiven Beschäftigung, der Arbeit und der Konzentration mit und an dem Gedicht. Das musste ich mir erst einmal eingestehen, dass Gedichte diesen Aufwand brauchen und verdienen.

Kannst du beschreiben, welche lyrischen Fähigkeiten jemand mitbringen muss, um die Chance zu haben, mit seinen Gedichten beim DLL aufgenommen zu werden? Mit welchen Fragen muss man beim Auswahlgespräch rechnen?

NATHALIE SCHMID: Ich glaube, die Beziehung zum Wort muss hörbar sein, spürbar. Die kann man nicht erlernen, die hat man oder eben nicht.

Bei meinem Auswahlgespräch, aber das ist nun beinahe zehn Jahre her und heute vielleicht nicht mehr so, wurde ich nach meinen Erwartungen bezüglich des Studiengangs befragt, nach meinen Lieblingsautoren und warum sie es sind. Weiter kann ich mich nicht mehr erinnern.

Wie kann man sich die Arbeit in den Lyrikseminaren des DLL vorstellen?

NATHALIE SCHMID: Grundsätzlich war es zu meiner Zeit so, dass man eine Woche vor dem Werkstattseminar Gedichte verteilte, die dann von den anderen Teilnehmerinnen gelesen wurden. Im Seminar wurden diese Gedichte vorgelesen und besprochen: Wie ist das Gedicht gemacht, in welche Bestandteile gliedert sich ein Text, warum gefällt er oder gefällt er nicht, was kann man ändern, wo sollte man ansetzen etc. Es wurde versucht, offene, kritische Beobachtungen mitzuteilen. Die Diskussion fand zwischen den Teilnehmern und dem Dozenten statt, der dann je nachdem eigene Erfahrungswerte oder Anregungen einbrachte.

Es gab auch Schreibübungen: „6 Worte, mach daraus in einer Viertelstunde ein Gedicht." Interessant wurden solche Übungen vor allem, wenn man sie in einen Zusammenhang stellte. Einmal hatten wir vor einer solchen Aufgabe reihum Strophen aus dem Kapitel „Sieg des Sommers" aus Stefan Georges *Jahr der Seele* laut gelesen. Die Gedichte, die danach entstanden, waren zum Teil sehr schön eingefärbt von dieser George'schen Tonlage. Solche Übungen oder Experimente sind spannend. Aber das kommt alles auch sehr auf den Dozenten an.

Inwieweit ist das Schreiben von Lyrik überhaupt lehrbar?

NATHALIE SCHMID: Gute Frage. Wie gesagt, das Wort faszinierend ansetzen, das muss man schon können, es muss etwas vorhanden sein, mit dem man danach in Gesprächen weiterarbeiten kann. Eine allgemeingültige Lehrmeinung für Gedichte gibt es nicht, aber man kann im Gespräch schon sehr viel über einen Text herausfinden. Berührt er, regt er an, auf, herrscht nach dem Lesen betroffene Stille usw. Und dann das Handwerkliche: Schiefe Metaphern, holpriger Rhythmus, überfrachtete Bilder, falsches Metrum, das sind alles Dinge, für die man ein Gehör entwickeln kann.

Gibt es eine bestimmte Veranstaltung, an die du dich gern erinnerst oder die dir für deine Lyrik besonders viel gebracht hat?

NATHALIE SCHMID: Nach einem Lyrikseminar bei Norbert Hummelt gab es eine Semester-Abschluss-Lesung, da wurden ausschließlich die im Lyrikseminar entstandenen Gedichte vorgestellt. Es war sehr schön zu sehen, was da in einem halben Jahr in diesem Rahmen hatte entstehen können. Und das Echo war gut. Daran erinnere ich mich gerne, eine schöne Lesung!

Am DLL hast du dich auch mit poetologischen Positionen beschäftigt. Inwieweit haben die poetologischen Essays von Norbert Hummelt deinen Blick auf die Lyrik verändert oder geprägt?

NATHALIE SCHMID: In der Essaysammlung *Wohin geht das Gedicht,* herausgegeben von Roman Bucheli, gibt es einen sehr schönen Essay von Norbert Hummelt, „Zu den Quellen" heißt er. Der hat mich damals, als ich ihn das erste Mal gelesen hatte, sehr dazu ermutigt, mir das Material, welches in den Erinnerungen liegt, wieder zugänglich zu machen und es für Gedichte zu gebrauchen. Gedichte zu einem Gefäß für die Erinnerung zu machen, so dass sie auch etwas Kultivierendes, etwas Bewahrendes an sich haben, weil alles ja ein ständiges Verwehen ist.

Deine Diplomarbeit bestand darin, einen Lyrikband im Umfang von 60 Gedichten vorzulegen. Wie viele der Gedichte aus dieser Abschlussarbeit sind in dein Lyrikdebüt Die Kindheit ist eine Libelle *eingegangen? Wie viele hast du nach der Präsentation in der Diplomarbeit noch überarbeitet?*

NATHALIE SCHMID: Aus meiner Abschlussarbeit sind 35 Gedichte in meinen Gedichtband eingegangen, also mehr als die Hälfte. Ich habe nach der Präsentation höchstens ein, zwei Gedichte noch überarbeitet. Ich hatte beim Abgabetermin wirklich das Gefühl, etwas Fertiges, Ganzes abzugeben, das war damals ein Höhepunkt in meinem Schreiben.

Enthält dein erster Gedichtband auch Gedichte oder Gedichtansätze, die vor deiner Zeit beim DLL entstanden sind?

NATHALIE SCHMID: Nein, die liegen in der Schublade, zur Erinnerung.

Du hast deinen ersten Gedichtband in vier Kapitel unterteilt: „ein schatten flattert", „die kindheit ist eine libelle", „die uhr tickt über dem peacezeichen", „die tiere die ich sehe sind schnell benannt". Jede dieser vier Überschriften ist mit dem Titel des ersten nach der Überschrift folgenden Gedichtes identisch. Wie komponiert man als Autorin einen Lyrikband? Welche Möglichkeiten gibt es?

NATHALIE SCHMID: Nach meiner Erfahrung beginnt sich ab einem bestimmten Zeitpunkt, ab einer gewissen Anzahl Gedichte so etwas wie ein großes Ganzes herauszukristallisieren. Die Komposition beginnt sich zu zeigen. Man muss als Autorin wach sein dafür, die Sinne schärfen und genau hinhören, wie sich dieser Zusammenhang zeigt. Die vier Kapitelüberschriften meines ersten Gedichtbandes waren zuerst jeweils die erste Zeile von jeder der vier Strophen eines einzelnen Gedichtes. Bis ich gemerkt hatte, dass dieses Gedicht so etwas wie die Essenz des ganzen Bandes enthält. So kam mir die Idee, es aufzuteilen, so dass die Struktur der Kapitel und somit des Bandes wieder aus einem Ganzen, einem Gedicht entspringt.

Beim Schreiben an meinem zweiten Gedichtband beginnt sich die Komposition gerade langsam zu zeigen, und sie ist natürlich wieder anders als beim ersten Band. Aber ich weiß, der Horizont ist in Sicht, sozusagen.

2002 hast du deinen Abschluss am Deutschen Literaturinstitut in Leipzig gemacht. Was wäre für dich ohne die Zeit am DLL anders gewesen?

NATHALIE SCHMID: Ich hätte wohl kaum die Möglichkeit zu so einem regen Austausch mit anderen Schreibenden gehabt. Das war nicht immer einfach, aber es hat mich doch inspiriert und angeregt. Vielleicht hätte es auch länger gedauert, bis ich mein eigenes Schreiben richtig ernst genommen hätte. Außerdem hatte ich einfach wahnsinnig viel Zeit und Raum für die Beschäftigung mit Schreiben und Literatur. Das war im Nachhinein betrachtet so eine Art Luxusresort.

Standen die Studierenden nicht auch damals schon unter einem enormen Publikations- und Erfolgsdruck?

NATHALIE SCHMID: Ich habe den Eindruck, dass sich das mit der Zeit und der Popularität des Institutes verschärft hat. Es war damals schon spürbar und führte natürlich zu Konkurrenz- und Neidgefühlen. Die einen hat das angestachelt, die anderen haben sich eher zurückgezogen, abgelenkt, mit Passivität darauf reagiert. Das ist eine Typfrage, denke ich.

Was ist für dich ein gutes Gedicht?

NATHALIE SCHMID: Ein gutes Gedicht überrascht mich, es zeigt mir etwas, was ich so noch nie gehört, gesehen habe. Ein gutes Gedicht ist echt; es geht über das Gemachte und Gewollte hinaus und berührt einen auf einer tiefen, nicht intellektuellen Ebene. Ein gutes Gedicht spricht von etwas, um das man bereits weiß und gleichzeitig von etwas, das man noch nicht versteht.

In der bereits erwähnten Schweizer Literaturzeitschrift Orte *(Nr. 139) hast du geschrieben, du hättest während des Studiums am DLL eine „zielgerichtete Arbeitshaltung" gegenüber deinen Gedichten gelernt. Gibt es einen typischen oder charakteristischen Entstehungsprozess für deine Gedichte? Machst du regelmäßig Notizen? Wenn ja, was notierst du? Woran merkst du, dass der Zeitpunkt des ersten Entwurfs da ist?*

NATHALIE SCHMID: Es gibt diese raren Gedichte, die, als würden sie einem Funken folgen, plötzlich da sind, aus einem Guss. Es gibt Gedichte, die aus Erinnertem hervorgeholt werden, welches ich niederschreibe, wieder ändere, verschiedene Fassungen durchlaufen lasse.

Alle anderen aber entstehen aus Notizen. Ich mache dauernd Notizen. Manchmal scheine ich in meinem Notizenmeer zu ertrinken, weil es einfacher ist, Notizen zu machen, als ein Gedicht dort herauszuschälen. Ich notiere mir einzelne Worte, deren Klang mich berührt oder deren Sound mich verfolgt, „Säumerei" ist gerade so ein Wort oder „Saumpfad". Ich notiere mir, was ich sehe oder wie ich es sehe. Das sind dann vor allem Natursachen, Lichtwechsel, Jahreszeitenbilder, Tiere, die mein Blickfeld kreuzen, wie die Milane es immer wieder tun, dort, wo ich wohne. Ich notiere mir etwas Gelesenes oder Gehörtes, was ich dann im Gedicht kursiv setze. Manchmal entstehen so erste Zeilen oder gar die Rohfassung eines Gedichtes. Das ist aber alles noch keine zielgerichtete Arbeitshaltung. Die beginnt erst dort, wo ich aus dem Notizmaterial das Gedicht suchen, finden und hervorholen muss. Der erste Entwurf entsteht also meist aus den Notizen, der Zeitpunkt dafür folgt einem inneren Impuls. Dem Gefühl, auf etwas gestoßen zu sein und es verfolgen zu wollen. Es braucht dafür eine Art „passive Empfänglichkeit", wie Norbert Hummelt einmal gesagt hat.

Nach deinem Diplom am DLL bist du in die Schweiz zurückgekehrt. Wie unterscheidet sich die Lyrikszene in der Schweiz von der in Deutschland?

NATHALIE SCHMID: Das mag durchaus an mir liegen, aber ich nehme hier nicht so sehr eine Szene wahr als vielmehr einzelne Lyriker, von denen ich zwar weiß, dass sie sich zum Teil kennen und sich auch austauschen, nicht aber eine Szene bilden. Vielleicht sind die Schweizer eher szenescheu, ich weiß nicht ...

Stimmt der Eindruck, dass sich die Lyrikerinnen und Lyriker in der Schweiz an der Lyrikszene (Zeitschriften, Verlage, Preise, Stipendien etc.) in Deutschland orientieren, aber umgekehrt so gut wie kein Interesse da ist?

NATHALIE SCHMID: Ja, auf jeden Fall. In Deutschland läuft einfach viel mehr, dann liegt da auch der Fokus.

Kannst du außer der Schweizer Literaturzeitschrift Orte *ein Buch, vielleicht eine Anthologie oder einen einzelnen Gedichtband, für einen Einblick in die Lyrik aus der Schweiz empfehlen?*

NATHALIE SCHMID: *Die schönsten Gedichte der Schweiz,* herausgegeben von Peter von Matt und Dirk Vaihinger; es gibt darin ein paar sehr schöne Gedichte von vergessenen oder unbekannteren Autoren wie zum Beispiel Alexander Xaver Gwerder. Ich mag die Literaturzeitschrift *entwürfe* und die *Poesie Agenda* (orte-Verlag). Und mir gefallen die Gedichtbände von Werner Lutz im Waldgut Verlag, davon besonders der Band *Farbengetuschel!*

Nach der Lektüre des Bandes Junge Lyrik *(edition text + kritik, herausgegeben von Heinz Ludwig Arnold, Heft 171, Juli 2006) hatte ich vor allem den Eindruck, dass neue lyrische Stimmen nur wahrgenommen werden, wenn es ihnen gelingt, sich als Marke zu präsentieren.*

NATHALIE SCHMID: Wenn da dazu gehört, beim richtigen jungen, hippen Berliner Verlag zu veröffentlichen und damit auch in der richtigen jungen Szene zu sein, dann teile ich deinen Eindruck, weil Marke ja mit Vermarktung zu tun hat. So läuft der Betrieb. Ich befasse mich lieber nicht zu sehr damit, ich fröne lieber meinem bis jetzt noch ungebrochenen Glauben, dass starke Stimmen gehört werden, weil sie stark sind, nicht weil sie netzwerken, obwohl es viele Gegenbeispiele dafür gibt.

Mit „Marke" meine ich auch, eine eigene erkennbare lyrische Stimme gefunden zu haben …

NATHALIE SCHMID: Ich kenne junge Lyrikerinnen und Lyriker, deren unverkennbare eigene Stimme deutlich zu vernehmen wäre, aber sie werden nicht gehört. Ich denke zum Beispiel an Juliane Blech aus Halle.

Was meinst du damit, dass eine lyrische Stimme „gehört" wird? Juliane Blech ist doch immerhin seit Jahren im Jahrbuch der Lyrik *präsent und hat auch schon ein Stipendium für ihre literarische Arbeit erhalten.*

NATHALIE SCHMID: Nicht für ihre Lyrik. Ich meine mit „gehört werden", dass auch Leute ausgezeichnet oder eingeladen werden, die nicht einem bestimmten Grundton entsprechend schreiben, die abseits vom Trend ihre Sache machen.

Peter Geist schreibt in seinem Aufsatz „Die ganz großen Themen fühlen sich gut an" aus dem eben erwähnten Band von einer Wiederkehr des Politischen in der jüngeren Lyrik. Deine Gedichte in Die Kindheit ist eine Libelle *verweben die Themen Natur und Alltag und sind dezent mit sozialkritischen Tönen verwoben. Die Gedichte, die du danach geschrieben hast, empfinde ich als politischer, ohne dass sie direkte politische Aussagen machen würden. Was ist dein Eindruck vom Politischen in der Lyrik?*

NATHALIE SCHMID: Schwierige Frage. Wo beginnt das Politische? Wann ist etwas politisch? Welche Lyrik? Vielleicht ist in der jungen Lyrik eine Bewegung spürbar, die etwas weg kommt von diesen Eigenschauplätzen hin zu einem etwas ausgeweiteteren Sichtfeld.

Mein Eindruck ist der: Während es im politischen Gedicht der 80er Jahre fünf vor zwölf war, ist es heute halb eins.

NATHALIE SCHMID: Ja, diesen Eindruck teile ich. Man fragt sich heute, was das letzte Wort sein wird, nicht mehr, wie es abzuwenden ist.

Wie wichtig ist für dich die Zusammenarbeit mit anderen Lyrikerinnen und Lyrikern?

NATHALIE SCHMID: Ich tausche mich mit anderen Lyrikerinnen und Lyrikern aus, aber zu einer Zusammenarbeit im Sinne von gemeinsamen Projekten ist es noch nicht gekommen. Das fände ich schon spannend, aber das braucht alles viel Zeit und Energie, die ich gerade nicht habe. Das heißt, wenn ich sie habe, wende ich sie für mein eigenes, stilles Schreiben auf.

Diskutierst du ein neues Gedicht seit deinem Abschluss am DLL noch mit anderen Lyrikerinnen und Lyrikern darauf hin, ob es ausgereift ist, oder machst du das seither allein mit dir ab?

NATHALIE SCHMID: Ich stehe schon lange in einem engen Briefkontakt mit einer anderen Lyrikerin, da diskutieren wir unsere Gedichte. Aber nach dem DLL habe ich erst mal eine Weile ohne den direkten Austausch weitergemacht. Als mir das irgendwann fehlte, habe ich mich in Zürich einer Gruppe von Schreibenden angeschlossen, die sich ungefähr ein Mal im Monat treffen und gemeinsam Texte besprechen. Das gefällt mir gut, ich habe gemerkt, dass ein Austausch wichtig ist.

Warum?

NATHALIE SCHMID: Wenn ich einen Text vor anderen Leuten laut vorlese, dann bestreitet er immer eine Art Prüfung. Ich merke mir genau, bei welchen Stellen es mir unwohl wird oder welche Stellen ich gerne vorlese. Das sagt mir jeweils viel über den Text aus. Außerdem finde ich es interessant, einen Text den direkten Reaktionen der Zuhörer auszusetzen, zu sehen, ob mein Gefühl für mein Geschreibe sich mit dem Echo der anderen deckt. Ich bringe in solche Runden vorwiegend Texte, mit denen ich unsicher bin, nicht weiter komme, aber an denen mir viel liegt. Eine von mir ungesehene Schwachstelle kann sich zeigen oder ein Text findet Bestätigung, für die ich selber noch zu nahe dran war. Das Ganze setzt natürlich voraus, dass man den Leuten, mit denen man sich austauscht, in dieser Hinsicht in gewisser Weise vertraut.

Welchen Rat würdest du einer jungen Lyrikerin geben, die auf der Suche nach ihrer lyrischen Stimme ist?

NATHALIE SCHMID: Lyrik lesen. Manchmal öffnet ein Wort, eine Zeile, ein Bild den Zugang zu einem eigenen Gedicht. Die eigenen Sachen auch immer wieder lesen. Schauen, wie hat man das damals gemacht, wohin hat man sich entwickelt. Hinhören, hinschauen, die Sinne schärfen, die Wahrnehmung. Einer eigenen Sichtweise vertrauen lernen.

Was ist für dich das Wichtigste an deiner Lyrik?

NATHALIE SCHMID: Dass sie zu berühren vermag, dass sie etwas von dem transportiert, was mich berührt hat.

letztes wort

bald haben wir kein öl mehr
die wassermassen erreichen den leuchtturm
und werfen sich über ihn hinaus
kleine teelichter im schlamm
militärbegleitete kolonnen
durch eine sich auflösende landschaft
durch eine landschaft die es nicht mehr gibt
keine grasenden kühe keine schaukeln
keine auf dem feld gebückten rücken
wir könnten den elektromotor wählen
aber wir vergessen zu spenden
wir spülen das geschirr vielleicht
denken wir für einen moment
wie es sein könnte
wenn alles zusammenfällt
die berührungen unserer hände
das mit material geformte glück
wie es sein wird
wenn das kreisen und kreischen
der milane über dem feld über
unseren köpfen ausbleibt und
man nichts hört und
man sich fragt was war
was das letzte wort war

Nathalie Schmid

6. Der Reim und andere Klangelemente
Martina Weber

6.1. Begriff und Funktion des Reims

Der Reim ist das auffälligste Klangelement der Lyrik. Definiert ist der reine Reim als Gleichklang von Wörtern vom letzten betonten Vokal an. Beispiele: schw**e**ben – zugeg**e**ben, b**a**nnen – sp**a**nnen (der letzte betonte Vokal ist fett gedruckt).

Beachten Sie, dass es dabei um das Hören geht. Die Schreibweise der Wörter kann durchaus verschieden sein. Beispiele: Clown – abgehaun, Plädoyer – OP, Blödelei – bye, bye!

Der Reim ist, wie der Rhythmus auch, eine wichtige Gedächtnishilfe, vor allem war er es in der Zeit, in der Literatur nur mündlich vorgetragen und weitergegeben wurde. Reimen ist auch ein Spiel mit Sprache und Lust an der Sprache, Lust am Experiment und sogar eine Ideen-Suchmaschine, also eine Hilfe, das Gedicht inhaltlich an einem passenden Reimwort auszurichten. Der Reim bringt archaische Elemente in die Dichtung: Ritual und Magie.

Der Reim ist aber nicht nur äußeres Schmuckstück, sondern auch sinntragendes Element. Die Art und Weise, wie mit dem Reim gearbeitet wird, bestimmt wesentlich, wie ein Gedicht als Ganzes auf den Leser oder Hörer wirkt.

6.2. Reimformen und Reimfolgen

Reimformen
Der Eindruck auf den Hörer oder Leser ist um so stärker, je länger der Gleichklang eines Reimes anhält.

Je nach Klangfülle und Silbenzahl unterscheidet man verschiedene Reimformen:

- *Reiner Reim:* Gleichklang von Wörtern vom letzten betonten Vokal an. Beispiel: b**a**nnen – sp**a**nnen.
- *Identischer Reim:* Es wird mit dem gleichen Wort gereimt. Beispiel: laufen – laufen.
- *Gespaltener Reim:* Die Reimsilben sind auf mehrere Wörter verteilt. Dies wirkt etwas dezenter als der reine Reim. Beispiel: „licht war" – „sichtbar" aus der zweiten Strophe von Hermann Hesses „Im Nebel":

> Voll von Freunden war mir die Welt,
> Als noch mein Leben licht war;
> Nun, da der Nebel fällt,
> Ist keiner mehr sichtbar.

- *Doppelter Reim:* Gleichklang nicht erst ab dem letzten, sondern schon ab dem vorletzten betonten Vokal. Der Reim kann sich dabei auf zwei Wörter verteilen. Doppelreime sind sehr auffällig. Beispiel: Die Abendw**i**nde w**e**hen/Ich muß zur L**i**nde g**e**hen (Clemens Brentano).
- *Gebrochener Reim:* Eines der Reimwörter ist getrennt; das andere Reimwort reimt sich nur auf den abgetrennten Teil des getrennten Reimworts. Der gebrochene Reim tritt also im Zusammenhang mit dem morphologischen Zeilensprung auf. Ein berühmtes Beispiel sind die ersten beiden Verse der Schlussstrophe aus Christian Morgensterns Gedicht „Das ästhetische Wiesel":

> Ein Wiesel
> saß auf einem Kiesel
> inmitten Bachgeriesel.
>
> Wißt Ihr
> weshalb?

Das Mondkalb
verriet es mir
im Stillen:

Das raffinier-
te Tier
tats um des Reimes willen

- *Weiblicher/männlicher Reim:* Der weibliche oder klingende Reim enthält nach der betonten noch eine unbetonte Silbe. Er wirkt besonders klangvoll. Beispiel: sch**au**-en – b**au**-en. Der männliche oder stumpfe Reim ist einsilbig, endet also mit einer Betonung. Dadurch wirkt er weniger klangvoll. Beispiel: B**ie**r – w**i**r.

Reimfolgen

Für einen Reim braucht man mindestens zwei ähnlich klingende Wörter. Hat jemand das erste Reimwort gelesen oder gehört, erwartet er ein zweites, das ähnlich klingt und sich inhaltlich einfügt. Durch diese Wartezeit entsteht eine kleine Spannung, die, je nachdem, wie lange das zweite Reimwort auf sich warten lässt, kürzer oder länger anhält. Dadurch können verschiedene Effekte hervorgerufen werden, die entweder mit der Aussage des Gedichtes korrespondieren oder in einem Kontrast dazu stehen. Der Reim stellt zwischen den beiden gereimten Wörtern eine Beziehung her und betont sie. Entscheidend für die Spannung zwischen zwei Reimen ist die Reimfolge:

- *Anfangsreim:* Die ersten Wörter zweier aufeinander folgender Verse reimen sich.

    Ein **Laub**, das grünt und falbt geschwind,
    ein **Staub**, den leicht vertreibt der Wind.
    (Georg Philipp Harsdörffer: „Das Leben des Menschen")

- *Schlagreim:* Zwei Wörter, die im Vers unmittelbar hintereinander folgen, reimen sich.

quelle, schwellende Nacht
(Friedrich Hebbel: „Nachtlied")

- *Binnenreim:* Das Wort am Versende reimt mit einem Wort des Versinnern.

  > Eine st**arke** schwarze B**arke**
  > Segelt trauervoll dahin.
  > Die verm**ummten** und verst**ummten**
  > Leichenhüter sitzen drin.
  > (Heinrich Heine: „Childe Harold")

- *Mittenreim:* Das Wort am Versende reimt sich mit einem Wort aus dem Versinnern vorausgehender oder folgender Verse.

  > der Himmel, mein Herz, er ist
  > **klar** – leer wie die Stelle,
  > wo eben die Amsel
  > noch **war**.
  > (Dirk von Petersdorff: „Die Garagen im Hof")

  > (…) Du siehst
  > mich ja, wie ich im Bad verschw**inde**,
  > kein Mann, kein Möbelstück, kein K**ind**, und

  > wie ich mir die Pokemonkrawatte b**inde**, bis
  > meine müden Finger eingeschlafen s**ind**.
  > (Marcel Beyer: „Der letzte Schlurf")

- *Formen des Endreims:* Um verschiedene Formen des Endreims schematisch darzustellen, ist es üblich, gleiche Endreime mit dem gleichen Buchstaben zu bezeichnen. Die einzelnen Formen des Endreims führen üblicherweise, aber nicht notwendig, zu typischen Strophenformen.
  - *Paarreim:* Beim Paarreim reimen jeweils zwei aufeinander folgende Verse. Das Reimschema lautet: aabb. Der Paarreim ist die einfachste Folge eines Endreims. Die beiden durch

den Reim (und oft auch durch den Rhythmus) verbundenen Verse bilden eine Einheit, die sich leicht merken lässt. Beim Paarreim wird die Spannung, die das erste Reimwort aufbaut, schnell wieder gelöst. Dadurch wirkt der Paarreim harmonisch, geordnet und glatt. Dies legt es nahe, eher weniger komplizierte gedankliche Zusammenhänge in dieser Form zu verfassen. So ist der Paarreim das typische Reimschema für volkstümliche Dichtung und für Kinderlyrik. Die enge Verbindung zweier aufeinander folgender Verse führt oft zu einer zweizeiligen oder vierzeiligen Strophenform.

> Die Mitternacht zog näher schon;
> In stummer Ruh' lag Babylon.
>
> Nur oben in des Königs Schloß,
> Da flackert's, da lärmt des Königs Troß.
> (Heinrich Heine: „Belsazar")
>
> Dieses war der erste Streich,
> Doch der zweite folgt sogleich.
> (Wilhelm Busch: „Max und Moritz")

Die Erwartung des Lesers, der Paarreim korrespondiere immer mit einem harmlosen oder gar romantischen Inhalt, kann ein Autor auch bewusst enttäuschen. Die erste Strophe von Konrad Bayers „marie dein liebster wartet schon":

> marie dein liebster wartet schon
> mit einer stange von beton
> in seiner guten sanften hand
> im haar trägt er ein seidenband

Nicht nur der Paarreim, auch die harmlose, teilweise kitschige Wortwahl („liebster", „gute sanfte hand", „seidenband"), stehen im Kontrast zu Begriffen aus einem kriminalistischen Wortfeld („stange von beton") und zur Situation eines brutalen, grundlosen Überfalls.

– *Haufenreim:* Er ist eine Sonderform des Paarreims. Als Haufenreim bezeichnet man das gehäufte Auftreten des gleichen Reimes, zum Beispiel in diesem Schema: aaaa bbbb cccc. Die ersten beiden Strophen des Gedichtes „Kinderlied" von Günter Grass:

> Wer lacht hier, hat gelacht?
> Hier hat sich's ausgelacht.
> Wer hier lacht, macht Verdacht,
> daß er aus Gründen lacht.
>
> Wer weint hier, hat geweint?
> Hier wird nicht mehr geweint.
> Wer hier weint, der auch meint,
> daß er aus Gründen weint.

Ein auffälliges Klangelement ist in diesen Strophen auch der Binnenreim.

– *Kreuzreim:* Beim Kreuzreim reimt der erste Vers mit dem dritten, der zweite mit dem vierten. Das Reimschema lautet also: abab. Durch den Kreuzreim werden vier Verse miteinander verbunden, deshalb kommt dieser Reim meistens in vierzeiligen Strophen vor. Beim Kreuzreim muss der Leser oder Hörer etwas länger als beim Paarreim auf das ergänzende Reimwort warten. Deshalb wirkt der Kreuzreim etwas offener und spannender als der Paarreim. Er wird sehr häufig verwendet.

> Komm in den totgesagten park und schau:
> Der schimmer ferner lächelnder gestade
> Der reinen wolken unverhofftes blau
> Erhellt die weiher und die bunten pfade.
> (Stefan George: „Komm in den totgesagten Park und schau")

Der Kreuzreim hat deutliche geschlossene und geordnete Züge, wenn die Verse metrisch gebunden sind und jeder Vers eine abgeschlossene Sinneinheit bildet oder wenigstens grammatisch zusammenhängende Wortgruppen (Syntagmen) nicht durch einen Zeilensprung getrennt werden. In ihrem Gedicht „Dorfabend" arbeitet Hertha Kräftner sehr geschickt mit dem Zeilensprung und nimmt dem Kreuzreim seine Behäbigkeit, wozu auch die Abwesenheit von Strophen beiträgt. Hier der Anfang:

> Beim weißen Oleander
> begruben sie das Kind
> und horchten miteinander,
> ob nicht der falsche Wind
> den Nachbarn schon erzähle,
> daß es ein wenig schrie,
> eh seine ungetaufte Seele,
> im Halstuch der Marie
> erwürgt, zum Himmel floh.

– *Umschließender oder umarmender Reim:* Er besteht aus einem Paarreim, der von einem weiteren Reimpaar umschlossen wird. Dadurch entsteht eine vierzeilige Strophe, bei der die Spannung, die durch das erste Reimwort am Ende des ersten Verses aufgebaut wird, relativ lange bestehen bleibt. Dadurch wird eine gewisse Disharmonie angedeutet. Das Reimschema lautet: abba. Durch den Reim des umarmenden Verspaares bildet die Strophe eine nach außen abgeschlossene Einheit.

> Es sang vor langen Jahren
> Wohl auch die Nachtigall,
> Das war wohl süßer Schall,
> Da wir zusammen waren.
> (Clemens Brentano: „Der Spinnerin Nachtlied")

– *Schweifreim:* Er ist nach dem Schema aabccb gebaut, eine Reimstruktur, die zu Terzetten (Strophen zu je drei Versen) oder Sextetten (Strophen zu je sechs Versen) führt.

Der Mond ist aufgegangen.
Die goldnen Sternlein prangen
am Himmel hell und klar;
Der Wald steht schwarz und schweiget,
Und aus den Wiesen steiget
Der weiße Nebel wunderbar.
(Matthias Claudius: „Abendlied")

– *Kettenreim oder Terzinenreim:* Die Terzine ist eine dreizeilige Strophe. Beim Kettenreim sind die Verse so gereimt, dass sie – wie die Glieder einer Kette – ineinandergreifen. Auf diese Weise kann ein unendlich langes Gedicht entstehen. Das klassische Reimschema einer Terzine: aba bcb cdc ded efe ... yzy z. Der Anfang der „Wildspitze" von Raoul Schrott weist das Reimschema aba bcb auf:

mit der sinkenden sonne geht die farbe
des firns vom gelb über ins glühen zur schneide
gedrängt vom aufsteigenden schatten • die narbe

des abends die sich über dem eingeweide
der erde erst schließt, wenn das licht diesen rand
mit seiner klinge ausbrennt • stumpf wie kreide

– *Reimfolgen mit Waisen:* Einen ungereimten Vers in einem sonst gereimten Gedicht bezeichnet man als „Waise". Im Reimschema werden Waisen mit x, y oder z markiert. Mögliche Schemata für Strophen mit Waisen sind: axay oder xaya. Hier wirkt der Reim weniger aufdringlich, als es beim Paarreim oder Kreuzreim oft der Fall ist. Die erste Strophe aus dem Gedicht „Der Revolutionär" von Heinz Kahlau:

❧ ❧ ❧ ❧ ❧ ❧ ❧ ❧ ❧ ❧ ❧ ❧ ❧ ❧ ❧ ❧ ❧ ❧ ❧ ❧

„Um zu gefallen, muß der Reim irgendein kleines Überraschungsmoment enthalten; er braucht nicht bizarr oder seltsam zu sein, muß aber, wenn überhaupt, geschickt gehandhabt werden."
Ezra Pound: Wort und Weise ›motz el son‹, 1957, S. 54.

Der hält nur still, um zu denken;
Der ist für gar nichts zu schwach.
Der, wenn er merkt, es bringt weiter,
macht noch den Vogelflug nach.

Eine einzelne Waise kann in einem sonst gereimten Gedicht besondere Aufmerksamkeit auf sich ziehen. Eine Waise tritt oft in Gedichten mit ungeraden Verszahlen auf, zum Beispiel in Terzinen.

Noch spür ich ihren Atem auf den Wangen:
Wie kann das sein, daß diese nahen Tage
Fort sind, für immer fort, und ganz vergangen?
(Hugo von Hofmannsthal: „Terzinen über Vergänglichkeit")

Ein Beispiel für einen dezenten Umgang mit dem Reim ist Werner Söllners „Der Schlaf des Trommlers". Hier reimen in jeder Strophe nur die Verse vier und sechs.

Nacht, gelb
von Gewittern, die Häuser
sind leer, im kühlen Grund
wo der Holunder sich **hält**
schlafen die Schläfer
sich aus der **Welt**

༄ ༄
„Das ist eine Diskretion des Reims, die man dann nur quasi subkutan wahrnimmt, nur als unterste Schicht, wo der Reim von seiner billigen Paukenschlagerei sich zurückzieht und ganz diskret wird, und die Architektur des Gedichts, über die streng geformten Zeilen, sehr gerade ist, aber ins Offene, ins Licht gebaut ist, weil sie ganz diskret werden kann, so dass man gar nicht mehr merkt, dass ganz viel Arbeit dahinter steckt, um es so hinzustellen. Aber das ist gleichzeitig die Art, wie ein Gedicht erst zu denken beginnt, indem es Sprache so einsetzt, diese Transformationen, diese Metamorphosen, die eigentlich die Inszenierungen des Gedichts sind (…)"
Raoul Schrott in der Lesezeit des Deutschlandfunks vom 23.6.04 zu Assonanzen und Konsonanzen.

6.3. Andere Klangelemente

Trotz der vielfältigen Möglichkeiten, mit dem Reim umzugehen, trotz des Zaubers, den er verbreiten kann, werden vor allem zwei Bedenken gegen die Arbeit mit dem Reim vorgebracht: Die Zahl der Reimwörter ist besonders in der deutschen Sprache begrenzt, was die Aussagemöglichkeiten einschränkt. Viele Reime sind abgegriffen und stehen unter dringendem Kitschverdacht.

Es gibt neben dem Reim aber auch andere Klangelemente, mit denen Sie arbeiten können. Teilweise sind diese Klangformen weniger aufdringlich und unauffälliger als der reine Reim. Dennoch wirken auch diese Elemente auf den Leser oder Hörer.

Unreiner Reim/Halbreim

Kein vollständiger lautlicher Gleichklang, sondern nur ein annähernder lautlicher Gleichklang ab dem letzten betonten Vokal. Beispiele: Gassen – Straßen, fließen – grüßen, Gemüt – Lied, Klavier – Kellertür.

Zwei Unterarten des unreinen Reims sind Assonanzen und Konsonanzen.

* *Assonanz:* Ein Gleichklang der Vokale ab der letzten betonten Silbe; in den Konsonanten unterscheiden sich die Reimworte dagegen.
  Beispiele: sehen – regen, Geläute – Häuser, schweifen – leise, Sonne – vergoldet, Kapelle – Menge, weichen – ausgebreitet, Fronten – ansonsten, Himmel – Winkel, spürt – schnürt, ob – noch, fällt – lässt. Wer Assonanzen zu einem Wort bilden möchte, nimmt dieses Wort als Ausgangspunkt, schreibt sich die Vokale heraus und sucht nach weiteren Worten, die ebenfalls diese Vokale aufweisen, aber andere Konsonanten.

* *Konsonanz:* Für die Bildung von Konsonanzen gilt entgegengesetzt zu den Assonanzen: Bei einem vorgegebenen Wort belässt man die Konsonanten und ändert die Vokale

so, dass ein neues Wort entsteht. Eine Konsonanz ist also ein Gleichklang der Konsonanten bei unterschiedlichen Vokalen.
Beispiele: Wald – Wild, hasten – pusten.

Alliteration

Gleichklang der Anfangslaute, wenn diese betont sind. Beispiele: **W**echsel **w**eniger **W**orte (Bertolt Brecht); es s**a**ng vor l**a**ngen J**a**hren/wohl **a**uch die N**a**chtigall (Clemens Brentano). Die klangliche Wirkung wird verstärkt, wenn die Wörter auch im zweiten Laut übereinstimmen. Beispiel: **Bl**aue **Bl**ume.

Friederike Mayröckers Titelgedicht aus dem Band *Winterglück* endet mit einer ergreifenden Alliteration. Das lyrische Ich wünscht sich, endlich wieder Vogelgezwitscher zu hören …

> aber die Stimme kommt nicht Vogelstimme nein dieses
> Winterglück
> ist mir nicht zugedacht jemand
> anderer an einem anderen Ort wird es wird dieses Gezwitscher
> Vogelstimme Stimme empfangen an meinerstatt jetzt in dieser
> Stunde Sekunde

Die nächst kleinere Maßeinheit nach der Stunde ist die Minute. Aber stellen Sie sich den letzten Vers so vor: „Stunde Minute" und lassen Sie diese Variation neben der, die Friederike Mayröcker gewählt hat, auf sich wirken. Sie werden schnell merken, dass die Kombination „Stunde Sekunde" viel intensiver hallt, nicht nur wegen der Alliteration, sondern weil durch die Schlusswörter eine Präsenz des Lesers oder der Leserin im Moment hergestellt wird, zumal es dem lyrischen Ich nicht nur um eine Vogelstimme, sondern um die Stimme (des Geliebten) geht.

Häufung gleichartiger Vokale

Sie kann zu einem bestimmten Klangcharakter eines Gedichtes führen, wenn die Vokale betont sind. Helle Vokale sind e, i und ü, dunkle und dumpfe a, o, u, au und ö. Ein Extrembeispiel (nur o-Laute) ist Ernst Jandls „ottos mops", hier die erste Strophe:

ottos mops trotzt
otto: fort mops fort
ottos mops hopst fort
otto: soso

Wortwiederholung, Satzwiederholung

Wiederholungen sind ein beliebtes Stilmittel. Die Wiederholung verstärkt und betont die wiederholten Worte. Die Wortwiederholung am Versanfang nennt man Anapher. Der Anfang
von Gottfried Benns „Reisen":

Meinen Sie Zürich zum Beispiel
sei eine tiefere Stadt,
wo man Wunder und Weihen
immer als Inhalt hat?

Meinen Sie, aus Habana,
weiß und hibiskusrot,
bräche ein ewiges Manna
für Ihre Wüstennot?

Sie können auch einen Satz aus dem Anfangsteil eines Gedichtes am Ende wieder aufnehmen, gegebenenfalls in leicht vari-
ierter grammatikalischer Form. Idealerweise gewinnt der Satz
dadurch eine tiefere Bedeutung, er ist aufgeladen durch den
Gehalt des Gedichtes. Doch auch durch die bloße Wiederholung
eines Satzes, der erst am Ende eines Gedichtes auftaucht, kann
Mehrdeutigkeit und Tiefe entstehen. Ein Beispiel dafür ist die
letzte Strophe des Gedichtes „Stopping by Woods on a Snowy
Evening" („Bei Wäldern an einem Schneeabend") von Robert
Frost. Das lyrische Ich ist an einem verschneiten Abend mitten im Winter mit seinem Pferd unterwegs und gelangt an
Wälder, deren Eigentümer er zu kennen glaubt. Diese Wälder
üben eine magische Anziehungskraft auf das lyrische Ich aus,
das Pferd schüttelt die Glocken am Geschirr, dann folgt die
Schlussstrophe:

The woods are lovely, dark and deep
But I have promises to keep,
And miles to go before I sleep,
And miles to go before I sleep.

Wie würden Sie diese vier Verse übersetzen? Es ist nicht einfach, die Stimmung aus dem englischen Original ins Deutsche zu übertragen.

Die Übersetzung von Georg von der Vring aus dem Band *Robert Frost: Gedichte*, herausgegeben von Eva Hesse, Langewiesche-Brandt 1963, S. 79 lautet:

Der Wald lockt: Komm, was zögerst du?
Doch sag ich Nein und schwör mir's zu
und fahr noch weit, bevor ich ruh,
und fahr noch weit, bevor ich ruh.

Die Wiederholung hebt den Vers „And miles to go before I sleep" in eine andere Dimension. Der Inhalt löst sich von der konkreten Situation, in der das lyrische Ich auf einer wohl längeren Reise eine kurze Rast einlegt, und geht ins Allgemeine über. Der lange Weg ist in der Wiederholung nicht mehr nur der Ritt bis zur Ankunft am Zielort, sondern die Reise jedes Menschen, die mit dem Tod endet.

Lautmalereien
Lautmalereien sind sprachliche Nachahmungen natürlicher Geräusche, zum Beispiel Äußerungen von Tieren (kuckuck, quaken, wiehern), aber auch von Menschen (summen, klatschen) und andere (rauschen, flattern, knattern).

Reines Lautgedicht
Ein reines Lautgedicht besteht nur aus Lauten, aus deren Zusammenstellung keine Wörter oder grammatischen Bezüge erkennbar sind. Dennoch ist es nicht willkürlich gebaut, wie die erste Strophe von Christian Morgensterns „Das große Lalula" zeigt, ein Gedicht aus den *Galgenliedern:*

Kroklokwafzi? Sememi!
Seiokrontro – prafriplo:
Bifzi, bafzi; hulalemi:
quasti basti bo …
Lalu lalu lalu lalu la!

Versuchen Sie doch einmal, den Beginn dieses Lautgedichtes in eine verständliche Sprache zu „übersetzen".

6.4. Anregungen zur eigenen Arbeit mit dem Reim

Wenn LyrikanfängerInnen zu reimen beginnen, schreiben sie fast immer in metrisch gebundenen Versen. Wer mit dem Endreim arbeiten möchte, muss sich jedoch keineswegs deshalb auch an metrische Schemata halten. Achten Sie bei der Lektüre von Gedichten aus unterschiedlichen Epochen darauf, wie mit dem Reim und anderen Klangelementen gearbeitet wird und welche Wirkungen jeweils hervorgerufen werden. Schreiben Sie Reimschemata, die Sie für interessant halten (auch solche aus diesem Kapitel), in Ihr Notizbuch ab und schreiben Sie eigene Verse, die in das Schema passen.

AutorInnen der Gegenwart, die mit dem Reim arbeiten, sind unter anderen Jan Wagner, Kerstin Hensel, Dirk von Petersdorff, Durs Grünbein, Sarah Kirsch, Werner Söllner und Norbert Hummelt. In den Gedichten dieser und anderer AutorInnen können Sie sich viele Anregungen zur eigenen Arbeit mit dem Reim holen.

Drei gegenwärtige Tendenzen zum Umgang mit dem Reim möchte ich herausgreifen. Erstens: Das Repertoire an Reimwörtern wurde durch Fremdwörter, Abkürzungen und fremdsprachliche Ausdrücke in den vergangenen Jahrzehnten erheblich erweitert. Wer in diesem Bereich Anregungen sucht, sollte sich den „Steputat" ansehen, ein Reimlexikon, das natürlich auch traditionelle Reimwörter enthält (siehe Literaturempfehlungen).

Zweitens: Manche AutorInnen sind dazu übergegangen, die traditionelle Vorgabe, die beiden Reimwörter müssten einen Bezug zueinander aufweisen, zu ignorieren. So wird auf ein Wort gereimt, das eher nebensächlich ist und mit dem man als Reimbezug nicht gerechnet hätte. Dies erfrischt und überrascht. Drittens: Man kann auch das Reimschema im Lauf des Gedichtes ändern, wenn dies durch die Gesamtkomposition des Gedichtes begründet ist. Beispiele dafür sind Max von der Grüns „Unter Tag" (zu finden in Dieter Hoffmanns *Arbeitsbuch deutschsprachige Lyrik seit 1945*) und Sarah Kirschs Gedicht „Zuversicht" aus dem Band *Zaubersprüche*.

7. Mitschwingen. Widerhall
Möglichkeiten und Ziele eines Lyrik-Lektorats

Karin Fellner

Mr. X

„Gedichte begutachten?" Der Mann am Telefon lacht: „Wie soll denn das bitte funktionieren?"

Der Ton macht die Musik, heißt es. Doch auch ohne die Fragen des Anrufers zu hören, werden Sie diesen Sätzen eine große Skepsis ablesen können. Mir am anderen Ende der Leitung war klar, dass es hier nicht um eine neutrale Anfrage nach meiner Arbeit ging. Auf ein „Was macht denn eine Lyrik-Lektorin so?", hätte ich vielleicht gesagt:

„Ich gebe Resonanz. Ganz im Wörterbuchsinn. Als Lektorin lasse ich mich ein auf den Text, übe mich sozusagen im ‚Mitschwingen', gebe Widerhall, Widerspruch und Zustimmung. Ich markiere weniger Geglücktes ebenso wie Gelungenes. Begründe das und informiere über Hintergründe. Lektorat bedeutet, den Schreibenden zur Seite zu stehen, ihnen vielversprechende Spuren in den eigenen Texten aufzuzeigen. Es hilft, den berüchtigten blinden Fleck im eigenen Auge deutlich zu machen. Es soll Anregung sein, sich noch einmal neu und anders mit dem Geschriebenen zu befassen, es zu größerer Wirkkraft zu bringen."

Diese Definition gilt ja im Grunde für jedes Lektorat. Aber die Ungläubigkeit meines Anrufers, nennen wir ihn der Einfachheit halber Mr. X., bezog sich nicht auf den Beruf des Lektors, sondern auf die Begutachtung einer ganz bestimmten Textgattung: der Lyrik. Würde ich den Subtext seiner Frage herausfiltern, so erhielte ich eine Aussage wie: „Gedichte begutachten ist eine Unmöglichkeit, ein Sakrileg!" Diese Meinung ist so selten nicht. Gedichte nehmen für viele auch heute noch – trotz des Erfolgs von Schreibwerkstätten und Creative-Writing-Kursen – einen Platz jenseits jeder Bewertbarkeit ein. Warum eigentlich?

Verse: gechannelt oder gebuttert?

Eine Kundin erklärte mir die Herkunft ihres Textes mit den Worten: „Ich bin gechannelt worden!" Erst nach Recherche im Internet konnte ich in Erfahrung bringen, was sie damit meinte: der Text sei ihr von jenseitigen Mächten eingegeben, Wort für Wort diktiert worden. „Gedichte", so hätte Mr. X vielleicht behauptet, „sind doch Zeugnisse genialen Schaffens! Sie entstehen im Zustand der Inspiration. Damit sind sie unantastbar." Fragt man nach der Entstehung von Gedichten, so wird man viele ähnliche Antworten erhalten. Ob Sprachrauschen, Engelszungen, Körperrhythmen, Klangfolgen oder Geistesblitze – im Produktionsprozess eines Gedichts gibt es tatsächlich diesen ersten, schwer in Worte zu fassenden Impuls. Ihn zu beschreiben ist diffizil, gleicht nicht selten dem Umkreisen einer Leerstelle.

Aber einem Dichter, der behauptet, ihn habe letzte Nacht die Muse geküsst und – schwupps! – sei ein gutes Gedicht perfekt und fertig auf dem Papier gestanden, dem sollten Sie generell misstrauen. Der Schlüssellochblick auf den Schreibtisch erfolgreicher Autoren oder das Blättern in einer historisch-kritischen Klassikerausgabe zeigen, dass ein Text mehrfach umgeschrieben und überschrieben wird, bevor er den Weg in die Öffentlichkeit antritt. Die Überzeugungskraft und Leichtigkeit gelungener Verse ist in den allermeisten Fällen das Ergebnis eines zähen Ringens um das richtige Wort. Das kritische Beleuchten der Worte, das Prüfen ihrer Tragfähigkeit, das Austauschen und Umstellen gehören dazu, um jenen „So-und-nicht-anders-muss-es-heißen"-Effekt zu erzielen. Soll man hier von einer Dichterschmiede sprechen, wo Verse zurechtgehämmert werden? Oder ist der Prozess mit dem Buttern von Milch vergleichbar, wie Wilhelm Busch in „Balduin Bählamm" vorschlägt? Oder betritt man lieber mit Gottfried Benn ein chemisches Sprachlabor, wo das Wortmaterial eingefärbt und unter dem Mikroskop scheibchenweise geprüft wird? Wie auch immer:

Dichten ist allemal auch Arbeit, Fach- und Handwerk. „Im Schweiße deines Angesichtes sollst du Verse machen!", betonte schon August Wilhelm Schlegel, halb augenzwinkernd, halb drohend, und verkündete, dass der Dichter „eine Werkstätte" besäße „wie jeder andere Künstler".

Inspiration und Handwerk

Lange Zeit war die schöpferische Kraft ja weniger Attribut der Dichter als vielmehr der Götter und ihrer Vertreter. Auch wenn es hier immer Berührungspunkte gab, wie bei Platons begeisterten und besessenen Sängern. In der antiken Kunst galt vor allem das ästhetische Prinzip der Nachahmung und Überbietung als tonangebend. Die Minnesänger des Mittelalters pflegten einen Kernbestand fester Formen und Bilder. Die Meistersinger betrieben Dichtung im 16. Jahrhundert als Handwerk. Barockpoeten maßen ihre Qualität daran, wie geschickt sie Motive und Formen variierten. Erst im Sturm und Drang brachen die Autoren radikal mit dem Bild vom gelehrten oder handwerklich versierten Dichter und inszenierten sich als Originalgenies – ein Entwurf, der sich erstaunlich hartnäckig bis heute gehalten hat. Warum? Vielleicht, weil die Dichter sich Ende des 18. Jahrhunderts plötzlich aus allen gesellschaftlichen Banden und Bindungen entlassen fanden und der Frage gegenübersahen: Warum dichtet ihr? Und wozu ist das überhaupt gut, jenseits von Herrscherlob und Lehrgedicht, Liebesbrief und Geburtstagsständchen? In der Anstrengung einer Legitimation war es wohl nahe liegend, sich auf Kräfte zu berufen, die als übergeordnet und damit unhinterfragbar galten: das Gefühl, die Natur oder – im Rückgriff auf religiöse Muster – die göttliche Inspiration.

Natürlich hat inzwischen der Werkstattcharakter mit Begriffen wie Intertextualität, konkrete Poesie, Collage, Samplingtechnik u. a. längst wieder Einzug in die Lyrik gehalten. In der berühmten Rede zu „Problemen der Lyrik" (1951) gestand Benn beiden Aspekten einen Platz im Produktionsprozess zu: dem „dumpfen schöpferischen Keim" ebenso wie dem kritischen Durchleuchten der Worte. Auch der Titel *Zwischen Handwerk und Inspiration* greift auf die Engführung der scheinbaren Widersprüche zurück.

Den „schöpferischen Keim" bringt wohl jeder selbst mit. Aber beim zweiten Schritt hin zum guten Gedicht ist es sinnvoll, das passende poetische Werkzeug zu kennen und jene Stellen zu erkennen, an denen es angesetzt werden kann. Das Hämmern, Feilen und Schleifen ist ein unumgänglicher Schritt hin zum fertigen Gedicht und hier kann das Lyrik-Lektorat hilfreich zur Seite stehen.

Wie schmeckt Sprache?
„Ja, ja", würde Mr. X einwenden, „aber da liegt der Haken. Wie können Sie einfach bestimmen, wo etwas weggefeilt werden muss? Worte sind doch pure Geschmackssache! So, wie dem einen Eierlikör schmeckt, dem anderen nicht, so mag der eine das Wort ‚Regenbogen' und der andere eben nicht." Obgleich ich die Verbindung von Eierlikör und Regenbogen nicht unpassend finde (beides hat für mich einen süßlichen Beigeschmack), muss ich Mr. X widersprechen.

Die Ausschreibung zum *Jahrbuch der Lyrik 2008* war begleitet von einer in diesem Zusammenhang interessanten Notiz des Herausgebers: „Bemerkenswert ist, dass die jeweiligen Herausgeber im statistischen Mittel über 25 Jahre unabhängig voneinander bei cirka 92 Prozent der Gedichte identisch votierten. Das heißt: Gedichte sind keine ‚Geschmackssache'." In Redaktionen, aber auch in Textwerkstätten habe ich oft Ähnliches beobachtet: dass nämlich ein gelungener Vers mitnichten beliebig oder eine reine *question de gout* ist, sondern den Nerv aller Hörenden trifft. Wovon hängt diese rundum überzeugende Wirkung ab? Von der Tiefe eines poetischen Gespürs, einer lyrischen Stimmung?

Oft erhalte ich Skripte zur Begutachtung, denen abzulesen ist, dass der Schreibimpuls einer tiefen Emotion, einer intensiven Wahrnehmung entsprang. Oft sind die Schreibenden sich aber nicht bewusst, dass dies nicht unvermittelt zum Lesenden transportiert wird. Schon Mallarmé konstatierte: „Ein Gedicht entsteht nicht aus Gefühlen, sondern aus Worten." Nur die Worte können Intensität vermitteln und erzeugen. Was in ein Gedicht gelegt werden will, muss und kann nur mithilfe der Sprache hineingelegt werden. Das gewählte Medium ist die Schrift, eine ganz bestimmte Gattung und Form: das Gedicht. Und schon greift der Schreibende in einen großen Topf vorhandener Worte, Stilmittel und Formen – oft ohne sich dessen bewusst zu sein. Wir schreiben ja alle nicht als gewaltige Spracherfinder, die Begriffe aus dem Nichts ziehen und auf einer Tabula rasa nach noch nie da gewesenen Mustern anordnen. Wir sind in eine Sprache hineingeboren, in ein bestehendes System aus Buchstaben, Vokabeln, Grammatikregeln.

Ich würde Mr. X also antworten, dass die lyrische Sprache, ihre Geschichte und Traditionslinien die Matrix bilden, mit deren Hilfe der „Geschmack der Worte" bestimmt werden kann. Im Gedicht werden sprachliche Grenzen immer neu abgeschritten und verschoben, hier löst Sprache sich von ihrer Funktionalität und bricht mit Regeln der alltäglichen Kommunikation – was umso mehr gelingt, je besser man mit den Regeln vertraut ist. Dieser Vorgang hat nichts mit Beliebigkeit zu tun. Dass ein und dasselbe Wort einmal fade und einmal erfrischend schmecken kann, soll ein Direktvergleich zeigen.

Von Herzschmerz und Kammerjägern
Nehmen wir an, Sie seien verliebt. Aktivität im Kopf- und Körperinneren, Hormone, Projektionen, Überdruck, der schließlich zum Wunsch nach Ausdruck wird. Also machen Sie sich Luft in einem Gedicht und beschreiben Ihre Not und Ihr Begehr beispielsweise in den folgenden Zeilen:

Du bist mein Herz.
Befrei mich vom Schmerz!
Meine Sehnsucht nach dir ist groß.

Im Direktvergleich dazu vier Verse aus „Mein Liebeslied" von Else Lasker-Schüler:

Aber dein Herz ist ein Wirbelwind,
Dein Blut rauscht, wie mein Blut –

Süß
An Himbeersträuchern vorbei.

Ich gehe von Ihrer Zustimmung aus, wenn ich behaupte, das „Herz" als „Wirbelwind" (noch dazu flankiert von „Himbeersträuchern") sei wesentlich attraktiver und suggestiver als die Herz-Schmerz-Kombination im ersten Text. Der Herzmuskel gilt im europäischen Sprachraum als Hauptsitz von Gefühl und Liebe. Dementsprechend oft wurde und wird er in Liebesgedichten genannt. Wenn ich nun aber zum hundertsten Mal den Reim „Herz – Schmerz" lese, werde ich ein Gähnen nicht unterdrücken können. Ist es doch immer das Überraschende, das nicht schon längst und oft Gehörte, das uns in der Lyrik berühren und verführen kann. Da aber unzählige hochkarätige Sprachkünstler seit Petrarcas „mio cor piangendo" (mein weinendes Herz) den Herzschmerz thematisiert haben, riet beispielsweise Rilke einem jungen Dichter erst einmal gänzlich vom Thema „Liebe" ab: „Schreiben Sie nicht Liebesgedichte; weichen Sie zuerst denjenigen Formen aus, die zu geläufig und gewöhnlich sind: sie sind die schwersten, denn es gehört eine große, ausgereifte Kraft dazu, Eigenes zu geben, wo sich gute und zum Teil glänzende Überlieferungen in Menge einstellen." Wenn man nun jedoch partout ein Liebesgedicht schreiben und das „Herz" verwenden will?

So gibt es, würde ich erwidern, zahlreiche elegante und gewitzte Methoden, dem guten alten „Herzen" einen neuen Anstrich zu verpassen. So etwa, wenn seine vier Kammern wie Gemächer betreten werden und sich darin skurrile Liebes-Insekten tummeln: „möge sie den kammerjäger rufen/damit er das ungeziefer aus den vier/gemächern ihres widerspenstigen/organs entferne" (Gabriele Trinckler). Ein einziger zusätzlicher Buchstabe kann zur Verfremdung führen, etwa in der Formulierung „ruck zuck hertz/tanz" (Augusta Laar). Hier wird der pumpende Muskel geschickt mit der physikalischen Maßeinheit für Frequenzen kurzgeschlossen und in zuckende Bewegung versetzt. Mit ungewöhnlichen Bildkombinationen lässt sich ebenfalls ein überraschender Effekt erzielen, so beim

„luftteilchen herz" (Andrea Heuser): Das dem blutgesättigten Organ so fremde Element „Luft" sorgt hier u. a. für Assoziationen wie Leichtigkeit, Schwebeteilchen, Vogelherz.

Beispiel für ein Kreativ-Lektorat
Um Ihnen – und natürlich Mr. X – einen Eindruck davon zu vermitteln, wie ich der Wirkung der Worte und ihrem Zusammenklang nachspüre, habe ich hier den Ausschnitt eines Kreativ-Lektorats eingestellt. Ziel dieser Lektoratsform ist es, das Potenzial eines Gedichts freizulegen, indem mögliche Veränderungen direkt an den Versen selbst vorgeführt werden. Ein Kreativ-Lektorat beginne ich in der Regel mit einer Mini-Analyse, um anschließende mögliche Veränderungsvorschläge zu erläutern und eine Textvariante zu erstellen. Meine Variante will dabei keinesfalls eine Endfassung darstellen, sondern die Autoren vielmehr dazu anregen, die Möglichkeiten ihrer Bild- und Sprachräume voll auszuschöpfen.

In diesem Fall stammt das Originalgedicht von Anna Bohn aus Berlin und lautet:

Mein Haus auf
Säulen das Dach
drunten das
tosende Meer schlägt
Schaum, wallt, entblößt
Wellen aus Untiefen
schlagen die kühlen
Wasser herauf

Lektoratsanmerkungen zu „MEIN HAUS ...":
Das traditionsreiche Motiv „Meer" wird in diesem achtzeiligen, frei rhythmischen Gedicht in Bezug zum „Haus" des Sprecher-Ichs gesetzt. Dieses befindet sich offensichtlich in prekärer Baulage – nämlich mitten im oder sehr nahe am Wasser. So wie traditionell das „Schiff" als Sinnbild für das Menschenleben stand und die „Wellen" das Schicksal verkörperten, so könnte hier das Haus als Symbol für den Menschen

verstanden werden, der der Urgewalt des Elements ausgesetzt bleibt. Mit den „Untiefen" wird zusätzlich auf die bekannte Verknüpfung von Meer und Unbewusstem angespielt, auch klingt von fern die Wendung „nah am Wasser gebaut" mit.

Veränderungsvorschläge:
   Das Bildfeld funktioniert gut in sich selbst, in meinen Augen fast zu gut. Denn mit dem bekannten Motiv „Meer" stellen sich Beschreibungen wie „tosend", „Schaum", „Wellen" oder „kühle Wasser" beim Lesen schon fast automatisch ein. Daher fände ich es interessanter, wenn für die Situation des Ausgesetztseins noch ungewöhnlichere Bilder gefunden würden. Ein im Text schon angelegtes, originelles Bildfeld liegt in den Verben „entblößt" und „schlägt", die beide an ein Raubtier denken lassen, das seine Zähne entblößt und in die Beute schlägt. Der Ausbau dieser Bildebene könnte das „Meer" noch stärker als lebendiges und gieriges Wesen in Szene setzen und so die „Spannkraft" des Textes erhöhen. Beispielsweise ließe sich ein Wort des ursprünglichen Bildfeldes (Meer) mit einem Wort des übertragenen Bildfeldes (Raubtier) zusammenfügen, um einen neuen, erfrischenden Begriff zu erhalten wie „Schaumzähne".
   Daneben bietet es sich in meinen Augen an, die Bauweise des Hauses durch weitere Details deutlicher zu skizzieren – vielleicht als „Pfahlbau"?
   Sprachlich wäre es günstig, wenn statt der umgangssprachlichen Wendung „drunten" das schriftdeutsche „darunter" verwendet würde. Partizipien wie „tosend" wirken meines Erachtens meist recht statisch. Dynamischer und dem Bildfeld „Meer" entsprechender wäre hier wohl das gebeugte Verb „tost". Die Wiederholung („schlägt", „schlagen") ließe sich ausdünnen.
   Formal würde ich zu einer Auflockerung des Achtzeilers raten, etwa durch die Einteilung in zwei Vierzeiler-Strophen. Dadurch könnten die Einzelbilder mehr Wirkraum erhalten und der Strophensprung würde zudem eine interessante Zäsur setzen:

Mein Haus auf
Säulen ein Dach

darunter das Meer
tost und entblößt

Schaumzähne aus
Untiefen schlägt es
Wellen kühl in
die Pfähle.

Poetischer Dialog

Ein Kreativ-Lektorat ist meiner Erfahrung nach besonders für Autoren interessant, die schon ein Gespür für lyrische Mittel und Möglichkeiten mitbringen. Wer noch tastend ausprobiert, was Lyrik überhaupt ist und kann, für den bietet sich als erste Orientierungshilfe eher ein Analyse-Lektorat an. Darin untersuche ich Inhalt, Form und Sprache der Gedichte und verorte sie in der Tradition. Die Analyse kann helfen, grundsätzliche Fragen zu beantworten wie zum Beispiel: Wo stehe ich mit meinem Schreiben? Habe ich mit der Lyrik eine passende Gattung gewählt? Welche Spuren könnte ich weiter verfolgen?

Neben Analyse und Kreativ-Lektorat unterstütze ich Autoren bei der Komposition von Gedichtbänden. Selbst für Profis ist es oft nicht leicht, sich von einem eher persönlichen Zugang zu den eigenen Texten, zum Beispiel von ihrer Entstehungsgeschichte, zu lösen. Hier kann der Blick von außen hilfreich sein, um ein stimmiges und wirkungsvolles Gesamtarrangement zu erstellen.

Neben dem schriftlichen Feedback hat sich der mündliche Austausch besonders bewährt. Eine Telefonberatung ermöglicht sowohl den Autoren als auch mir direkte Fragen, prompte Einwände und eine schnelle Reaktion auf Vorschläge. Die gemeinsame Suche nach der Bestform des Textes entfaltet „live" eine für beide Seiten bereichernde Intensität und kann sich zu einer langjährigen Zusammenarbeit entwickeln.

Welche Form der Dialog auch immer annimmt: Neben dem literaturwissenschaftlichen Know-how spielt für mich das Sich-Einlassen-Können auf den fremden Text eine zentrale Rolle. Aus meiner eigenen lyrischen Arbeit kenne ich die Phasen kreativer

Unruhe, die das Entstehen und Überarbeiten eines Gedichts begleiten. Ich weiß, wie Schreibende sich fühlen, die ihr „Werk" – vielleicht zum ersten Mal – zur Begutachtung einreichen. Als Lektorin liegt mir nicht daran, eine kalte Diagnose zu stellen, wie Mr. X vielleicht vermuten würde. Es gilt vielmehr, den Text mit seinen Bild- und Reflexionsräumen respektvoll zu betreten und zu erforschen. Im besten Fall kann ich Schreibende dort abholen, wo sie stehen, und sie ein Stück weit auf ihrem poetischen Weg begleiten.

„Natürlich hatte ich Angst", schrieb mir eine Autorin, „dass man mich nicht versteht und dass jemand mit seinen großen Füßen über meine Texte latscht. Nun bin ich erleichtert und beschwingt zu neuen Taten. Ganz wunderbar, wie Sie sich in einen Text vertiefen und dem Gesagten nachspüren. Sinnvoll und nützlich finde ich Ihre Kritik und Anregungen." So eine Reaktion auf meine Resonanz beschwingt auch mich. Und vielleicht kann ich sogar einmal den skeptischen Mr. X unter meinen Gesprächspartnern begrüßen.

Karin Fellner: Geboren 1970 in München, lebt dort. Studium der Psychologie in Konstanz und der Literaturwissenschaften in München (M. A.). Autorin und freie Lektorin. Leitung von Lyrikseminaren; Organisation der *lyrik-plattform* im *kunstbahnsteig* in München (gemeinsam mit der Autorinnengruppe *lyrinx*). Förderpreis beim Leonce-und-Lena-Wettbewerb in Darmstadt (2005), Förderpreis für Lyrik der Internationalen Bodenseekonferenz (2006). Gedichtveröffentlichungen in Zeitschriften, Anthologien, auf www.poetenladen.de sowie www.lyrikline.de. Gedichtbände: *avantgarde des schocks,* parasitenpresse Köln (2005), *in belichteten wänden,* yedermann verlag München (2007).
Kontakt: fellner-lektorat@gmx.de
Website: www.karinfellner.de

8. Metrum und Rhythmus
Martina Weber

8.1. Verhältnis zwischen Metrum und Rhythmus

Was haben die folgenden beiden Strophen gemeinsam und worin unterscheiden sie sich?

> Hans Adam war ein Erdenkloß,
> Den Gott zum Menschen machte,
> Doch bracht er aus der Mutter Schoß
> Noch vieles Ungeschlachte.
> (Johann Wolfgang Goethe: „Erschaffen und beleben")

> Verschneit liegt rings die ganze Welt.
> Ich hab nichts, was mich freuet,
> Verlassen steht ein Baum im Feld,
> Hat längst sein Laub verstreuet.
> (Joseph von Eichendorff: „Winternacht")

Untersucht man das metrische Schema, das der Strophe von Goethe zugrunde liegt, so prüft man, wie die einzelnen Silben betont werden. Beginnt man mit den ersten Worten des ersten Verses, ergibt sich eine Folge von vier Silben, die folgendermaßen betont sind (Betonungen fett gedruckt):

Hans **A**-dam **war**

Untersucht man die folgenden beiden Worte,

ein **Er**-den-**kloß**

fällt auf, dass sich dieses Schema wiederholt. Der erste Vers besteht also aus vier Einheiten zu je einer unbetonten und einer betonten Silbe.

Um verschiedene Metren, die man auch Versmaße nennt, zu unterscheiden, führt man sie auf den kleinsten Baustein zurück. Die kleinste Einheit von Betonungsfolgen ist der Takt. Es gibt mehrere Taktarten (dazu unten). Folgt eine betonte einer unbetonten Silbe, liegt ein Jambus vor. Der erste Vers besteht also aus vier Jamben. Das Versmaß ist ein vierhebiger Jambus.

Möchte man dies in einem metrischen Schema veranschaulichen, bieten sich mehrere Möglichkeiten. Hier setze ich für jede Silbe ein x und zum Zeichen dafür, dass die Silbe betont ist, unterstreiche ich das x – setze es also so: x̲. Daraus ergibt sich folgendes metrisches Schema für den ersten Vers:

xx̲ xx̲ xx̲ xx̲

Der zweite Vers weist folgende Betonungen auf (hier fett gedruckt):

Den **Gott** zum **Men**-schen **mach**-te.

Die Umwandlung ins metrische Schema: xx̲ xx̲ xx̲ x. Es liegt also wieder ein vierhebiger Jambus vor, doch der letzte Jambus ist unvollständig.

In den nächsten beiden Versen wiederholt sich das Metrum der ersten beiden Verse. So ergibt sich folgendes Metrum für die ganze Strophe:

xx̲ xx̲ xx̲ xx̲
xx̲ xx̲ xx̲ x
xx̲ xx̲ xx̲ xx̲
xx̲ xx̲ xx̲ x

Untersucht man auf diese Weise auch das Schema der Strophe von Eichendorff, macht man eine überraschende Feststellung: Die beiden Strophen weisen exakt dasselbe metrische Schema auf.

Doch waren nicht beim Lesen Unterschiede in Bewegung und Spannung der beiden Strophen spürbar? Dies liegt daran, dass die beiden Strophen einen unterschiedlichen Rhythmus aufweisen. Metrum und Rhythmus eines Verses sind also voneinander zu unterscheiden.

Wie aber entsteht der Rhythmus? Inwieweit hängt er vom Metrum ab und wie löst er sich davon? Der Rhythmus eines Verses entsteht aus einem Gegeneinander von Metrum, Wortakzent, Satzbau, Wortbedeutung, Tempo, Pause und einem Gespür für den Inhalt. Jedes Gedicht hat seinen eigenen Rhythmus, unabhängig vom Versschema.

Liest man nochmals die beiden Strophen, fällt auf, dass Goethes Strophe kräftiger gesprochen wird als die von Eichendorff. Bei Eichendorff ist der Unterschied zwischen den betonten und unbetonten Silben weniger stark. Nimmt man sich nochmals den zweiten Vers von Goethe vor

Den **Gott** zum **Men**-schen **mach**-te,

wird man bemerken, dass auch hier nicht jede Betonung gleich stark gelesen wird. Aus dem Satzbau und der Bedeutung der einzelnen Wörter ergibt sich, dass „Gott" am stärksten betont wird. Die beiden anderen betonten Silben werden weniger stark betont, wobei man einen absteigenden Grad der Betonung feststellen kann. Die erste Silbe von **Men**-schen wird, wiederum wegen der Bedeutung des Wortes, stärker betont als die erste Silbe des Verbs **mach**-te. Diese unterschiedlich starke Betonung der betonten Silben löst den Rhythmus vom starken Metrum und macht ihn lebendig. Würde der Rhythmus dagegen exakt aus dem Metrum folgen, käme man beim Lesen ins Leiern oder – das ist der Fachausdruck – ins Skandieren. Dazu eine Strophe

„Rhythmus ist die Urkraft, der Hauptantrieb des Verses. Erklären kann man ihn nicht; man muß sich darauf beschränken, ihn so abzuhandeln wie den Magnetismus oder die Elektrizität. Magnetismus und Elektrizität sind Erscheinungsformen der Energie."
Wladimir Majakowski: Wie macht man Verse? Übersetzung von Hugo Huppert, 1964, S. 68.

aus einem Gedicht von August von Platen:

Mit **feucht**em **Au**gen**li**de
Be**grüß** ich **Hain** und **Flur**;
Im **Her**zen **wohnt** der **Frie**de,
Der **tief**ste **Frie**de nur.

8.2. Funktion des Rhythmus

Der Rhythmus im Gedicht unterstützt, wie auch der Reim, das
Gedächtnis. So wie mündlich überlieferte Literatur meist gereimt
ist, so ist sie auch meist rhythmisiert.

Ene mene mu
Und raus bist du

Dieser Kinderreim ist einprägsam. Sein Rhythmus gibt der
Bewegung in der Sprache Struktur und Halt. Rhythmisches
Sprechen hat auch etwas Beschwörendes, etwas von einem
Ritual.

Wortgefüge sind rhythmisiert, wenn beim Leser oder Hörer
eine Wiederholungserwartung geschaffen wird. Dafür braucht
man mindestens zwei bis vier rhythmisierte Einheiten.

Der Bruch im Rhythmus (bzw. im Versmaß) kann eine Aussage
des Gedichtes anschaulich machen und damit verstärken.

෫ ෨ ෫ ෨ ෫ ෨ ෫ ෨ ෫ ෨ ෫ ෨ ෫ ෨ ෫ ෨ ෫ ෨ ෫ ෨ ෫ ෨

„Zum Beispiel habe ich, wie die meisten jungen Leute, zu Anfang gedacht, freie Verse
seien einfacher als gebundene. Heute bin ich ganz sicher, daß der freie Vers viel schwie-
riger ist als die regulären, klassischen Formen. (…) Ich glaube, die Erklärung dafür wäre,
sobald einmal ein Muster entwickelt ist – ein Schema von Reimen, von Assonanzen, von
Alliterationen, von langen und kurzen Silben und so weiter –, braucht man das Muster nur
zu wiederholen."
Jorge Luis Borges: Das Handwerk des Dichters. Aus dem Englischen von Gisbert Haefs,
2003, S. 61.

8.3. Taktarten

Es gibt vier klassische Taktarten. Der Jambus und der Trochäus sind zweisilbige Taktarten, Daktylus und Anapäst sind dreisilbig.

- *Jambus* (Plural: Jamben). Metrisches Schema: xx̱ (unbetont – betont). Beispiele: Natur, warum, Verbot.
- *Trochäus* (Plural: Trochäen). Metrisches Schema: x̱x (betont – unbetont). Beispiele: leben, Rosen, prangen.
- *Daktylus* (Plural: Daktylen). Metrisches Schema: x̱xx (betont – unbetont – unbetont). Beispiele: Königin, Suchende, Reisende. (Auch der Begriff „Daktylus" wird im metrischen Schema des Daktylus ausgesprochen.)
- *Anapäst* (Plural: Anapäste). Metrisches Schema: xxx̱ (unbetont – unbetont – betont). Beispiele: Anapäst, Paradies.

8.4. Auftakt, Kadenz, Zäsur

Es gibt noch einige Begriffe, die man im Zusammenhang mit dem Metrum kennen sollte:

Auftakt
Der Auftakt ist die Silbe vor der ersten Betonung im Vers. Jamben haben also einen Auftakt, Trochäen haben keinen. Einem Daktylus ist auch gelegentlich ein Auftakt vorangestellt.

Kadenz

ᔈ ᔈ

Ganz offensichtlich sind metrische Gesetze keine willkürlich erfundenen Tyranneien. Sie sind Regeln, die vom Organismus des Geistes selbst gefordert werden. Niemals haben sie der Originalität verwehrt, sich zu verwirklichen. Das Gegenteil ist unendlich viel richtiger: daß sie immer der Originalität zur Reife verholfen haben."
Baudelaire, zitiert nach Hugo Friedrich: Die Struktur der modernen Lyrik, 1961, S.29.

Die Kadenz ist der Versschluss.

- *Weibliche oder klingende Kadenz:* Der Vers endet mit einer unbetonten Silbe. Ein Beispiel von Joseph von Eichendorff:

    Schläft ein **Lied** in **al**len **Din**gen

    Die weibliche Kadenz wirkt harmonisch, fließend und weich.

- *Männliche oder stumpfe Kadenz:* Der Vers endet mit einer betonten Silbe. Der erste Vers aus Theodor Storms „Oktoberlied":

    Der **Ne**bel **steigt**, es **fällt** das **Laub**.

    Endet ein Vers mit einer männlichen Kadenz, wirkt der Abschluss hart und abrupt.
    Das Begriffspaar männlich/weiblich ist in Anlehnung an das Französische entstanden, wo die männlichen Adjektive oft eine Silbe kürzer sind als die weiblichen (*bon/bonne*).

Zäsur

Eine Zäsur ist ein Einschnitt in einem längeren Vers. Typisch ist die Zäsur beim Alexandriner (siehe Versmaße).

8.5. Versmaße

Aus den Taktarten können verschieden lange Versmaße gebildet werden. Hier eine kleine Auswahl (die betonten Silben sind fett gedruckt):

„Gerade dies Gefühl des Rhythmus soll der Dichter in sich ausbilden und nicht statt dessen fremde Versmaße auswendig lernen."
Wladimir Majakowski: Wie macht man Verse? Übersetzung von Hugo Huppert, 1964, S. 68.

Jambische Versmaße
Der Jambus wird in der deutschen Lyrik oft verwendet. Er wirkt weicher und ruhiger als der Trochäus.

- *Vierhebiger Jambus*

> Was **reif** in **die**sen **Zei**len **steht**,
> Was **lä**chelnd **winkt** und **sin**nend **fleht**,
> (Clemens Brentano: „Was reif in diesen Zeilen steht")

- *Fünfhebiger Jambus*

> die **na**tio**nal**versamm**lung** **und** das **pult**,
> das **sei**ner **red**ner **harrt**: ein **fal**sches **wort**,
> (Jan Wagner: „saint-just")

Wer sich für ein geregeltes Versmaß entscheidet, muss es normalerweise im ganzen Gedicht durchhalten. Brüche im Versmaß werden aber akzeptiert und sind sogar ein Zeichen von besonderer Qualität, wenn der Inhalt sie erfordert. Dies zeigt die Fortsetzung der letzten Strophe aus Jan Wagners Gedicht:

> ein **laut** zu**viel** nur, und der **bei**fall **rauscht**
> als **fall**beil her**ab**.

Der Bruch im Versmaß veranschaulicht das herabfallende Fallbeil.

- *Sechshebiger Jambus*
  Enthält der sechshebige Jambus in der Mitte eine Zäsur, handelt es sich um einen Alexandriner. Dieses Versmaß wurde im Barock verwendet.

✎ ✎
„Blues-Musiker und Dichter wissen, daß ein paar richtig gesetzte Töne genügen, um die Seele anzurühren."
Charles Simic, in: Joachim Sartorius (Hg.): Minima Poetica, 2003, S. 184.

Du **siehst**, wo**hin** du **siehst**, nur **Ei**tel**keit** auf **Er**den.
Was **die**ser **heu**te **baut**, reißt **je**ner **mor**gen **ein**.
(Andreas Gryphius: „Es ist alles eitel")

Die Zäsur des ersten Verses liegt nach „siehst", die des zweiten Verses nach „baut". Inhaltlich fällt im zweiten Vers die Spannung zwischen dem Aufbauen und dem Abreißen auf. Diese Spannung zwischen dem, was diesseits und jenseits der Zäsur inhaltlich ausgesagt wird, ist charakteristisch für den Alexandriner.

Trochäische Versmaße
Im Vergleich zum Jambus klingt der Trochäus härter. Er verleitet zum schnellen Lesen, vor allem, wenn die Verse gereimt sind.

- *Vierhebiger Trochäus*

> **manch**mal **weint** er **wenn** die **wor**te
> **still** in **sei**ner **keh**le **stehn**
> **doch** er **lernt** an **sei**nem **or**te
> **schwei**gend **mit** sich **um**zu**gehn**
> (Christa Reinig: „Robinson")

> **Drei** Oran**gen**, **zwei** Zi**tro**nen:
> **Bald** nicht **mehr** ver**bor**gne **Glei**chung,
> **For**meln, **die** die **Luft** be**woh**nen,
> **Al**gebra der **rei**fen **Früch**te!
> (Karl Krolow: „Drei Orangen, zwei Zitronen")

„Wenn Sie ein Sonett versuchen, haben Sie bereits etwas in der Hand und der Leser kann die Form vorausahnen, versuchen Sie aber einen freien Vers, dann muß alles aus Ihrem Innern kommen. Technisch gesprochen, müssen Sie viel geschickter sein, wenn Sie einen freien Vers versuchen, als wenn Sie sich an dem versuchen, was Sie vielleicht für altmodisch halten. (…) Daher geht mein Rat an junge Dichter, mit den klassischen Versformen zu beginnen und erst hinterher revolutionär zu werden."
Jorge Luis Borges, in: Theorie der modernen Lyrik, Dokumente zur Poetik II, neu herausgegeben von Norbert Miller und Harald Hartung, 2003, S. 576f.

Daktylische Versmaße

Der Daktylus bringt Tempo und Dynamik ins Gedicht. Daktylische Verse enthalten oft auch zweisilbige Taktarten. So auch in diesem Beispiel, in dem den Daktylen außerdem Auftakte vorangestellt sind.

Die **Mön**che mit **haa**rigen **Fin**gern **schlu**gen das **Buch** auf: Sep**tem**ber. (…)
Ein **Hals**band aus **Hän**den **gab** dir der **Wald**, so **schrei**test du **tot** übers Seil.
(Paul Celan: „Talglicht")

Anapästische Versmaße

Sie waren in der antiken, vor allem der griechischen Lyrik, verbreitet, wobei ein Versfuß aus zwei kurzen Silben und einer langen Silbe besteht. In der deutschen Lyrik ist das anapästische Versmaß sehr selten und tritt erst seit der Romantik auf. Es besteht aus zwei unbetonten und einer betonten Silbe.

Bei manchen Versen kann es zunächst unklar sein, ob sie – gegebenenfalls nach Auftakt – als Anapäste oder als Daktylen gelesen werden sollen. Entscheidend sind dann die Rhythmik und die Stimmung des Gedichtes. Der Daktylus passt eher zu ernsteren Texten, der Anapäst wirkt fröhlicher.

Wie würden Sie die erste Strophe des folgenden Gedichts lesen?

Es lacht in dem steigenden jahr dir
Der duft aus dem garten noch leis
Flicht in dem flatternden haar dir
Eppich und ehrenpreis.
(Stefan George: Das Jahr der Seele)

Die Betonungen liegen in den fett gedruckten Silben:

„Ich mag eher das Synkopierte, den Rhythmus darin, das, was gegen das Metronom läuft, aber doch musikalisch ist, wie eine ganze Fuge, die man in einem Gedicht unterbringen kann (…) eine ganze Melodik, die sich aus den Worten heraus entwickelt."
Raoul Schrott in der Lesezeit des Deutschlandfunks vom 23.6.04.

Es **lacht** in dem **stei**genden **jahr** dir
Der **duft** aus dem **gar**ten noch **leis**
Flicht in dem **flat**ternden **haar** dir
Eppich und **eh**renpreis.

Theoretisch können Sie die Verse (mit Auftakt und Enjambement) als Anapäste oder als Daktylen lesen, die positive Grundstimmung legt jedoch den Anapäst als Versmaß nah.

Wechsel im Versmaß
Der Anfang des Gedichtes „Vita" von Kerstin Hensel zeigt, wie die Aussage einen Wechsel im Versmaß nahe legen kann.

Wem dient ich? dient ich nicht
Dem eignen Schwein.
Wem sagt ich (halbwegs züngelnd) was
Allein zu sagen mir den Kopf bedrohlich knicken
Ließ? und alles bog man
Ab zum Nicken!

Fügt man die Betonungen ein, ergibt sich:

Wem **dient** ich? **dient** ich **nicht**
Dem **eig**nen **Schwein**.
Wem **sagt** ich (**halb**wegs **zün**gelnd) **was**
Al**lein** zu **sa**gen **mir** den **Kopf** be**droh**lich **knic**ken
Ließ? und **al**les **bog** man
Ab zum **Nic**ken!

Das metrische Schema zu diesen Versen sieht so aus:

„Ich glaube an einen „absoluten" Rhythmus, also an einen Rhythmus in der Dichtung, der sich genauestens mit dem Gefühl oder der Gefühlsschattierung deckt, die er wiedergeben soll. Der Rhythmus eines Menschen muß wesentlich sein; er wird daher letztlich ein Eigenrhythmus sein, nicht nachgeahmt, nicht nachzuahmen."
Ezra Pound, in: Wort und Weise ›motz el son‹, Frankfurt 1971, S. 71.

xx xx x̱x
x̱x xx
xx x̱x xx x̱x
xx x̱x xx x̱x xx x̱x x
x̱x xx x̱x
x̱x xx

Die ersten vier Verse sind also in Jamben geschrieben, wobei
jeder Vers eine unterschiedliche Zahl an Hebungen aufweist.
Das Ende des vierten Verses klingt weiblich aus, dann folgt der
Wechsel in den härter klingenden Trochäus. Der Wechsel im
Versmaß korrespondiert mit den an dieser Stelle beschriebenen
Folgen einer freien Meinungsäußerung und der Beobachtung,
wie Staatsbürger durch Druck zu Jasagern werden. Abgesehen
davon kann man in diesem Gedicht einen gekonnten Umgang
mit dem Zeilenbruch und dem Mittenreim (Schwein – allein)
beobachten. Diese Verse zeigen, wie man traditionelle Elemente
wie Reim und Versmaß zeitgemäß einsetzen kann.

8.6. Freie Rhythmen

Die Frage, welche Grundsätze für die Produktion und welche
für die Rezeption von Literatur gelten können und wie man sie
begründen kann, ist ein grundsätzliches Problem. In der ersten
Hälfte des 18. Jahrhunderts gab es darüber einen wegweisenden
Disput unter deutschsprachigen Dichtern. Er begann damit,
dass der Schweizer Jakob Bodmer Ende des 17. Jahrhunderts
eine Übersetzung von John Miltons *Paradise Lost* anfertigte,
die nicht in den damals üblichen Reimen gearbeitet war. Der
Reimzwang verändere die Aussage, argumentierte er. Johann
Christoph Gottsched sprach sich als Anhänger einer aufkläre-
rischen Dichtungstheorie ebenfalls gegen den Reim aus. Später
forderte Jakob Bodmer ein neues Stilideal, also einen festen
Kanon an neuen Regeln, in denen der Reim keinen Platz mehr

haben sollte. Doch einen neuen Regelkanon lehnte Johann Christoph Gottsched ab. Deshalb unterstützte er Jakob Bodmer nicht mehr. Friedrich Gottlieb Klopstock beteiligte sich an diesem Streit nicht, sondern schuf in der Zeit so genannte „Freie Rhythmen". Diese Dichtung ist nicht nur durch ein Fehlen des Reims, sondern auch durch ein Fehlen gleicher Strophen, gleich langer Zeilen und regelmäßiger Versmaße gekennzeichnet. Die Anerkennung dieser Dichtung beendete den Streit.

Die Tradition der Freien Rhythmen wurde fortgesetzt. Inhaltlich handelt es sich um eine Lyrik, die von starken inneren Gefühlen bestimmt ist, oft feierlich und pathetisch. Dazu einige Beispiele.

Willkommen, o silberner Mond,
Schöner, stiller Gefährt der Nacht!
Du entfliehst? Eile nicht, bleib, Gedankenfreund!
Sehet, er bleibt, das Gewölk wallte nur hin.
(Friedrich Gottlieb Klopstock: „Die frühen Gräber")

Muß immer der Morgen wiederkommen? Endet nie des Irdischen Gewalt? Unselige Geschäftigkeit verzehrt den himmlischen Anflug der Nacht. Wird nie der Liebe geheimes Opfer ewig brennen?
(Novalis: *Hymnen an die Nacht*, Athenaeum-Fassung)

(…) warum dann
Menschliches müssen – und, Schicksal vermeidend,
sich sehnen nach Schicksal? …
(…)
Aber weil Hiersein viel ist, und weil uns scheinbar
alles das Hiesige braucht, dieses Schwindende, das
seltsam uns angeht. Uns, die Schwindendsten. *Ein* Mal
jedes, nur *ein* Mal. (…)
(Rainer Maria Rilke: *Duineser Elegien*, „Neunte Elegie")

8.7. Rhythmisch geprägte Lyrik der Gegenwart

Wenn auch die meisten Gedichte der Gegenwart Freie Verse sind, schreiben durchaus einige Lyrikerinnen und Lyriker in metrisch gebundenen Versen und auch in unterschiedlichen Strophenformen oder festen Gedichtformen wie dem Sonett – jedenfalls gelegentlich. Außerdem werden Gedichte geschrieben, die zwar keine festen Versmaße aufweisen, aber dennoch auffällig rhythmisch geprägt sind. Als Freie Rhythmen würde ich sie nicht bezeichnen, weil der Begriff von seiner Entstehungsgeschichte her das Feierlich-Pathetische einschließt, das gegenwärtige Lyrikerinnen und Lyriker lieber vermeiden. Stark rhythmisch geprägte Lyrik kann einen Zauber ausüben, dem man sich kaum entziehen kann.

Auch der unregelmäßige Rhythmus bildet eine rhythmische Gestalt, meistens weist er wiederkehrende rhythmische Elemente auf. Oft wird der unregelmäßige Rhythmus in der gegenwärtigen Dichtung ab einer bestimmten Stelle gebrochen, um einen inhaltlichen Harmoniebruch zu veranschaulichen. Der Anfang des Gedichtes „seven thirty a. m." aus dem Band *Türkises Alphabet* von Jennifer Poehler:

es kommen wieder stückweis
stimmen übern horizont, verwehte
pappeln, früher morgen, das
verrauchte glas, das
fallen wie von fieber
kurven schlingen
decken traum wir, dem
gedächtnis so ein faden
riß mitten in reizvoller

🙞 🙜 🙞 🙜 🙞 🙜 🙞 🙜 🙞 🙜 🙞 🙜 🙞 🙜 🙞 🙜 🙞 🙜 🙞 🙜

„Der Rhythmus von Sprache ist leichter zu verstehen, wenn man sich klarmacht, daß jedes Wort schon einen besitzt. In jedem Wort steckt ein bißchen Musik, und die Poesie arrangiert diese Musik so, daß sie hörbar wird."
Kenneth Koch, in: Lyrik. Über Lyrik. Sonderheft Merkur, 1999, S. 279.

landschaft; aber das rufen
der kinder (…)

In diesem Ausschnitt erkenne ich zwei Rhythmusbrüche, einmal ab „schlingen decken traum wir" (eine Passage, die den Lesefluss bremst), die folgenden Wörter („dem gedächtnis so ein faden riß") sind wieder rhythmisch geprägt, und dann bricht der Rhythmus wieder ab, ein Riss des Gedächtnisfadens, ausgelöst durch die Rufe der Kinder.

Rhythmus und Rhythmusbruch finde ich auch zu Beginn des Gedichtes „Beantworter" von Marcel Beyer:

Doch in den Hof geschaut am Vormittag, da
lauert wer, von drüben der Beantworter, bei
Nacht, der spricht mit unveränderter Betonung.
Tags ich und Schnee, und Tropfen in den Bäumen,
Tropfen, der Hustenlärm. (…)

Mit Vers fünf bricht der Rhythmus – und der Leser oder die Leserin hört fast schon das Husten dabei.

Viele Gedichte von Norbert Hummelt sind ebenfalls rhythmisch geprägt und weisen Rhythmusbrüche auf. Ein Beispiel, bei dem man auch auf die Verwendung des Mittenreims achten sollte, ist das Gedicht „rapid eye movement". Es findet sich in diesem Buch auf Seite 28.

9. 28 Anregungen zur Arbeit an eigenen Gedichten

Martina Weber

Die folgenden Anregungen wollen Sie dabei unterstützen, Ihre Wahrnehmungsfähigkeit und Ihr Sprachgefühl zu schulen, einen Zugang zu Ihrem Unbewussten und zu Ihren eigentlichen Themen zu finden und verschiedene handwerkliche Techniken und Zugangsweisen zur Lyrik auszuprobieren. Betrachten Sie die Schreibanregungen als flexible Vorgaben, die Sie nach eigenen Wünschen variieren können und sollen. Die Arbeitsanregungen verfolgen insgesamt das Ziel, Sie dazu zu bringen, eigenständig mit Sprache zu experimentieren, Schreibtechniken einzuüben, sie in Ihr Unbewusstes aufzunehmen und bei Bedarf darauf zurückzugreifen. Auf diese Weise können Sie Ihre eigene poetische Ausdrucksweise entwickeln.

Arbeitsanregung 1
Die Grundlage: Ihr Notizbuch

Legen Sie sich ein Notizbuch zu, das Sie nur für die Arbeit an Ihrer Lyrik verwenden. Wählen Sie je nach Geschmack ein Format von DIN A4 oder A5, aber nicht kleiner, denn ein großes Format fördert das Herstellen von Verknüpfungen. Das Buch sollte nicht so edel oder teuer sein, dass Sie Hemmungen davor haben, die Seiten großzügig zu füllen. Ich selbst bevorzuge für rasche Notizen unliniertes, einfach nur blankes Papier und für den ersten Entwurf eines Gedichtes den PC.

Beginnen Sie damit, einzelne Wörter zu notieren, deren „Strahlkraft" Sie anspricht. Es können Wörter aus Zeitungen sein oder aus Fachbüchern, Wörter, die Sie in der Straßenbahn hören oder Wörter aus Gedichten (falls es sich allerdings um eine Wortneuschöpfung handelt, sollten Sie den Urheber in Ihren Notizen vermerken und den Begriff nicht in eigenen Gedichten verwenden). Die Schweizer Lyrikerin Joanna Lisiak gab mir den Tipp, die Wörter auf einem Blatt nicht untereinander zu notieren, sondern sie eher verstreut zu setzen, und zwar so, dass sie von einer Seite aus lesbar sind. Dies fördert den kreativen Prozess, weil das Auge und so auch das Unbewusste Verbindungen schafft.

Setzen Sie sich in Ihrem Notizbuch nur mit Lyrik auseinander und machen Sie möglichst jeden Tag ein paar Notizen. Die Regelmäßigkeit ist für den kreativen Prozess wichtig. Ihre Notizen sind Nahrung für das Unbewusste, auch und gerade wenn Sie nach Verknüpfungen und nach neuen Ideen suchen.

Die Bedeutung von Skizzen und Aufzeichnungen für den kreativen Prozess ist längst ein Thema wissenschaftlicher Untersuchungen. Paul Celan beispielsweise sammelte seltene, bildhafte und unverbrauchte Wörter aus Fachbüchern der Bereiche Medizin, Biologie und Geologie und intonierte sie neu.

Notieren Sie erste Zeilen von Gedichten (aber mit Urhebervermerk), von denen Sie sich angesprochen fühlen, um daraus später, vielleicht wenn Sie das dazugehörige Gedicht vergessen haben, ein eigenes Gedicht zu machen.

Sammeln Sie beim Lesen von Gedichten Metaphern, um ihr Gefühl für die Metapher zu stärken. Notieren Sie sich immer den Urheber/die Urheberin, damit Sie keine Metaphern stehlen.

Notieren Sie sich gelungene Zeilenbrüche aus Gedichten und Reimwörter oder andere Klangelemente, die Sie haben aufhorchen lassen.

Schreiben Sie sich Formulierungen aus Gedichten auf, die Sie verzaubern. Eine wunderbar geheimnisvolle Passage habe ich zum Beispiel im Gedicht „es regnet ein Wunder" aus Friederike Mayröckers Band *Winterglück* gefunden. Das Gedicht beginnt mit dem Blick auf eine Tasse und endet mit den Worten „aber die Kappe, der Skalp schien/verschneit ach der Zucker-/berg in dem Menschen will unterrichtet sein".

Wenn Sie sich durch vorgegebene Themen zu Gedichten anregen lassen wollen, sammeln Sie Wettbewerbsthemen, auch wenn die Abgabetermine abgelaufen sind (Ausschreibungen finden Sie unter www.uschtrin.de/preise.html). So gab die Berliner Literaturzeitschrift *lauter niemand* bei ihrem 2. Lyrikwettbewerb aus dem Jahr 2005 die Vorgabe, ein Liebesgedicht aus der Perspektive einer glücklich verliebten Person zu schreiben. Die Schwierigkeit dieser Aufgabe liegt vor allem darin, in Anbetracht der langen Tradition des Liebesgedichtes einen neuen, eigenwilligen Ansatz zu finden. Für den 3. Lyrikwettbewerb 2006 wurde das Thema „Faulheit" vorgegeben. Die Gewinnergedichte und andere eingereichte Texte können Sie unter www.lauter-niemand.de lesen. Bevor Sie diese Gedichte lesen, sollten Sie sich aber eigene Gedanken zum Thema machen, vielleicht nach Arbeitsanregung 2 Ihre Assoziationen, Bilder und Gedanken sammeln und ein eigenes Gedicht schreiben.

Beim Mannheimer Heinrich-Vetter-Literaturpreis aus dem Jahr 2005 war nach Gedichten zum Thema „Macht" gefragt. Die Preisträgergedichte finden Sie, wenn Sie sich auf Sandra Uschtrins Ausschreibungsinternetseite auf die entsprechende Ausschreibung begeben und von dort aus weiter klicken.

Die Literaturzeitschrift *Dreischneuß* suchte für ihre im August 2008 erscheinende Ausgabe Texte zum Thema „Hinter Masken", siehe www.dreischneuss.de.

Manche AutorInnen empfinden eine thematische Vorgabe für ihre Arbeit als einengend, andere inspiriert es, sich sofort oder im Lauf der Ausschreibungsfrist mit einem Thema zu befassen. Notieren Sie sich erste und später immer wieder weitere Assoziationen zum Thema. Folgen Sie nicht unbedingt Ihrem ersten Einfall, dem nahe liegenden Bild oder Gedanken, sondern bemühen Sie sich um einen individuellen, Ihren eigenen Blick. Achten Sie bei Ihrer Lektüre auf Gedichte zum selben

„Schreiben, das nicht an die Substanz geht, lohnt den ganzen Aufwand nicht. Dafür braucht der Dichter ein starkes Ich. (…) Was von außen kommt, muß umgewandelt und wieder abgegeben werden, nur in diesem Austausch erstarkt das Ich. Ein starkes Ich muss wachsen können. Das braucht Zeit. Lebenszeit und Lebenserfahrung."
Ulla Hahn: Vergnügen und Verantwortung beim Schreiben von Gedichten, in: Dichter in der Welt. Mein Schreiben und Lesen, DVA, München 2006, S. 271.

Thema, machen Sie sich also bewusst, was zu einem Thema bereits gesagt wurde und vor allem: wie es gesagt wurde – und wählen Sie für Ihr Gedicht einen anderen Ansatz. Falls Sie einer Themenvorgabe folgen möchten, machen Sie sich bewusst, zu welchem Thema Sie ein Gedicht schreiben wollen und nehmen Sie Ihre Umwelt, Ihre Lektüre, Erfahrungen und Gedanken aus dem Blick des/der Suchenden wahr. Wer auf diese Weise seinem Unbewussten ständig Nahrung gibt, stellt plötzlich fest, wie sich mehrere Ansätze oder Worte vielleicht zu einem ersten Halbsatz, zu einer eigenen Sicht verknüpfen – der entscheidende Schritt zur eigenen kreativen Leistung. Hilfreich ist es, sich in der Phase, in der sich auf diese Weise der erste Hauch eines Gedichtes ankündigt, zurückzuziehen und nur wenige äußere Eindrücke zuzulassen, um sich nicht abzulenken und den kreativen Prozess abzuwürgen. In dieser Phase können sich Tätigkeiten wie Spazieren gehen, Rad fahren, Geschirr spülen oder ein nicht allzu kompliziertes Essen kochen (ohne dabei Wortbeiträge oder Musik zu hören) als sehr produktiv erweisen, ein Vorgang, den Dorothea Brande in ihrem Band *Schriftsteller werden* (siehe Kommentierte Literaturempfehlungen) ausführlich beschrieben hat.

Ein Gedicht nimmt meiner Erfahrung nach in dem Moment Gestalt an, in dem folgende Punkte da sind: Form, Impuls und Kern.

Mit der Form ist die Form des Gedichtes gemeint, also etwa die Entscheidung, in Freien Versen, in einem bestimmten metrischen Schema oder in einem bestimmten Rhythmus und in bestimmten Zeilenlängen zu schreiben. Der Impuls ist der Schreibimpuls. Oft, aber nicht immer und nicht notwendigerweise, sind es die ersten Wörter eines Gedichtes, die etwas in

෴ ෴ ෴ ෴ ෴ ෴ ෴ ෴ ෴ ෴ ෴ ෴ ෴ ෴ ෴ ෴ ෴ ෴ ෴ ෴

„Und überdies ist es ja nicht so, daß ich unvorbereitet anfange. Ich habe ja schon vom Vortag Vorarbeiten. Alles ist übersät mit Zetteln, also mit Verbaleinfällen, mit Gebrauchsanweisungen, wie es am nächsten Tag weitergehen soll. Also es ist nie so, daß ich blank anfangen muß. Das ist eine große Hilfe."
Friederike Mayröcker im Gespräch mit Siegfried J. Schmidt, in: Friederike Mayröcker, herausgegeben von Siegfried J. Schmidt, Frankfurt 1984, S. 270f.

Ihnen zum Klingen bringen. Der Kern ist die innere noch vage Vorstellung eines Ganzen, eine Vorstellung, die so offen ist, dass Sie selbst vom Schluss des Gedichtes überrascht sein können, die aber den Schreibanlass, das innere Anliegen, erkennen lässt.

Arbeitsanregung 2
Annäherung an das Unbewusste: automatisches Schreiben

Es gibt verschiedene Techniken zur Entwicklung von Assoziationen, mit deren Hilfe Sie sich Ihrem Unbewussten nähern und Ihre Kreativität ankurbeln können.

Ein bewährtes Verfahren ist das automatische Schreiben. In seinem *Manifest des Surrealismus* aus dem Jahr 1924 schreibt André Breton Folgendes dazu: „Lassen Sie sich etwas zum Schreiben bringen, nachdem Sie sich an einem Ort eingerichtet haben, der der Konzentration Ihres Geistes auf sich selber so günstig wie möglich ist. Versetzen Sie sich in den passivsten oder rezeptivsten Zustand, dessen Sie fähig sind. Sehen Sie ganz ab von ihrem Genie, Ihren Talenten und von denen aller anderen. Machen Sie sich klar, dass die Literatur einer der kläglichsten Wege ist, die überall hinführen. Schreiben Sie schnell, ohne gestelltes Thema, schnell genug, um nichts zu behalten und nicht versucht zu sein, zu überlesen." (In: Patrick Waldberg: *Der Surrealismus.* Übertragen aus dem Französischen von Ruth Henry. DuMont, Köln 1981, S. 99.)

Bei der Technik des automatischen Schreibens kommt es also darauf an, einfach drauflos zu schreiben, was Ihnen durch den Kopf geht. Ohne Rücksicht auf Interpunktion, Rechtschreibung oder gar logisch nachvollziehbare Zusammenhänge lassen Sie Ihren Gedanken und Gefühlen völlig freien Lauf und schreiben Sie immer weiter. Sie können mit einem Stift schreiben oder auf dem PC oder Notebook. Beginnen Sie mit zwei Minuten am Stück und steigern sich auf 10 bis 15 Minuten. Vielleicht motiviert Sie ein Kurzzeitmessgerät, das nach der eingestellten Zeit Geräusche von sich gibt.

Wenn Ihnen der Anfang schwer fällt, verwenden Sie folgende Einstiege: „heute habe ich ...“ / „mir gegenüber ...“ / „gestern ...“ / „draußen ...“ / „warum ...“ / „ehrlich gesagt ...“ / „du sagtest immer ...“

Wenn Ihre geplante Schreibzeit noch nicht abgelaufen ist, Ihnen aber nichts mehr einfällt, hören Sie nicht auf zu schreiben, sondern sorgen Sie dafür, dass der Stift in Ihrer Hand oder die Tasten unter Ihren Fingerkuppen in Bewegung bleiben. Schreiben Sie mit Ihrem Stift mehrmals hintereinander den Buchstaben „L“ und beginnen Sie das nächste Wort mit „L“. Oder schreiben Sie „tick-tack“, „bla-bla“ oder andere Verlegenheitsvokabeln, beschreiben Sie den Raum, in dem Sie sitzen oder was Sie sonst sehen und assoziieren Sie weiter. Bleiben Sie für die Dauer der geplanten Zeit im Schreibfluss.

Was sind die Ziele des automatischen Schreibens?
*   Jederzeit dazu in der Lage sein, flüssig und ohne abzusetzen zu schreiben.
*   Den Strom der Gedanken fließen lassen, ihnen Zeit und Raum geben. Und sie dann ruhen lassen.
*   Was Sie belastet aufschreiben und weglegen. Ruhen lassen.
*   Auf die andere Seite gelangen: weg von der Rationalität.
*   Sich den Irrglauben, man müsse zum literarischen Schreiben in der richtigen Stimmung sein, abgewöhnen!
*   Auf dem Papier zu erkennen sein.
*   Sich der eigenen unbewussten Gedanken bewusst werden.

Wenden Sie die Übung des automatischen Schreibens regelmäßig an, jedenfalls eine Zeit lang und so lange, bis Sie dazu in der Lage sind, jederzeit flüssig zu schreiben. Schreiben Sie möglichst jeden Tag, vorzugsweise am Morgen, vor dem Aufstehen, wenn der Geist noch verträumt ist. Kehren Sie immer wieder zum

∿ ∿

„Aber als ich diese Zeilen hörte (und in gewisser Weise habe ich sie seither immer gehört), wußte ich, daß Sprache auch eine Musik und eine Leidenschaft sein konnte. Und so wurde mir die Dichtung offenbart.“
Jorge Luis Borges, in: Handwerk des Dichters, aus dem Englischen von Gisbert Haefs, Hanser, München 2002, S. 74.

automatischen Schreiben zurück, auch wenn Sie es eine Zeit lang nicht praktiziert haben.

Die Texte, die Sie auf diese Weise „automatisch" schreiben, sind höchst persönlich. Niemand außer Ihnen darf sie lesen. Auch Sie selbst sollten die Texte mindestens einige Wochen einfach ruhen lassen.

Seien Sie sich dessen bewusst, dass die Texte, die Sie auf diese Weise geschrieben haben, nur dazu da sind, das flüssige Schreiben einzuüben und einen Zugang zu Ihrem Unbewussten zu finden. Auf einen literarischen Wert kommt es nicht an. Die Übung ist ein wichtiger Schritt hin zum literarischen Schreiben.

Seien Sie sich dessen bewusst, dass die Anwendung des assoziativen Verfahrens in Gedichten nur scheinbar ganz vom Unbewussten gesteuert ist: in Wirklichkeit ist es gezielt. Nehmen wir zum Beispiel die Passage aus Friederike Mayröckers Gedicht „es regnet ein wunder" (siehe Arbeitsanregung 1): „aber die Kappe, der Skalp schien/verschneit ach der Zucker-/berg in dem Menschen will unterrichtet sein". Der Zuckerberg könnte hier mit dem Wort „verschneit" verknüpft sein: Vor allem das Rieseln von Puderzucker durch ein Sieb hat durchaus etwas von einer Schneelandschaft.

Arbeitsanregung 3
Vorlieben und Abneigungen erkunden

Suchen Sie fünf Gedichte verschiedener zeitgenössischer LyrikerInnen, die Ihnen gefallen und fünf, die Ihnen nicht gefallen. Notieren oder erklären Sie möglichst konkret, was Ihnen an dem jeweils ausgewählten Gedicht gefällt und was Ihnen nicht gefällt.

ᴥ ᴥ ᴥ ᴥ ᴥ ᴥ ᴥ ᴥ ᴥ ᴥ ᴥ ᴥ ᴥ ᴥ ᴥ ᴥ ᴥ ᴥ ᴥ ᴥ

„Wenn man das Handwerk beherrscht, muß man aufhören, an die Regeln zu denken, sonst bringt man wirklich nichts mehr fertig. Man muß eine höhere Stufe der Naivität erreichen."
Berthold Brecht, zitiert nach Heinz Kahlau: Der Vers Der Reim Die Zeile, 1974, S. 20f.

Durch diese Übung können Sie sich Ihre lyrischen Vorlieben und Abneigungen bewusst machen. Aspekte und Fragen, die bei Ihrer Einschätzung eine Rolle spielen können, sind:

- Thema
- Melodie, Rhythmus
- Reim oder andere Klangelemente
- Ähnlichkeit zwischen dem Temperament des Autors/der Autorin und Ihrem eigenen
- Komplexität oder Schlichtheit im Aufbau
- Gibt es ein zentrales Bild oder arbeitet das Gedicht mit Montagen und mehreren Bild- und Zeitebenen?
- Sprachbezogene oder eher prosaische Sprache
- Stimmung: Humor, Nachdenklichkeit, Melancholie, Wut, Fröhlichkeit etc.
- Wie wird diese Stimmung erzeugt?
- Ist der Schreibanlass erkennbar?
- Ist der Bezug zu einer historischen Epoche erkennbar?
- Wortwahl und assoziative Schwingungen: Fallen Ihnen Wörter auf, die durch ihre assoziativen Schwingungen dem Gedicht eine weitere Bedeutungs- oder Interpretationsebene verleihen?

Zum letzten Punkt ein Beispiel: Jürgen Nendzas Gedicht „Vor dem Einkauf" aus dem Band *Haut und Serpentine:*

VOR DEM EINKAUF das Überqueren der Straße: animal
rational, gestreift, geschaltet, Zebra und Ampel, eine kurze Dauer

im Blindentakt. Ein vorübergehender Anruf, drahtlos
verbunden mit einer Wunde

ꝗ ꝗ

„Nicht durch Regeln oder durch kaltblütige Stilnachahmung lernen wir Verse schreiben: wohl lernen wir durch Nachahmung, aber von tieferer Art, als die Stilanalyse sie zustande bringt."
Thomas Stearns Eliot, in: Walter Höllerer: Theorie der modernen Lyrik. Dokumente zur Poetik Band I, Hanser, München 2003, S. 399.

oder Nachricht vielleicht, die spricht
von einem Moratorium, daß Halbmonde plötzlich

aufleuchten, frisch poliert
auf den Zeigefingern der Konferenzen

und über jede Entfernung erhaben. Das Umschalten
im Blindentakt: Zwischen Fangschaltung,

Elektroschock schiebt sich ein Schrei
an dir vorbei, Reflexe

greifen ins Leere.

Das Gedicht beginnt mit dem Überqueren der Straße, „Zebra und Ampel", einem Anruf, und bewegt sich über ein Moratorium, über aufleuchtende Halbmonde, Konferenzen. Dem Blindentakt folgen Fangschaltung, Elektroschock und ein Schrei, der sich am lyrischen Ich vorbeischiebt. Das Wortfeld, aus dem die zentralen Begriffe stammen, lässt an arabische totalitäre Staaten, Entführung und Folter denken. Der sich vorbei schiebende Schrei könnte direkt von der Straße stammen (ein Unfall?), er lässt aber auch an die ungehörten Schreie von Gefolterten denken. Ein brillantes politisches Gedicht.

Ihre LieblingslyrikerInnen werden sich vermutlich im Lauf der Zeit ändern, deshalb sollten Sie die Übung in gewissen Abständen wiederholen. Je größer Ihre Leseerfahrung ist, um so eher werden Sie Gefallen an komplexeren, auf den ersten Blick weniger zugänglichen Gedichten finden.

Arbeitsanregung 4
Zum Anfang zurück: den ersten Zugang zur Lyrik erkunden

Erinnern Sie sich an Ihre erste Begegnung mit Lyrik, die Sie hat aufhorchen lassen? War es in der Schule, wenn ja, in welchem

Unterrichtsfach (Deutsch, Englisch, Französisch, Latein etc.)? Was war es, was Sie damals an einem bestimmten Gedicht fasziniert hat? Versuchen Sie, sich an einzelne Gedichte zu erinnern, und notieren Sie sich Titel und AutorIn. Machen Sie die Gedichte ausfindig.

Erkunden Sie etwaige Gemeinsamkeiten dieser Gedichte mit den Gedichten, die Sie in Arbeitsanregung 3 ausgewählt haben. Entwickeln Sie ein Bewusstsein dafür, was ein gutes Gedicht für Sie ausmacht.

Arbeitsanregung 5
Zeilen brechen

Für die folgende Übung bitten Sie eine Person, ein Gedicht auszuwählen und als fortlaufenden Text abzuschreiben, also ohne Zeilenbrüche. Es muss sich dabei um ein Gedicht handeln, dessen Zeilenbrüche nicht so eindeutig sind, wie es in einem gereimten oder in einem mit Metrum geschriebenen Gedicht der Fall ist. Besonders praktisch lässt sich die Übung durchführen, wenn Ihnen das Gedicht als Datei oder per E-Mail zur Verfügung gestellt wird.

Fügen Sie nun Zeile für Zeile die Zeilenbrüche ein und begründen Sie vor sich selbst jeden Zeilenbruch. Überlegen Sie sich Alternativen und ob und wenn ja, wie diese sich auf das Textverständnis auswirken. Vergleichen Sie abschließend Ihre Zeilenbrüche mit denen des Originals. Falls Sie Abweichungen feststellen, überlegen Sie, was sich die Autorin/der Autor dabei gedacht haben oder ob es sich um Nachlässigkeit handeln könnte.

Arbeitsanregung 6
Am Ende eines langen Korridors

Am Ende eines langen Korridors taucht plötzlich eine menschliche Figur auf.

Lassen Sie sich von diesem Bild inspirieren. Wie sind die Lichtverhältnisse? Sind Lichtquellen sichtbar? Welche Gestalt hat die Figur? Ein Mann, eine Frau, ein Kind? Ein Mensch mit Stock oder Gehwagen? Erinnert Sie die Figur an jemanden? In welchem Gebäude befindet sich der Korridor? Woher kommt die Gestalt? Wo befinden Sie sich? Geschieht etwas? Wo ist die Gestalt jetzt? Und wer und wo ist das lyrische Ich?

Beginnen Sie Ihr Gedicht mit einem Detail aus Ihrer Vorstellung oder einem Gedanken. Bleiben Sie bildhaft. Versuchen Sie, nicht sich selbst ein Gefühl klarzumachen, sondern einem Leser, der Sie nicht kennt, einen Gedanken zu vermitteln, und dabei an Details Ihrer inneren Bilder anzuknüpfen. Führen Sie Ihr Gedicht zur letzten Zeile hin und gestalten Sie den Schluss als Geste, die Räume öffnet.

Arbeitsanregung 7
fünf mal zwei

Für Ihr nächstes Gedicht erhalten Sie folgende fünf Wörter: Schatten, Netz, Glas, Zeichen, glatt.

Ihr Gedicht soll zwei Strophen haben, Sie können in Freien Versen oder in Metren und/oder gereimt schreiben. Verwenden Sie in jeder Strophe jedes der fünf Wörter je einmal und sonst alle Wörter, die Sie benötigen. Die beiden Strophen sollen ein zusammenhängendes Gedicht ergeben, das so viele Überraschungen wir möglich enthält. Denken Sie zum Abschluss an eine passende Überschrift.

Arbeitsanregung 8
Eine Art Abpausen

Diese Übung eignet sich, um mit verschiedenen lyrischen Stilen zu experimentieren. Suchen Sie ein Gedicht, das in einem Stil geschrieben ist, der Sie anspricht und der anders ist als Ihr eigener Stil oder der Ihrer Lieblingsgedichte.

Schreiben Sie nun ausgehend von dieser Vorlage auf folgende Weise ein eigenes Gedicht: Übernehmen Sie immer die Wortarten, das heißt, wenn die Überschrift des ausgewählten Gedichts aus einem Adjektiv und einem Substantiv besteht (z. B. „Bukolische Postkarten I", ein Gedichttitel von Steffen Popp), schreiben Sie auch ein Adjektiv und ein Substantiv. Übernehmen Sie überdies die Silbenzahlen und Betonungen aller Wörter des ausgewählten Gedichts.

Durch diese eigenwillige Art der „Übersetzung", eine Art Abpausen, können Sie einiges über den Aufbau eines Gedichtes, über Rhythmus und Klang lernen.

Das Gedicht „Bukolische Postkarten I" von Steffen Popp eignet sich sehr gut für diese Übung. Es ist im *Jahrbuch der Lyrik 2006* im Verlag S. Fischer (herausgegeben von Christoph Buchwald und Norbert Hummelt) erschienen. Steffen Popp hat außerdem den Lyrikband *Wie Alpen* im Kookbooks Verlag veröffentlicht.

Bukolische Postkarten I

Das aufgeschlossene Dorf redet uns zu
wie ein Mantra: Hinter den Bergen
sagt es, ist immer das goldene Kap und
die Sputniks beatmen das Meer.

So sitzen wir nun im Gebirge glücklich
auf einem Holzklotz
du darfst nichts sagen und ich nicht und
oben die Raumstation muss ewig blinken.

„(...) all das gehört zu dem Prozess, der das Gedicht zweifellos ist: die Weitung des Sensoriums, das genaue Sehen, das Einsickern der Wahrnehmungen in den Körper, das Reifen, Vergehen der Zeit, dann das Schreiben, der eigentliche Schreibvorgang (der sich niemals planen lässt, der wie ein Anfall kommt, ruckartig ...). Die Ruhe, der genaue Blick, nach innen nun: konzentrierte Euphorie."
Nico Bleutge, in: Zwischen den Zeilen, Heft 24, Juni 2005, S. 18.

Die Alm reckt sich tapfer ins Weltall
die Sputniks beatmen das Meer.

Du faltest das kleine Solarnetz
unser Touristenbüchlein mit den gepressten
Blüten.

Arbeitsanregung 9
Eine andere Art Abpausen

Wählen Sie ein Gedicht, das nicht in einer Bildebene bleibt, sondern eine Montage verschiedener Bildebenen mit Assoziationen, Gedanken, Erinnerungen, wörtlicher Rede und anderen Elementen darstellt. Machen Sie sich den Aufbau des Gedichts klar wie eine Folie, über die Sie eines Ihrer nächsten Gedichte legen können. Dabei kommt es im Unterschied zur vorhergehenden Übung nicht darauf an, sich in der Art der Wörter an der Vorlage zu orientieren, sondern nur in der Art der Struktur.

Nehmen Sie zum Beispiel Friederike Mayröckers Gedicht „im Gebirge, August" aus dem Band *Winterglück*, erschienen im Suhrkamp Verlag:

im Gebirge, August

unter kahlem Gezweig, junger
Baum steht schief, einzelne kahle
Bäume, die nie mehr grünen, steh
ich verspüre die zitternden
Ränder an meiner an seiner Haut des
zwischen zwei Äste gespannten Spinnennetzes
darin ein kleines Insekt, und wild
schwankende Staude rosa und windgefegt wollige
Distelköpfe („ist ja dein lieber Kopf") rosa
versponnen verschwommen die lichten Scheitel
der Berge, geschlägert aus dem Rücken des
Bergs gegenüber ein riesiger Halbmond, die

Silberlinge des Birkenlaubs ins flüssige
Blau so blau war so jung so außer mir war und
immer, sauge den zarten Duft, violetten Schaum, Bläue
der Schürze der Bäuerin, nach oben
langend, Requisit der Dienenden?, unter der
Lupe orangerot, nach dem Wäschedraht langend, ver-
schwindet dann im Gebüsch, geht ganz in die Hecke
hinein, Beeren pflückend, beim Beerenpflücken als
ginge sie durch eine Tür, das Nächtliche
aber fremdet den Bund

Zerlegen Sie das Gedicht in folgende Struktur:
1. Blick auf einen Bildausschnitt, an dem sich das lyrische Ich befindet (Vers 1–3)
2. Gefühle, die im lyrischen Ich ausgelöst werden, durch etwas, was sich im oben beschriebenen Bildausschnitt befindet, jetzt aber erst genannt wird (Vers 4 und 5)
3. Blick auf ein sichtbares Detail (Vers 6: das Spinnennetz)
4. Blick auf ein anderes Detail (Vers 7: das Insekt)
5. Ein weiteres Detail (Vers 8 und 9)
6. Ein in Klammern gesetzter Ausruf des lyrischen Du – eine Art Kommentar zu dem in 5. genannten Detail („ist ja dein lieber Kopf")
7. Weitere Details
8. Assoziationen zu den Eigenschaften
9. Die Assoziationen wecken eine Erinnerung
10. Die Erinnerung wird fortgeführt
11. Abschluss durch eine allgemeine Sentenz („das Nächtliche/aber fremdet den Bund")

In meiner Schreibgruppe hat es sich bewährt, künstlerische Fotografien als Inspiration für Gedichte zu verwenden, die diesem formalen Schema folgen.

❧ ❧ ❧ ❧ ❧ ❧ ❧ ❧ ❧ ❧ ❧ ❧ ❧ ❧ ❧ ❧ ❧ ❧ ❧ ❧

„Gäbe es eine Schule der Literatur, müsste man in ihr vor allem die Beschreibung der Gegenstände üben und nicht die der Träume."
Zbigniew Herbert, in: Luftfracht. Internationale Poesie 1940 bis 1990, ausgewählt von Harald Hartung, Eichborn, Frankfurt am Main 1991, S. 75.

Arbeitsanregung 10
Die Wörter anders zusammensetzen

Suchen Sie sich ein Gedicht, dessen Wortwahl Sie besonders anspricht. Das Gedicht sollte nicht allzu lang sein. Zerlegen Sie das Gedicht auf folgende Weise in seine Wörter und schreiben Sie jedes Wort auf einen Zettel: Verwenden Sie bei den Verben, Adjektiven und den Substantiven die Grundformen (also nicht: „schwankte", sondern „schwanken", nicht „silbernen", sondern „silbern"), lassen Sie die Präpositionen (auf, neben, unter etc.) und Konjunktionen (und, auch, oder etc.) weg. Vor Ihnen liegen dann vielleicht 20 bis 30 Papierschnipsel mit Einzelwörtern. Verwenden Sie alle diese Wörter für ein eigenes Gedicht.

Besser ist es, wenn Sie das zu den Wörtern gehörende Gedicht nicht kennen. Dafür haben Sie zwei Möglichkeiten: Entweder „exzerpieren" Sie die Grundwörter aus einem Gedicht und machen die Übung erst einige Wochen oder Monate später, wenn die Erinnerung an das Gedicht verblasst ist. Oder Sie bitten jemanden, den Vorgang des Wörterschöpfens aus einem Gedicht für Sie zu übernehmen.

Die Idee für diese Anregung stammt von Peter Kapp, dem ich an dieser Stelle nochmals danke.

Arbeitsanregung 11
Verschiedene Stimmungen anschlagen

Achten Sie im Alltag und beim Lesen darauf, wie verschieden Tonfälle und „Sprechtemperaturen" sind. Achten Sie beim Lesen eines Lyrikbandes darauf, ob die Autorin/der Autor dazu in der Lage ist, verschiedene Stimmungen anzuschlagen. Folgende Übung kann dabei helfen, unterschiedliche Tonlagen einzuüben: Schreiben Sie ein Gedicht, das einen Dialog zwischen zwei Personen darstellt. Ändern Sie jedes Mal, wenn der Sprecher/die Sprecherin wechselt, die Stimmung. Arbeiten Sie möglichst viele der folgenden Stimmungslagen in beliebiger Reihenfolge ein: freundlich, launisch, unterkühlt, frech, zynisch, liebevoll, aggressiv, irritiert, besorgt, fröhlich, feindselig, demütigend, zerknirscht.

Arbeitsanregung 12
Die erste Zeile – geschenkt

Lassen Sie sich für Ihr nächstes Gedicht die erste Zeile schenken. Wählen Sie unter den folgenden Zeilen, die jeweils erste Zeilen eines Gedichtes sind, eine aus oder suchen Sie sich selbst erste Zeilen und schreiben Sie solche, die Sie inspirieren, in Ihr Notizbuch.

– „Als ich das Fenster öffnete" (Günter Eich)
– „Im Kadewe stand eine" (Lioba Happel)
– „Immer wieder strecke ich meine Hand" (Karl Krolow)
– „Damals, um zwei Uhr nachts" (Christine Busta)
– „die gelittene zeile, geleitet" (Reinhard Priessnitz)
– „Ich seh den Mond des Februar sich lagern" (Wilhelm
     Lehmann)
– „Wie gut, daß ich verborgen bin" (Christine Lavant)
– „nächtelang zeigte die webcam" (Daniel Falb)
– „Denn was täte ich" (Ilse Aichinger)
– „Er reckt sich zum Himmel, sein Nabel" (Uwe Kolbe)
– „Jetzt haben wir uns" (Kerstin Hensel)
– „ich werde dir beweisen werde mehr" (Nathalie Schmid)
– „möglich, daß" (Jennifer Poehler)
– „tritte gegn die –flügel gegn" (Thomas Kling)
– „Vielleicht an einem Abend, an" (Michael Donhauser)
– „Sollten nicht die Liebhaber des Schattenspiels" (Karl
     Venneberg, übersetzt von Nelly Sachs)

Alle diese Eingangszeilen schlagen einen bestimmten Ton an; manche Verse lassen bereits ein vages Bild in Ihrem Kopf entstehen. Mit der ersten Zeile soll der Leser ins Gedicht gezogen werden. Den zitierten Versen gelingt dies auf unterschiedliche Weise.

Lassen Sie die ausgewählte Zeile auf sich wirken. Widerstehen Sie der Versuchung, sofort weiter zu schreiben. Machen Sie sich

Gedanken über den Tonfall, den Rhythmus, einen etwaigen Beginn eines Metrums oder Reimschemas. Welche Bilder und Gedanken lösen die einzelnen Wörter in Ihnen aus? Machen Sie sich Notizen und stellen Sie sich bewusst Fragen. Wenn Sie nicht mehr weiter wissen, lassen Sie innerlich los und schreiben Sie erst weiter, wenn Sie eine vage Vorstellung vom Ganzen des Gedichtes haben, die über die nächsten Wörter hinaus geht, aber lassen Sie genug inneren Raum. Planen Sie nicht das ganze Gedicht im Kopf.

Arbeitsanregung 13
Momentaufnahmen, vielleicht expressionistisch

Verlassen Sie Ihren Schreibplatz, nehmen Sie Ihr Notizbuch und gehen Sie aus dem Haus. Betrachten Sie Ihre Umgebung mit dem Blick einer Fotografin. Denken Sie nicht über Ihre eigenen Empfindungen, Assoziationen oder Erinnerungen nach, schauen Sie nur, hören Sie zu. Nehmen Sie wahr. Suchen Sie originelle Bilder/Töne und notieren Sie diese als Momentaufnahmen.

Oder betrachten Sie Ihre Umgebung so, wie sich das Auge einer Kamera von einem Wunderflugzeug aus heranzoomen würde: vom Über-Blick auf die Gesamtumgebung auf einen Straßenzug, einzelne Gegenstände und Menschen bis zu winzigen Details und weiter ins Mikroskopische.

Wenn Sie ein Gefühl von Fremdheit, Brüchigkeit und Zerfall transportieren wollen, können Sie sich stilistisch von Gedichten aus der Zeit des Expressionismus anregen lassen und Ihre Momentaufnahmen ohne inneren Zusammenhang aneinander reihen, vielleicht ähnlich wie Alfred Lichtenstein in seinem Gedicht „Die Dämmerung". Hier die erste Strophe:

> Ein dicker Junge spielt mit einem Teich.
> Der Wind hat sich in einem Baum gefangen.
> Der Himmel sieht verbummelt aus und bleich,
> Als wäre ihm die Schminke ausgegangen.

Arbeitsanregung 14
Sehen + zuhören + zufügen + schreiben = Gemäldegedicht

Jede Kunstform hat ihre Besonderheiten. Wenn Sie ein Gedicht eins zu eins in einen Film, in ein Gemälde oder ein Musikstück übersetzen können, ist das Gedicht eindimensional und erledigt sich mit einem Lesen. Gelungen ist ein Gedicht hingegen, wenn daraus mindestens ein Dutzend verschiedene Musikstücke oder Kurzfilme entstehen können.

Beim Gemäldegedicht kommt es also nicht darauf an, das Bild – womöglich noch möglichst korrekt – zu beschreiben. Sonst würden Sie versuchen, etwas in eine literarische Form zu bringen, was viel besser als Gemälde existiert.

Gehen Sie in ein Kunstmuseum oder blättern Sie in Kunstbildbänden auf der Suche nach einem Gemälde, bei dem Sie innehalten. Was ist es, das Ihre Hand nicht weiter blättern lässt? Was zieht Sie in das Bild hinein? Wohin werden Sie gezogen, gezerrt? Was passiert mit Ihnen, wie verhalten Sie sich? Setzen Sie sich an den Bildrand und beobachten Sie die Szenerie oder berühren Sie etwas, was Sie sehen? Nehmen Sie einen Gegenstand aus Ihrer Umgebung mit ins Bild? Was sehen Sie außerhalb des Bilderrandes? Holen Sie es ins Bild hinein. Benennen Sie es.

Viele LyrikerInnen haben großartige Gemäldegedichte geschrieben, zum Beispiel Friederike Mayröcker, Norbert Hummelt, Jan Wagner, Thomas Kling und Christian Schloyer. Wenn Sie sich näher mit der Wahrnehmung durch Kunst beschäftigen möchten, lesen Sie die Essays des 1926 geborenen britischen Kunstkritikers John Berger.

Arbeitsanregung 15
„glimpses" und „objektive correlative"

Lyrik-Anfänger machen oft den Fehler, ihre Gefühle direkt auszudrücken und auf Mit-Gefühl des Lesers oder der Leserin zu bauen. Der Leser kann diesem allgemeinen Gefühl (zum Beispiel

„ich fühl mich so irre/einsam und leer" aus dem ersten Kapitel) glauben oder auch nicht glauben: in ihm (dem Leser) wird die bloße Behauptung eines Gefühls nie eigene Gefühle auslösen. Darauf kommt es aber beim Schreiben an: dem Leser mit dem Gedicht eine Eintrittskarte in seine eigene Gefühlwelt in die Hand zu geben. Deshalb darf in einem Gedicht über Einsamkeit das Wort „einsam" nicht auftauchen.

Ein Gedicht soll also durchaus Gefühle im Leser auslösen. Diese Gefühle sollen ihre Grundlage in der im Gedicht ausgewählten Situation haben. Diese Situation sollte der Lyriker auf solche Weise transportieren, dass im Leser oder der Leserin eigene Erfahrungen, Erinnerungen oder Gefühle provoziert werden.

Zu der Frage, auf welche Weise Gefühle im Gedicht transportiert werden können, hat der amerikanische Lyriker William Carlos Williams den Begriff der *„glimpses"* verwendet: rasche, flüchtige Blicke aus dem Augenwinkel. Das wohl bekannteste Gedicht William Carlos Williams ist „Die rote Schubkarre" („The Red Wheelbarrow"), in dem durch den Blick auf ein Detail und gekonnt gesetzte Zeilenbrüche das Bild eines Bauernhofes und die Verwendungsmöglichkeiten einer Schubkarre hervorgerufen werden.

T. S. Eliot hat den Begriff *„objective correlative"* geprägt: „Ergänzungsobjekt". Damit meint er Folgendes: „Die einzige Möglichkeit, in der Kunst Emotionen auszudrücken, ist, ein ‚Ergänzungsobjekt' zu finden, das heißt eine Reihe von Objekten, eine Situation oder eine Kette von Ereignissen, die zur Formel für diese Emotion wird, so dass, wenn die externen Tatsachen, die in sinnliche Erfahrung münden, gegeben sind, die Emotion augenblicklich hervorgerufen wird." (Zitiert nach Alexander Steele: *creative writing. Romane und Kurzgeschichten schreiben*, Autorenhaus Verlag, Berlin 2004, S. 166 f.).

Nehmen Sie als Ausgangspunkt für ein Gedicht einen persönlichen Gegenstand, einen, mit dem Sie eine Erinnerung oder ein starkes Gefühl verbinden oder besser noch: verbunden haben. Machen Sie sich Notizen darüber, wie Sie in den Besitz des Gegenstandes gelangt sind und was der Gegenstand in

Ihnen auslöst. Notieren Sie sich aber vor allem Einzelheiten: solche, die den Gegenstand direkt betreffen (Gewicht, Farbe, Oberflächenstruktur etc.) und solche aus Ihrer Erinnerung, wobei Sie natürlich nicht autobiografisch bleiben müssen.

Experimentieren Sie damit, ein Gedicht in verschiedenen Varianten zu schreiben:

Variante 1: Eine linear erzählte kleine Geschichte in acht Versen und zwei Strophen mit der folgenden formalen Vorgabe: Reimschema abba, cddc, fünfhebige Jamben.

Variante 2: Kein Reim, kein Metrum. Freie Verse. Achten Sie beim Schreiben darauf, das Gefühl, das mit Ihrer Erinnerung verknüpft ist, nicht direkt auszusprechen, sondern es in der Leserin oder im Leser hervorzurufen.

Arbeitsanregung 16
Kurz. Kurze Sätze. Nur.

Schreiben Sie ein Gedicht, das nur aus Wörtern mit höchstens zwei Silben besteht. Ein Satz darf nicht mehr als drei Wörter haben. Nehmen Sie ein zweisilbiges Wort aus Ihrem Notizbuch als Ausgangspunkt. Eines mit Strahlkraft. Es kann ein Substantiv, ein Adjektiv oder ein Verb sein. Machen Sie sich vor dem Schreiben Gedanken über das Wort und was es in Ihnen auslöst. Notieren Sie sich Stichwörter und ausgehend von Ihren Stichwörtern weitere Stichwörter. Oder machen Sie eine Übung zum automatischen Schreiben, ausgehend von dem ausgewählten Wort. Wenn Sie ein Gefühl für einen Zusammenhang gefunden haben, fangen Sie an zu schreiben. Zweisilbig. Enden Sie mit einem einsilbigen. Also einem. Wort.

„Was ein gelungenes Gedicht jedoch stets auszeichnet, sind seine Bilder und die Genauigkeit der Beobachtung: wieweit man in ihnen Dinge oder Motive zu Ende denkt, Analogien zusammen- und weiterführt. Das ist neben der musikalischen die eigentliche Arbeit des Gedichts, das, was einem nicht nur zufällt."
Raoul Schrott, in: Sabine Küchler/Denis Scheck: Vom schwierigen Vergnügen mit der Poesie, 1997, S. 72.

Arbeitsanregung 17
Aus einer unbekannten Sprache übersetzen

Suchen Sie ein Gedicht, das in einer Sprache geschrieben ist, deren Schriftzeichen sie zwar lesen können, die Sie aber nicht verstehen, zum Beispiel in der Stadtbücherei oder im Internet über www.lyrikline.org oder über www.poetryinternational. org. (Besser ist es, wenn jemand anderer ein Gedicht für Sie auswählt und es für Sie kopiert. Da die Übersetzung nämlich meist neben dem Original steht, erfasst der Blick sonst allzu leicht ein paar deutschsprachige Wörter, was den Sinn der Übung gefährdet.) Lesen Sie das Gedicht mehrmals laut. Versuchen Sie, die Stimmung zu erfassen, den Tonfall, das Thema, etwaige Wiederholungen, Anklänge an Ihnen bekannte Wörter. „Übersetzen" Sie dann das Gedicht ins Deutsche: Schreiben Sie einfach das auf, von dem Sie glauben, was das Gedicht bedeutet. Halten Sie sich so weit an die formale Vorgabe des Ausgangsgedichts, dass ein Leser, der das Ausgangsgedicht genauso wenig versteht wie Sie, Ihr Gedicht für eine korrekte Übersetzung halten könnte.

Arbeitsanregung 18
Aus einer bekannten Sprache übersetzen

LyrikerInnen, die Gedichte aus anderen Sprachen ins Deutsche übersetzen, betonen oft, wie anregend die Übersetzungsarbeit für Ihre eigenen Gedichte ist. Die Suche nach dem passenden Wort, dem passenden Rhythmus schult den Umgang mit der eigenen Sprache enorm. Durch die intensive Beschäftigung mit einer fremdsprachigen Vorlage und mit dem poetologischen Konzept eines anderen Lyrikers setzen Sie sich einem Einfluss aus, der im Unbewussten weiterwirkt und sich in Ihren Gedichten bemerkbar machen wird.

Suchen Sie sich für den Anfang eine möglichst leichte Übersetzungsaufgabe. Stöbern Sie in einer Buchhandlung oder auf den in Arbeitsanregung 17 genannten Internetseiten.

Arbeitsanregung 19
Erwartungen enttäuschen: Perspektivenwechsel

Dass das lyrische Ich nicht mit der Autorin/dem Autor eines
Gedichtes identisch ist, ist Stoff des Deutschunterrichts in der
Schule und allgemein einigermaßen bekannt. Eine Erwartung
ist jedoch allgemein verbreitet: Das lyrische Ich soll der Gattung
des Menschen angehören. Enttäuschen Sie diese Erwartung.
Schreiben Sie ein Gedicht aus der Perspektive eines Tieres, einer
Pflanze oder eines Gegenstandes. Hüten Sie sich vor dem einfachen Trick, zunächst ein menschliches lyrisches Ich anzu-
täuschen und in der letzten Zeile das wahre lyrische Ich zu
outen. Wählen Sie zunächst Ihr lyrisches Ich aus. Inspirierend
für diese Übung können Fotos (eigene oder ein Fotoband aus
der Stadtbücherei) oder ein Spaziergang sein. Machen Sie sich,
bevor Sie schreiben, Gedanken über die Form des Gedichtes und
suchen Sie nach einem Schreibimpuls.

Eine witzige Form für diese Übung hat Norbert Hummelt in
seinem Gedicht „Oh Shetland" aus seinem ersten Gedichtband
Maisprühdose (Edition Krautgarten, 1991, S. 33) gefunden.
Das Gedicht ist aus der Perspektive eines Shetland-Ponys geschrieben, zwölf Verse, in einer Sprache eines Nicht-Deutsch-
Muttersprachlers und in einem Reimschema, in dem sich die
zweite und die vierte Zeile reimen, die sechste und die achte und
die zehnte und die zwölfte und die Zeilen dazwischen nicht. Die
ersten vier Verse lauten so:

> von norden britisch insel
> da ich geworfen sein
> von meine shetland mutter
> die sein kein fury, nein

Arbeitsanregung 20
Abschied vom Geniegedanken

Wählen Sie drei Gedichte desselben Autors aus. Es sollen Gedichte sein, die Ihnen gefallen, die einander ähneln und von

denen Sie lernen wollen. Montieren Sie nun einzelne Wörter, Wortkombinationen oder Satzfetzen aus den drei Gedichten so zusammen, dass ein neues Gedicht entsteht. Verwenden Sie nicht nur das vorgefundene Material, sondern ergänzen Sie es mit eigenen Worten. Je mehr eigenes das neue Gedicht enthält, um so besser. Durch diese Lyrikmontage können Sie ein wenig vom „Atem" der Vorlagegedichte aufnehmen.

Arbeitsanregung 21
Wortschatz erweitern, Gewohnheiten verlassen

Nehmen Sie ein Wörterbuch und wählen Sie folgende Wörter aus:
– zwei Wörter aus dem Bereich der Wissenschaft
– zwei umgangssprachliche Wörter
– zwei Wörter, die Sie normalerweise nicht verwenden
– zwei Wörter aus dem religiösen Bereich
Schreiben Sie ein Gedicht, in das Sie alle diese Wörter so einbauen, dass es nicht gewollt wirkt.

Der Sinn dieser Übung liegt darin, die Pfade der sprachlichen Gewohnheiten zu verlassen. Das Aufeinandertreffen der ungewohnten Wörter wird Sie zunächst irritieren, es wird Ihnen aber neue Bedeutungshorizonte erschließen. Unsere Vorstellungskraft wird nämlich weniger durch ein einzelnes Wort angeregt, sondern vielmehr durch das Zusammentreffen zweier Wörter, die zunächst in Kombination ein Befremden hervorrufen. Das ist der Grundgedanke einer Technik, die der Italiener Gianni Rodari in seiner *Grammatik der Phantasie* als „das phantastische Binom" bezeichnet hat.

Arbeitsanregung 22
Warum nicht Klopstock?

Dirk von Petersdorff verbindet in seinem Band *Der Teufel in Arezzo* (S. Fischer, 2004) Elemente aus der Gegenwart mit denen aus der älteren Literatur, u. a. von Andreas Gryphius, Paul Gerhardt und Friedrich Gottlieb Klopstock. Wie Dirk von Petersdorff dabei vorgeht, möchte ich an einem Beispiel zeigen. Der Ausgangspunkt ist die Ode „Die frühen Gräber" von Friedrich Gottlieb Klopstock aus dem Jahr 1771:

> Willkommen o silberner Mond,
> > Schöner, stiller Gefährt der Nacht!
> > > Du entfliehst? Eile nicht, bleib, Gedankenfreund!
> > > > Sehet, er bleibt, das Gewölk wallte nur hin.
>
> Des Maies Erwachen ist nur
> > Schöner noch, wie die Sommernacht,
> > > Wenn ihm Tau, hell wie Licht, aus der Locke träuft,
> > > > Und zu dem Hügel herauf rötlich er kömmt.
>
> Ihr Edlen, ach es bewächst
> > Eure Male schon ernstes Moos!
> > > O wie war glücklich ich, als ich noch mit euch
> > > > Sahe sich röten den Tag, schimmern die Nacht.

In dieser Ode erinnert sich das lyrische Ich in einer Sommernacht an seine längst verstorbenen Freunde und fühlt erst jetzt das Glück von einst, das darin lag, die Natur im Kreis der Freunde zu genießen. Dirk von Petersdorff abstrahiert und variiert diese Vorgabe, er findet eine Erinnerung an eine Gruppe von Bekannten oder Freunden, die in einer bestimmten Situation zusammenhielt, zu der er jedoch den Kontakt verloren hat: die Gruppe aus der Raucherecke seiner Schule. Von Petersdorff leitet sein in Freien Versen geschriebenes Gedicht „Raucherecke" (zu lesen auch im *Jahrbuch der Lyrik 2005*, S. 37) mit der Frage ein: „Ihr Langen, wo seid ihr? Ich hab/nicht mal mehr eure Nummern." Die Klopstock-Anlehnung folgt in den Schlussversen: „(...)/ihr Edlen, ach,/alles war gut, als ich mit euch/sah sich röten den Tag, viertel vor acht." Eine elegante Einflechtung! Beachten Sie die rhythmische Parallele der Passagen „schimmern die Nacht" (Klopstock) mit „viertel vor acht" (von Petersdorff).

Ausgangspunkt Ihres nächsten Gedichtes könnte also folgende Passage sein: „alles war gut, als ich noch mit dir [oder: euch]/sah sich röten den Tag, ... [... steht für eine Passage, die rhythmisch mit dem Vorbild Klopstocks „schimmern die Nacht" übereinstimmt]. Erinnern Sie sich an einer Person oder Gruppe, mit der Sie (mindestens) einen Sonnenaufgang erlebten, die Sie aber aus welchen Gründen auch immer verloren haben? Machen Sie sich Notizen zu der Situation, skizzieren Sie Einzelheiten, denken Sie daran, mehrere Sinne anzusprechen (bei Dirk von Petersdorff ist es das Frieren, die Mäntel aus Stoff), vermeiden Sie sentimentale Wertungen, sondern denken Sie daran, Gefühle in der Leserin oder im Leser zu erzeugen, indem Sie den Blick auf charakteristische Einzelheiten lenken. Schreiben Sie Ihr Gedicht nicht in Klopstocks Odenton, sondern in Freien Versen. Lesen Sie mehr Lyrik aus dem 18. Jahrhundert und gehen Sie entsprechend mit anderen Gedichten vor.

Arbeitsanregung 23
Gesetze in Gemälde hinein- und wieder heraustragen

Suchen Sie sich ein Gemälde, auf dem mindestens zwei Menschen abgebildet sind, es kann eine Kunstpostkarte sein, ein Bildband, oder gehen Sie in ein Kunstmuseum. Stellen Sie sich vor, dass das Bild ein Teil einer ganz anderen Wirklichkeit ist als die, in der Sie leben. Unsere äußere Wirklichkeit ist von zahlreichen Naturgesetzen (denken Sie nur an die Schwerkraft und an die Schwierigkeit, durch eine Wand zu gehen) und (mehr oder weniger) anerkannten moralischen oder höflichen Verhaltensweisen geprägt, die uns nicht immer bewusst sind.

Notieren Sie nun fünf Gesetze, die in der Welt Ihres ausgewählten Gemäldes gelten und anhand derer deutlich wird, dass es sich um eine völlig andere Wirklichkeit handelt als die, die uns umgibt. Dies ist die Vorarbeit, die etwa in einer Schreibgruppe auch von einer anderen Person geleistet werden kann.

Im zweiten Schritt schreiben Sie ein Gedicht aus der Perspektive eines Bewohners/einer Bewohnerin Ihrer selbst erschaffenen Welt. Das lyrische Ich muss sich nicht auf dem Gemälde befinden. Erklären Sie dabei nicht die Gesetze der von Ihnen erschaffenen Welt, sondern zeigen Sie diese, machen Sie sie anschaulich, indem das lyrische Ich durch Einzelheiten wie selbstverständlich auf die Gesetze Bezug nimmt.

Arbeitsanregung 24
Blau oder farblos

Wie wird in ein Gedicht Farbe gebracht? Schreiben Sie ein Gedicht, das von einem Farbton geprägt ist. Beginnen Sie mit der Entscheidung für eine Farbe (oder vielleicht für Farblosigkeit?) und mit der Entscheidung für eine Form (vielleicht ein oder zwei Vierzeiler, fünfhebiger Jambus, Kreuzreim, oder entscheiden Sie sich für Freie Verse, sechs Zeilen und dafür, in einer Bildebene zu bleiben). Suchen Sie nach einem Schreibauslöser: Was verbinden Sie mit der ausgewählten Farbe? Suchen Sie in Ihren Erinnerungen nach einer einprägsamen Einzelheit.

Die Farbe, die am häufigsten in die Dichtung eingebracht wird, ist Blau. Wenn Sie einen ganzen Band mit „blauen" Gedichten lesen möchten, den gibt es: *Blaue Gedichte,* herausgegeben von Gabriele Sander, Reclam, Stuttgart 2001.

Arbeitsanregung 25
Groß- und Kleinschreibung, Satzzeichen

Viele Lyrikerinnen und Lyriker schreiben in ihren Gedichten auch solche Wörter, die nach den Regeln der Rechtschreibung mit großem Anfangsbuchstaben geschrieben werden, klein. Durch die Kleinschreibung wird die Hierarchie zwischen den einzelnen Wörtern abgebaut; alle Wörter stehen dann gleichwertig neben- und untereinander. Manchmal können Sie dann ein Verb nicht mehr von einem Substantiv oder Adjektiv unterscheiden, was zu verschiedenen Lesarten und Aussagegehalten führen kann.

Lyrikerinnen und Lyriker entwickeln oft eine sehr eigenwillige Art, mit Satzzeichen umzugehen. Anja Utler arbeitet zum Beispiel vor allem mit dem Gedankenstrich, dem Komma und dem Doppelpunkt. Friederike Mayröcker hat sich in einem Interview mit Siegfried J. Schmidt im März 1983 ausführlich über ihre Verwendung von Kommata (Atemtechnik, gedankliche Führung), Kapitälchen (Betonung wichtiger Wörter), Anführungszeichen (Eigenzitate), Schrägstrichen (durchlässiger als andere Satzzeichen, aber dennoch Distanz) und Kursivdrucken (akustische Hervorhebung) geäußert (veröffentlicht in dem Band: *Friederike Mayröcker,* herausgegeben von Siegfried J. Schmidt, Suhrkamp, Frankfurt am Main 1984, S. 280f.).

Ein Gedicht hat eine andere Ausstrahlung, wenn alle Wörter klein geschrieben sind und/oder wenn es keine Satzzeichen oder nur einige enthält. Sie lesen es anders, als wenn es konventionell geschrieben wäre. Auf den nicht geschulten Leser wirkt es zunächst befremdlich und irritierend. Das Schriftbild wirkt aber auch dynamischer. Achten Sie bei Ihrer Lektüre darauf.

Wählen Sie bei Ihrer Lektüre ein Gedicht aus, in dem alle Wörter klein geschrieben sind und das keine oder fast keine Satzzeichen enthält. Schreiben Sie das Gedicht so um, dass es den Regeln der Rechtschreibung entspricht. Welche Fassung gefällt Ihnen besser? Finden Sie mindestens ein Argument für Ihre Fassung und eines, das für die vorgefundene Fassung des Gedichtes spricht.

Wählen Sie eines Ihrer bisher geschriebenen Gedichte aus und versuchen Sie, es so umzuschreiben, dass alle Wörter klein geschrieben sind und dass es keine Satzzeichen mehr enthält, dass die Satzstrukturen aber trotzdem erkennbar bleiben. Schreiben Sie Ihr nächstes Gedicht von Anfang an ohne Satzzeichen und in Kleinschrift.

Arbeitsanregung 26
Immer erforderlich: die Überarbeitung

Kaum ein Gedicht gelingt in der ersten Fassung. Wer ein Gedicht überarbeitet, schlüpft von der Rolle des Autors in die Rolle des Kritikers. Sie betrachten Ihren Text nun von außen. Machen Sie sich diesen Schritt bewusst. Schlafen Sie (mindestens) eine Nacht über Ihr Gedicht. Gehen Sie einen Schritt aus dem Gedicht heraus und nehmen Sie Abstand. Betrachten Sie es mit anderen Augen. Stellen Sie sich vor, Sie würden die Verfasserin oder den Verfasser nicht kennen. Es kommt nie darauf an, was sie oder er mit dem Gedicht wollte; maßgeblich ist nur der Text.

Ist für Sie als KritikerIn Ihres eigenen Gedichtes der Schreibanlass erkennbar? Streichen Sie abstrakte Begriffe an, Verallgemeinerungen und Klischees, gestelzte Ausdrucksweisen und geschwätzige Passagen. Falls Sie mit einem Metrum arbeiten, überprüfen Sie es. Ein etwaiges Reimschema sollte nicht völlig willkürlich sein, sondern erkennbaren Gesetzen folgen.

Streichen Sie überflüssige Wörter, werfen Sie vor allem einen kritischen Blick auf alle Adjektive. Beschreibende Adjektive (die **rote** Schubkarre) können sinnvoll sein, aber auch nur, wenn das Adjektiv eine Funktion erfüllt (welche Assoziationen löst die Farbe Rot aus?). Streichen Sie wertende Adjektive (einsam, klug, traurig). Diese schreiben dem Lesenden ein Gefühl vor und verhindern, dass er eigene Gefühle entwickelt.

Überarbeiten Sie ein Gedicht nicht monatelang, man merkt dem Gedicht diese Mühe oft an. Der Grund für ein zu langes Basteln an einem Gedicht liegt oft darin, dass beim Schreiben das Gefühl für den Kern des Gedichtes fehlte. Meist hat es auch wenig Sinn, ein altes Gedicht nach Jahren zu überarbeiten. Besser ist es, ein neues Gedicht zu schreiben, in dem Sie die Thematik des alten Gedichtes auf eine andere Weise angehen.

Vergleichen Sie Ihre Gedichte in den ersten Schreibjahren nicht mit Ihren literarischen Vorbildern, sondern mit Ihren anderen Gedichten. Welche Passage aus einem früheren Gedicht hält Ihrer heutigen Erfahrung noch Stand? Welche Schreibtechniken haben Sie beflügelt, welche haben Sie gebremst?

Je länger der zeitliche Abstand zur Entstehung, um so eher werden Sie Ihre eigenen Gedichte mit anderen Augen lesen können. Mit der Zeit werden Sie lernen, nach immer kürzerer Zeit Abstand zu den eigenen Gedichten aufzubauen und Ihr eigener Kritiker zu werden.

Arbeitsanregung 27
Nur nicht stehen bleiben, am Beispiel Humor

Schreiben Sie sich Aspekte auf, an denen Sie gezielt arbeiten möchten. Vielleicht haben Sie sich vorgenommen, in Ihre Gedichte mehr Humor einzubringen. Dann achten Sie beim Lesen gezielt darauf, wie Humor erzeugt werden kann und über welchen Humor Sie auch beim vierten Lesen noch schmunzeln können. Bereiten Sie für Ihre Lyrikgruppe oder für sich selbst ein kleines Referat über Humor in der Dichtung vor. Wie unterscheidet sich der Humor etwa bei Wilhelm Busch, Ernst Jandl, Elfriede Gerstl, Norbert Hummelt, Daniel Falb und Christian Schloyer? Stellen Sie Beispiele zusammen und überlegen Sie, wie Humor erzeugt wird und welchem Humor Sie sich am nächsten fühlen.

Arbeitsanregung 28
Eine eigene Poetologie entwickeln

Notieren Sie sich immer wieder Aspekte aus verschiedenen poetologischen Ansätzen, die Sie überzeugen. Experimentieren Sie in Ihren Gedichten mit verschiedenen Schreibansätzen und seien Sie sich dessen bewusst, dass hinter jedem Schreibansatz eine Haltung zur Welt steht, die Ihnen mehr oder weniger nah ist. Machen Sie sich auch klar, welche poetologischen Ansätze Sie ablehnen und warum. Letztlich werden Sie spüren, wie Ihre poetologische Haltung eng mit Ihrer Lebenshaltung und Ihrer Persönlichkeit verknüpft ist und wie alles im Lauf der Zeit aufeinander einwirken und sich ändern kann.

Für die Entwicklung einer poetologischen Position kann auch das Gespräch mit einer Lyrikkollegin oder mit Ihrer Literaturgruppe hilfreich sein, denn Außenstehende haben oft einen unbefangeneren Blick als Sie auf Ihre Gedichte und können vielleicht die Frage, was Ihre Gedichte insgesamt auszeichnet, leichter beantworten als Sie selbst. Irgendwann sind Sie soweit, wenigstens ein paar selbst formulierte Sätze zu Ihrer lyrischen Haltung schreiben zu können. Bei Ihrer Poetologie muss es sich nicht unbedingt um einen zehnseitigen ausgefeilten Essay handeln. Beginnen Sie mit zwei, drei Sätzen in Ihrem Notizbuch und ergänzen Sie den Text gelegentlich.

10. Ist Lyrik ein Erkenntnisinstrument?
Christian Schloyer

Es ist erst wenige Jahre her, da kam breitbeinig ein Kerl auf mich zu. Toll, dachte ich, Feedback (wenn auch von einem Kerl), und setzte automatisch meinen Ja-bitte-wie-kann-ich-Ihnen-helfen-Blick auf. Es war unmittelbar nach einer kleinen Lesung – ich hatte ein Gedicht vorgetragen, das geschrieben und vor allem vorgelesen zu haben mir inzwischen peinlich ist. Ich wurde also auf diesen Text angesprochen.

Was solln des bedeuten? Wo isn da die Mässädsch?

Es ist weder so, dass ich darunter leiden würde, mich unverstanden zu fühlen, noch ist es so, dass mir die Pose (die Posse) des unverstandenen Künstlers sonderlich gut stehen, geschweige denn zustehen würde. Und doch hätte ich am liebsten IGNORANT! geschrien. Alles, was ich hätte *sagen* können, war mir in diesem Moment unerträglich pädagogisch und großkotzig vorgekommen. Er verlangte auch nach keiner Antwort – allein mir diese Frage vor den Latz zu ballern machte ihn glücklich, wie an seinem Grinsen abzulesen war. Er wollte mir offenbar nur signalisieren, dass er mich durchschaut hätte und ich früher aufstehen müsse, um einen wie ihn hinters Licht zu führen. Damit hätte die Konfrontation zwischen dem Teilnehmer einer Lesung (der jedes Recht der Welt besitzt, mit allen Vieren im Leben zu stehen) und dem Text, der ganz offenbar keine Lust zu seiner Aneignung hatte wecken können, abgeschlossen sein können.

Als ich aber einige Tage später bei strahlendem Sonnenschein einen ausgedehnten Waldspaziergang unternahm, kam ich an eine absolut perfekte Lichtung. Das Licht perlte wie ein quecksilbriges Etwas von den sattgrünen Bäumen und es sah so aus, als füllte es geradewegs einen kleinen Froschteich. Außen herum duftendes Unkraut in blühenden Farben. Ich atmete tief ein, um diese Idylle mit Tümpel und ohne Schafe mit allen Sinnen zu genießen, als ich in mir diese Stimme hörte:

Was solln des bedeuten? Wo isn da die Mässädsch?

Seitdem habe ich panische Angst davor, ich würde diese Frage nicht mehr los werden. Als könnte sie ab sofort immer in den seltenen und kostbaren Momenten des scheinbaren Ich-Verlustes auftauchen und jede Illusion zerstören, es gäbe eine Welt jenseits des Geistes und ein Einswerden mit ihr. Man stelle sich vor, mitten beim sinnlichsten und wildesten Sex ...

Und man denkt sich verzweifelt: Wie kommt es zu solchen Fragen? Muss man nicht einigermaßen wahnsinnig sein, um für das Leben oder die Kunst eine Bedeutung, eine Message zu benötigen? Liegt das an unserer Erziehung, in der wir so viel mehr Antworten bekommen, als sich uns sinnreiche Fragen stellen, und sich all diese Antworten mehr und mehr zur Sinnkrise, zur ultimativen Bedeutungsfrage verdichten – bis jemand womöglich damit anfängt, die Bibel zu lesen und wortwörtlich zu nehmen? Oder geheime Botschaften in Gedichten vermutet? Liegt das einfach an den zahlreichen schlechten Poemen, Gemälden und vermeintlichen Kunstwerken, die plappernde (bedeutungsschwere) Zeugen unseres Informationssteinzeitalters sind?

In diesem frühen Stadium der poetologischen Selbstfindung und Selbstbehauptung spüre ich, dass dieser Text nicht ohne polemischen Biss und auch nicht ohne pädagogische Note auskommen wird. Ob die kleine Einstiegsgeschichte nun erfunden war oder nicht – bei jeder Lesung habe ich zumindest das Gefühl, es *müsse* eine Begegnung wie mit dem breitbeinigen *Mässädsch*-Kerl geben. Als würde ich auf ein Stichwort warten, damit ich anfangen kann zu begreifen, warum ich eigentlich Gedichte schreibe.

❧ ❧

„Wie Sie wissen, lautet die Lieblingsfrage an Schriftsteller: Warum schreiben Sie eigentlich? (…) Ich schreibe, um das Gefühl loszuwerden, dass es irgendwo einen Ort gibt, an den ich – wie in einem Traum – niemals gelangen kann. Ich schreibe, weil ich nicht glücklich sein kann. Ich schreibe, um glücklich zu sein. (…) All dies lehrt uns, dass Schreiben und die Literatur zutiefst mit einem Mangel in unserem Innersten sowie mit Glücks- und Schuldgefühlen verbunden sind."
Orhan Pamuk: Nobelvorlesung, Die Tageszeitung, 9./10.12.2006, S. 21.

Verfasser von Gedichten sind naive Träumer, die in den schönen Schein flüchten, weil sie die Realität nicht ertragen. Vielleicht wäre das so ein Stichwort. Das wäre doch eine Aussage, die man meinem breitbeinigen Anti-Ich getrost in den Mund legen könnte. Ich versuche also, mich daran fest zu beißen. An diesem Vorwurf mag sogar etwas dran sein. Schälen wir davon den gröbsten Unsinn ab, wo liegt der wahre Kern?

Zunächst: Lyriker „flüchten" nicht, sie bleiben da, hartnäckig insistieren sie auf Anwesenheit in der Sprache. Gedichte sind stark verdichtete, kunstvolle Sprachgebilde, eigentümlich agile Korallenriffe in der Brandung gedankenlosen Redens – sie setzen dem Alltagsdenken und -sprechen etwas Ernstzunehmendes entgegen. Lyriker lassen sich nicht auf den alten Hut der Sein-oder-Schein-Diskussion ein und sind bei allem, was sie tun, durchaus so frei, sich nicht bedingungslos einem „Schönheitsprinzip" zu unterwerfen. „Träume" werden (wenn überhaupt) nur als eine von unzählbar vielen Inspirationsquellen genutzt. Dichter können es sich schon deshalb nicht leisten, einen auf Berufsträumer zu machen, weil sich poetische Sprache dadurch beweisen muss, dass sie hellwach zu sein hat. Und Lyriker sind vor allem eines nicht: „naiv".

Die „Realität ertragen" Poeten (und wohl die Mehrheit aller Künstler) in gewisser Weise tatsächlich nicht – und hier kommen wir zum wahren Kern. Sie ertragen auf gar keinen Fall die dogmatische Weltsicht so genannter Realisten. Wären sie mit der Unverrückbarkeit eines eindimensional-ökonomischen Universums einverstanden, wären sie keine Künstler. Punkt. Sie vertragen keine Menschen, die versuchen, anderen Leuten eine Sichtweise (eine Sprachregelung) überzustülpen, die nicht im

---

෧ ෨ ෧ ෨ ෧ ෨ ෧ ෨ ෧ ෨ ෧ ෨ ෧ ෨ ෧ ෨ ෧ ෨ ෧ ෨

„(...), so sind diesmal doch einige auffallende neue Stimmen zu entdecken: Autorinnen und Autoren, die erkennen lassen, daß sie sich auskennen bei den Riesen, auf deren Schultern sie stehen. Als hätte sich auch bei den ganz jungen Einsendern herumgesprochen, daß sich ein Gedicht und alle Arten „Messitsch" nicht vertragen, einander ruinieren, aus feindlichen Lagern sind."
Christoph Buchwald, in: Christoph Buchwald, Michael Krüger (Hrsg.): Jahrbuch der Lyrik 2004, C. H. Beck, München 2003, S. 150.

Sinne der solcherweise „Missionierten" ist, sondern zu deren Nachteil. Denn es gibt einen bedeutenden Unterschied zwischen der angeblichen Naivität, die den Dichtern unterstellt wird, und der tatsächlichen Naivität des Realismus. Eine in „unveränderliche Realität" und „weltverbesserischen Idealismus" unterscheidende Weltsicht ist nämlich alles andere als liebenswert und verschroben, sondern anmaßend und dreist, nicht selten sogar grob fahrlässig bis gefährlich.

Verantwortung kann nur tragen, wer bereit ist (in einem bestimmten Sinne), irreal oder idealistisch zu denken und zu handeln. Der „normale" (verantwortungslos realitätshörige) Gebrauch von Sprache trägt Schuld daran, dass so viele Menschen an unveränderliche „Gegebenheiten" zu glauben bereit sind. Sie ahnen vielleicht nicht, wie viel Macht sie allein dadurch besitzen, dass sie sprechen: In der Sprache wird permanent verhandelt, was Realität ist und was nicht. Nur leider führt uns die Sprache aufs Glatteis, weil sie uns gerne glauben lässt, dass sie ein bloßes Transportmittel für Information ist und daran, wie die Dinge „wirklich" sind, nichts ändern kann. Das ist ein Irrtum. Denn es gibt keine von der Sprache unabhängige Wirklichkeit, in der Dinge so oder so sein könnten! Wo sollten diese Dinge sein? Wie ließen sie sich anders ausfindig machen, als durch ihr Benennen?

Für mich hat Lyrik mit einem irrealen oder idealistischen Sprachverständnis zu tun – mit einem Einsehen in die Mächtigkeit von Sprache, das nicht mit dem solipsistischen Quatsch verwechselt werden darf, wonach man als einzelner nur „die Dinge anders sehen" muss, um die Welt aus den Angeln zu heben. Es geht mir im Folgenden auch weniger um einen politischen Idealismus à la „Eine andere Welt ist möglich!" – wovon ich sprechen werde, ist ein (mit der Globalisierungskritik durchaus verwandter, aber viel grundlegenderer) ästhetischer und sprachkritischer Ansatz, dem man vielleicht das Motto „Eine andere Sprache ist möglich!" zur Seite stellen könnte.

Was aber heißt „verantwortungsvoller Sprachgebrauch" – und was bedeutet das im Hinblick auf die Frage, was gute oder weniger gute Lyrik ausmacht? Ich werde Überzeugungsarbeit darin leisten müssen, dass Sprach-Verantwortung kein dröges moralisches, sondern zunächst ein ästhetisches Prinzip ist. Oder besser gesagt: Der Umgang mit Sprache, wie er durch die Lyrik vorbildlich zu geschehen hat, kann nur dann einer im weitesten Sinne moralischen Verantwortungsdimension gerecht werden, wenn er sich um ein solches Anliegen nicht schert, sondern allein das ästhetische Prinzip des absichtslosen Sprechens ernst nimmt. Das mag oberflächlich betrachtet wie ein Widerspruch aussehen: Warum darf sich ein Text nicht um etwas wie Moral scheren, wenn er doch verantwortungsvoll (im Gebrauch von Sprache) sein soll? Zur Erläuterung möchte ich einen Ausgangspunkt schaffen. Ich formuliere eine Mindestforderung an die Lyrik:

Ein Künstler muss sich, will er ernst genommen sein und seine Arbeiten zu einem Gelingen führen, in herausragender Weise mit dem Material auskennen, das er für seine Kunstwerke benutzt, sei es Farbe, Stein, Holz, Licht, Bytes und Bits, Klang oder wie in unserem Fall: die Sprache. Lyrik ist zuallererst Kunst an und mit der Sprache – und nicht etwa Gefühlsmedium eines unhinterfragten Ichs, bloße Seelenmalerei. Das emotionale Anliegen ist ganz sicher nicht Material eines (gelungenen) Gedichtes, sondern eine durch Distanzierung zu beherrschende, durch und durch notwendige Motivation zu seiner Entstehung (diese Motivation werde ich später unter dem Begriff „Notwendigkeit" genauer zu fassen versuchen).

Wenn nicht schon diese, so sind jedenfalls weitreichendere allgemeine Forderungen schwierig. Man ist inzwischen zu Recht sehr vorsichtig geworden mit normativen Aussagen darüber, wie ein Gedicht aussehen soll. Nur hat all die Vorsicht dazu geführt, dass sich sehr viele poetologische Stellungnahmen in geistreichen und unterhaltsamen Details verlieren, in ihrem postmodern-ironischen Umschiffen von harten Positionen aber nicht überzeugen können. Daher ist es besonders erfreulich, wenn wieder Haltungen formuliert werden, die um einen kleinsten gemeinsamen poetischen Nenner ringen: Was muss mindestens erfüllt sein, dass man bei einem Textkörper von einem (gelungenen) Gedicht reden kann, jenseits von Gebrauchs- und

Poesiealbumslyrik? Ich möchte auf einen sehr behutsamen und überaus sympathischen Versuch aufmerksam machen, der meiner Meinung nach ein solches „Nennerfinden" tatsächlich jüngst zu einem Ergebnis gebracht hat. Mit zunehmender Begeisterung habe ich neulich in der *BELLA triste* Nr. 17 einen poetologischen Aufsatz von Ulf Stolterfoht gelesen: „Noch einmal: Über Avantgarde und experimentelle Lyrik". Es spricht für den Text und seinen Verfasser, dass sich der Kerngedanke recht gut zusammenfassen lässt.

Stolterfoht bricht hier eine Lanze für „experimentelle" Lyrik, fasst das aber sehr weit und von jedem Methodenzwang befreit: „Wenn im Folgenden von ‚experimenteller Lyrik' die Rede ist, dann sind damit Texte gemeint, deren Aussage (falls vorhanden) nicht schon vor Beginn des Schreibprozesses feststeht, die also nicht ein vorgegebenes Bedeutungsziel ansteuern oder dieses womöglich entsprechend illustrieren." In diesem Zusammenhang ist auch von „Freiheit" als „Absichtsfreiheit" die Rede. Unter „experimentell" soll also keine Festlegung auf ein „regel- oder klanggeleitet, permutativ, kombinatorisch (...)" oder sprach- und sinnzertrümmernd verfahrendes Vorgehen verstanden werden, sondern allein das Ausschlusskriterium, dass es sich bei lyrischen Texten mit experimentellem Anspruch nicht um bedeutungsgeleitete Texte handeln kann (und noch viel weniger um bloße Gebrauchstexte). Ich interpretiere dies so, dass folglich alles außen vor bleiben muss, was von vornherein eine Botschaft transportieren will (wie es bei schlechten Liebesgedichten der Fall ist), eine „Message" (wie bei beinahe ausnahmslos allen hitparadennahen Songtexten, die ja in „lyrischer Hinsicht" komplett scheitern) oder gar eine Lehre bzw. Spruchweisheit (wie es in der Gedankenlyrik oft in unerträglicher Weise praktiziert wird), aber auch poetisch verbrämte politische und gesellschaftskritische Texte, die auf ihre Kritikfunktion hin konzipiert sind, genauso wie solche Poeme, die lediglich dazu dienen, einen assoziativen „Gefühlsreport" des Dichters zu liefern oder Erinnerungen metrisch geformt festzuhalten. Texte, die sich einem anderem Anliegen unterwerfen als dem ihres Gelingens in der Sprache, sind nicht die Art von Gedichten, die

Stolterfoht auszeichnen will: Ihm geht es um Lyrik, die einen Beitrag dazu leistet, nicht *irgendetwas* (anderes) zu verstehen, sondern „das Verstehen ein bisschen besser zu verstehen" (was das zunächst auch immer heißen mag). Ich deute seine poetologische Position etwas unbarmherziger so, dass damit gesagt sein könnte, dass oben aufgezählte Textsorten nicht nur ganz sicher nicht experimentell seien, sondern in einem strengeren Sinne auch eigentlich keine (zumindest keine interessante) Lyrik. Dem stimme ich entschieden zu.

Gute Gedichte sind also Texte, die Sinn machen, ohne auf eine Bedeutung abzuzielen – vielleicht so wie das Leben selbst, dessen oftmals vermisste „tiefere Bedeutung" für immer verborgen oder nicht vorhanden ist, mit dem wir aber dennoch etwas anfangen können sollten. Der Bedeutungsverzicht ist dabei aber nicht als modisches und zeitgemäßes Diktat an die Lyrik zu verstehen, sondern als eine (nicht ganz neue) Einsicht in die Leistungsfähigkeit der Sprache – und ihre Grenzen. Eine Einsicht, die wir kennen müssen und hinter die wir nicht einfach wieder zurückfallen können. Anders formuliert: Der Lyriker, der sein Arbeitsmaterial Sprache wirklich kennt, weiß, dass Sprache nicht als Träger einer außersprachlichen Bedeutung fungieren kann. Er weiß, dass alle Gegenstände, die in der Sprache benannt sind, sprachliche Gegenstände sind – und keine darüber hinaus materiellen, mystischen oder subjektiv-emotionalen Dinge einer Außen- oder Innenwelt. Was hier niemandem abgesprochen werden soll, ist die quasi-spirituelle Sehnsucht nach einer außersprachlichen Bedeutung und die emotionale Gewissheit, dass es Dinge jenseits der Sprache geben *muss*. Allein die Sprache (und damit die Erkenntnisfähigkeit, denn nichtsprachliche Erkenntnis ist schlicht und einfach nicht denkbar) kann eine solche Sehnsucht nicht erfüllen – vor allem nicht dadurch, dass sie irgendetwas oder jemanden benennt. Aber warum ist das so? Ist das nicht auch nur ein Dogma?

Als Gelegenheits-Sonntagsspaziergänger auf den Feldern und Wegen der Naturwissenschaft frage ich mich manchmal: Kann man heute eigentlich noch anders als zu glauben, dass man alles auf Materie- und letztlich Energiezustände zurückführen kann? Dieses Reduktionsprinzip auf Basis der dafür zweckmäßig eingerichteten Naturgesetze und ein bisschen Evolutionstheorie, mehr braucht es nicht, um alles Lebende und alles Unbelebte restlos erklären zu können: Wie kommt etwas zustande, woher kommt es, wohin geht es – und warum? Und warum sollte dieses Kunststück ausgerechnet beim menschlichen Gehirn aufhören? Schließlich können auch Computer ihr Speicherabbild auf Festplatte schreiben. Was sollte unser Bewusstsein davon abhalten, etwas Ähnliches mit sich selbst zu tun?

Das Nervenzentrum ist eine graue Masse – wenn wir beim Kartographieren seiner Abermilliarden hochkomplexen Verschaltungen auch erst ganz am Anfang stehen, so spricht doch nichts grundsätzlich dagegen, davon überzeugt zu sein, dass seine Funktionsweise eines Tages weitgehend entschlüsselt sein wird. Und dann, so scheint es, ist auch die (neben den Problemen der Quantenphysik) letzte große Nuss geknackt: das menschliche Bewusstsein. Hat sich endlich selbst erklärt (und potenziell überflüssig gemacht). Nachdem schon lange niemand mehr an eine Seelensubstanz glauben mag, geht es zuletzt auch dem (kartesianischen) Geist an den Kragen: Der so genannte Dualismus zwischen Geist/Bewusstsein einerseits und Welt/Materie andererseits bekommt dann endlich seinen allerletzten Todesstoß (oder einen schlauen Aufkleber: „philosophisches Scheinproblem").

Undenkbar die Konsequenzen! Vermutlich wird sich im Moment dieser Erkenntnis endlich alles (zumindest das Bewusstsein!) mit einem kaum überhörbaren inneren „Wusch!" in Wohlgefallen auflösen – mit einer solchen Erkenntnis wäre (anders als mit Monty Pythons tödlichem Witz) wohl nicht zu spaßen. Wenn das kein Betätigungsfeld für die Lyrik ist! Gedichte hätten dann nur noch die Aufgabe, dem großen Assoziationsmuskel Gehirn beim Klicken und Klacken zuzuhören und das neuronale Feuerwerk möglichst unverfälscht (aber geistreich!) zu Papier zu bringen. Solange das noch geht. So kommt auch Durs Grünbein in seinem Aufsatz „Mein babylonisches Hirn" (in: Walter Höllerer: *Theorie der modernen Lyrik. Dokumente der Poetik* Band II, S. 948 ff.) zu dem Kurzschluss: „Denn das Gedicht führt das Denken in einer Folge physiologischer Kurzschlüsse vor." Spätestens hier ist der von mir befürchtete totale Bewusstseinsverlust bereits poetologisch einzementiert. Bleibt ja zum Glück noch das intertextuelle Spiel des Postmodernismus oder der Rückfall in die Klassik.

Dies war der polemische Versuch, ein Mainstream-Weltbild auf den Punkt zu bringen, gegen das sich alles in mir sträubt. Und gegen das sich vor allem die Sprache selbst sträubt und zu sträuben hat, die poetische Sprache sowieso; hier wird verantwortungslos mit Sprache umgegangen. Um nicht missverstanden zu sein: Ich sperre mich nicht gegen die Deutungshoheit der Wissenschaft zu den Fragen der Existenz. Um Himmels Willen bloß keinen Spaltbreit die Türe öffnen für esoterische Beliebigkeit oder den christlich-kreationistischen Unsinn. Ein Gedicht zu schreiben, dem man ein „intelligentes Design" nachsagen kann, ist für einen Lyriker sicher erstrebenswert. Unserem Erkenntnisfortschritt „über die Welt und das, was real ist" dient das Wörtlichnehmen der biblischen Schöpfungsgeschichte sicherlich nicht. Zur Wissenschaft gibt es keine Alternative, denn es ist das mit Abstand leistungsfähigste (weil am wenigsten dogmatische) Erklärungssystem, das überhaupt menschenmöglich ist. Wenn man aber nun das Erklären bereitwillig der Wissenschaft überlässt – wo stehen dann Religion und Kunst, in unserem Falle die Lyrik als Sprachkunst? Wenn sie nichts zu erklären hat, welche *Erkenntnisfunktion* hat sie dann? Welche *Bedeutung* hat das Gedicht?

Ich glaube, dass Lyrik einen ganz erheblichen *Sinn* macht. Und das tut sie automatisch, sie ist nicht Vollstreckungsapparatur eines Anliegens, sondern unabhängig von ihrer konkreten Umsetzung im gelungenen Fall immer auch (um eine Wendung aus dem Aufsatz Stolterfohts in abgewandelter Form zu gebrauchen) Versuch der Sprache, sich selbst zu verstehen. Auch die Wissenschaft basiert auf dem Prinzip sprachlicher Verhandelbarkeit – „Realität" ist in einer aufgeklärt wissenschaftlichen Hinsicht also nicht das, was von Natur oder Gott gegeben, sondern alles, was sprachlich verhandelbar ist und sich dabei bestimmten wissenschaftlich-fachspezifischen Diskursregeln beugt. „Realität" oder „Welt" reicht in keinem Fall über unsere Erkenntnisräume hinaus. Und unsere Erkenntnisräume bzw. logischen Begründungsräume sind Teil unserer gesamtsprachlichen Matrix. So gilt für die lyrische Sprache nicht weniger als für die alles Erklärbare verhandelnde (und darin höchst leistungsfähige) Sprache der Wissenschaft: Sprache kann unsere Bedeutungssehnsucht nicht ausfüllen.

Unser gesamtes wissenschaftliches Weltbild basiert auf Theorien – welche wiederum hochkomplexe und dynamische Sprachsysteme sind. Und das ist ein Punkt, der nicht zuletzt von Neurowissenschaftlern gerne vergessen zu werden scheint: Es ist eben nicht so, dass Sprache Ergebnis von (nach neurowissenschaftlichen Theorien formulierbaren) Gehirnprozessen wäre. Im Gegenteil: Neurowissenschaftliche Theorien sind Teil übergeordneter sprachlicher Prozesse. Sprache agiert also „basal" und konstituierend in Bezug auf unsere Gehirne (die selbst zunächst sprachlich verfasste „Dinge" sind). Der springende Punkt dabei ist folgender: Unser Bewusstsein ist keine höhere Gehirnfunktion. Bewusstsein ist ein kulturelles Produkt. Es ist Teil der Sprache. Es ist schon da, bevor ein einzelnes Subjekt das Licht der Welt erblickt und sich aufmacht, eine individuelle Ausprägung dieses Gesamtbewusstseins zu werden.

Jetzt gewinnt Kontur, was mit der Forderung an die Lyrik gemeint sein kann, sie solle dazu beitragen, „das Verstehen zu verstehen". Etwas präzisiert heißt das ja nichts anderes als „ein

Nachdenken der Sprache über sich selbst" mit dem Ergebnis, dass sich im (gelungenen, d. h. im Stolterfoht'schen Sinne „experimentellen") Gedicht die Sprache selbst zu verstehen beginnt. Eine Erläuterung, was mit diesem Selbstverstehen eigentlich gemeint sein könnte, bleibt Stolterfoht in seinem Aufsatz schuldig – diese Redeweise steht einfach da, reizvoll wie ein erratischer Monolith mitten in einer ansonsten sehr nachvollziehbaren Argumentation. Einerseits scheint mir das Schweigen über den Sinn einer solchen Wendung ein absichtsvolles zu sein: Hier soll das einzelne Gedicht ansetzen zu sprechen und durch Einlösen der Forderung in seiner ganz eigenen Weise beantworten, was hier eigentlich gefordert wird. Trotzdem verführt Stolterfoht natürlich dazu, auch an einem explizit poetologischen Deutungsversuch weiter zu denken. Das möchte ich im Folgenden versuchen.

Ohne die rätselhafte Wendung sogleich mit einem Erklärungsversuch „entpoetisieren" zu wollen, möchte ich der Stolterfoht'schen Idee einen – wie ich meine – hochinteressanten Impuls aus der Philosophie des Idealismus geben. Sprache, die sich selbst versteht: das könnte ein sprachlich verfasstes (individuelles) Bewusstsein meinen. Ein Bewusstsein, das Sprache – und damit sich selbst (und die Welt) – begreift, indem es mit Sprache umgeht. Es setzt sich mit Sprache auseinander und es setzt (erschafft) sich dadurch selbst: das „Ich" als Ergebnis eines durch Sprache gestifteten Bewusstwerdungsprozesses. Weniger mit dem Philosophen Fichte gesprochen: Sprache ist immer schon vor uns da, sie ist das menschliche Kollektivbewusstsein, in dem sich das individuelle Bewusstsein erst ausprägt – und zwar im gleichen Maß, wie es sich Sprache aneignet.

Dass sich ein solcher Prozess vielleicht eines Tages neuronal irgendwie nachweisen lässt, ist für meine Argumentation geschenkt – denn dieser Nachweis macht den Prozess als solchen nicht begreiflich, verortet ihn nicht einmal vollständig. Unser Bewusstsein als sprachliches Phänomen ist davor gefeit, eines Tages als rein biologisch-materielles „Ding" aufwachen zu müssen. Dies allerdings zu dem Preis, sich keine Welt außerhalb der Sprache aneignen zu können: Sofern das Material, aus dem

Bewusstsein besteht, die *Sprache* ist (und nicht das neuronale Zellgewebe), kann unser Bewusstsein auch nur mit sprachlichen „Dingen" interagieren. Das Sehnen nach einer „sprachlosen Außenwelt", die sich uns (wie auch immer) direkt verständlich machen, d. h. einen (womöglich auch noch „unverfälschten") *Zugang* in die Sprache finden könnte – eine solche „tiefere Bedeutungssehnsucht" muss unerfüllt bleiben.

Und mit dieser Unerfüllbarkeit soll man sich zufrieden geben? Wo bliebe da die lebensweltliche Gewissheit, dass es Dinge *gibt,* die wir nicht sagen können – so vor allem in Ausnahmezuständen von Liebe, Angst und Verlust? Wo blieben Emotion, Irrationalität, das Absurde, die Ekstase in ihrer sprachlosen Unmittelbarkeit? Nun, es wäre nicht mehr als recht und billig (soll heißen: intellektuell redlich und notwendig) würde man die vermeintliche Sackgasse, in die uns unsere Ratio hier getrieben hat, auch akzeptieren. Haben wir mit der Uneinlösbarkeit „tieferer Bedeutung" aber automatisch die Unmöglichkeit eines emotionalen und lebensweltlichen Gehalts akzeptiert? Das wäre zugegebenermaßen äußerst ernüchternd, vor allem für die Lyrik. Was bliebe ihr dann, als im luftleeren Raum zu rotieren, was wäre sie dann anderes, als bloßes Sprachspiel ohne lebensweltlichen Bezug? Was kann ein Gedicht dann noch leisten? Welche Art Erkenntnis bliebe der Poesie im Schatten einer übermächtigen Wissenschaft, die ihrerseits ja (richtig verstanden) ungeachtet ihrer Begrenzung auf sprachliche Erkenntnisgegenstände unermüdlich Wissen produzieren kann? Oder ist das Gedicht letztlich gar kein Erkenntnisinstrument?

An dieser Stelle möchte ich auf einen Kommentar Steffen Popps eingehen (*BELLA triste* Nr. 18), der sich u. a. auf den Aufsatz von Ulf Stolterfoht bezieht. Popp formuliert in dem mit „Poesie als Lebensform" betitelten Text Impulse zu einem Gegenprogramm und lehnt eine erkenntnis*kritische* Einengung der Lyrik entschieden ab. Für ihn sind Gedichte offenbar doch Träger von Botschaften: „Sprache wird als Transmitter nichtsprachlicher (kognitiver, emotiver etc.) Leistungen verwendet." Zwar entzögen sich anspruchsvolle Gedichte „der Statik eines in zu hohem Maße kanalisierten Bedeutens" und werden durchaus als „anspruchsvolle Kompositionsgrundlage" für den Leser verstanden, der den Text rezipieren müsse, indem er ihn „erneut und in gewissem Sinne eigentlich" erschaffe. Doch stellt Popp auch unmissverständlich klar, dass für ihn Sprache einen „parasitären Aspekt in ihrem Verhältnis zu der sie fundierenden Welt" habe und dass „das ganze Sprachding nur eine bestimmte Leistung unserer, sagen wir ‚höheren Hirnfunktion' darstellt". Hier wird Sprache abermals in die Bewusstlosigkeit getrieben und zu reinem Geklicker und Geklacker materieller Biomaschinen degradiert.

Und doch kann ich nur allzu gut verstehen und nachvollziehen, wie es zu diesem Rückfall in die vorkritische Philosophie kommen kann. In einem auszugsweise zitierten Brief an Stolterfoht schreibt Popp: „Nie ist es mir eigentlich darum gegangen, das Gedicht zu verfassen, immer nur darum, das Gedicht zu verlassen, in Richtung auf ein größer-schöner-tiefer angelegtes Ding (...)" – da kann man doch eigentlich nur nicken und ganz laut „Ja!" rufen, denn das *ist* die Sehnsucht nach Bedeutung, der wir niemals entkommen. Und es wäre auch alles andere als erstrebenswert, ihr entkommen zu wollen, wo doch die scheinbar einzige Alternative, nämlich „Gedichte, die ihr Heil in einer wie auch immer angelegten Analyse der Sprache suchen, auf unerträgliche Art fleischlos, tot" wirken würden.

Allerdings denke ich, dass Popp hier etwas missversteht: Es geht (vor allem Stolterfoht) ganz sicher nicht um bloße Sprachanalytik. Sprache, die sich selbst zu verstehen beginnt – das meint nicht die akademische Arbeit eines Sprachphilosophen oder Linguisten, der Sprache anhand irgendwelcher Theorien zerpflückt (nichts anderes tue ich ja hier). Gemeint ist ein Bewusstseinsprozess – und zwar der, der den bewussten Akt der Gedichtproduktion ausmacht (sowohl beim Schreiben als auch beim Lesen von lyrischen Texten). Voraussetzung dafür ist das ehrliche Eingeständnis, dass auch ein poetisches Sprechen nicht den Rahmen und die Gesetzlichkeit von Sprache und Bewusstsein verlassen kann. Unbestritten: es kann so tun als ob. Und in diesem „tun als ob" fängt Poesie genau genommen erst an!

Deshalb verbietet sich jede Redeweise, die nahe legt, dass sich das Bewusstsein (individuell oder kollektiv) auf „phänomenologischer Entdeckerfahrt" befindet – und sich mit einem sprachlichen „Set an Werkzeugen" zur „Weltaneignung" Zugang zu sprachunabhängigen Erkenntnisgegenständen verschaffen kann, die irgendwo „ästhetisch als auch diskursiv unerschlossen herumliegen" (Zitate: Steffen Popp). Erkenntnis ist und bleibt ein rein sprachimmanenter Prozess – und ist auch nicht per se Aufgabe der Lyrik.

Dass es eine fortwährende Zunahme von Erkenntnis gibt, ist gewissermaßen eine „autistische" Leistung der Sprache selbst. In welcher Weise eine mögliche Außenwelt auf unser sprachlich verfasstes Bewusstsein einwirkt, wissen wir nicht. Wir wissen auch nicht, wie viel wir von einer solchen Welt (wenn überhaupt) schon erschlossen haben und ob da draußen überhaupt etwas herumliegt, was man erschließen könnte. Es mag meinetwegen sinnvoll sein, eine nichtsprachliche Außenwelt anzunehmen und das Abzielen der Sprache auf außersprachliche Bedeutung als einen für die Sprache wichtigen Wesenszug zu akzeptieren. Aber auch diese Annahme trägt uns nicht über die Grenzen unserer Welt hinaus, welche die Grenzen unserer Sprache sind (Wittgenstein).

Die Eigenmacht der Sprache am eigenen Leib zu erfahren, mag beunruhigend sein, weil das eine vermeintliche Alltagsgewissheit plötzlich auf den Kopf stellt: die jedem Wort notwendig anhaftende Illusion, dass wir es sind, die über unser Sprechen verfügen – und nicht umgekehrt. Es gibt nichts Erschreckenderes als das Gefühl, die Kontrolle über das eigene Denken zu verlieren. Wenn es nicht wir sind, die in uns sprechen, die mithilfe der Sprache Realität generieren – dann drängt sich eine Frage auf: Wer ist es dann? Wir können nur schwer davon ablassen, eine unabhängige, personale Instanz als Ursache jeden Sprechens zu sehen. Je enger wir den Zusammenhang zwischen Sprache und Bewusstsein vermuten, desto befremdlicher und unheimlicher wird das. Man könnte meinen, jemand oder etwas bespricht uns, als wäre unser Bewusstsein ein Tonband, das sich in uns abspult, ohne dass wir es aufgenommen hätten.

Sprache schwebt aber nicht im luftleeren Raum, sie ist kein Gespenst, und auch kein göttliches Überwesen. Sie benötigt ihrerseits das Individuum als Kondensationspunkt. Das Bewusstsein des Einzelnen erschafft (und daher ist der Tonbandvergleich unzutreffend) im gleichen Moment Sprache, wo es durch Sprache erschaffen wird. Es geschieht keine Fremdsteuerung des Bewusstseins durch Sprache, weil wir (unsere Bewusstseine) schon immer Sprache sind und schon immer auf Sprache zurückwirken. Sprache ist, auch wenn sie so empfunden werden kann, kein äußerer Fremdkörper. Sie ist eins mit uns. Nur so ergibt auch die Rede vom Kollektivbewusstsein Sinn. Mit etwas Suggestion lässt sich aber ein Keil zwischen Sprache und Bewusstsein treiben, denn wir sind empfänglich für Irrationalität. Dieser tendenziell schizophrene Moment lässt sich zur Installation von Geistern und Göttern ebenso ausnutzen wie für die Idee, unser Bewusstsein wäre mit unserem Gehirn gleichzusetzen. Man kann diesen aber auch in der Kunst fruchtbar werden lassen, nicht zuletzt in der sprachlichsten aller Künste: der Poesie. Nach diesem Raubzug durch meine universitär geprägten Rumpel- und Restekammern der Sprachphilosophie und Erkenntnistheorie zurück zur Lyrik.

Alltagssprache funktioniert freilich auch einfach so, ohne erkenntnistheoretisches Wissen. Poesie aber muss dieses Problemfeld auf irgendeine Weise (und sei es intuitiv!) erfasst und für sich gelöst haben, um heute noch bestehen zu können. Sie befindet sich dabei im Spannungsfeld aus Bedeutungssehnsucht und der Unmöglichkeit der Sprache, „echte" (außersprachliche) Gegenstände erfassende) Bedeutung herzustellen (sei es z. B. „die Natur", „die Gesellschaft" oder „die Liebe"). Poesie darf sich weder der Sehnsucht, noch der Unmöglichkeit ihrer Erfüllung verschließen und muss in dieser Sache überraschend, mutig und höchst wandlungsfähig sein.

Mir geht es darum, den vermeintlichen Widerspruch zwischen dem erkenntnistheoretischen Fakt der „tieferen Bedeutungslosigkeit" von Sprache einerseits und der Forderung nach einem „tieferen" emotionalen und lebensweltlichen Gehalt in Gedichten andererseits aufzulösen. Es ist schlicht so, dass die „größer-schöner-tiefer angelegten Dinge" (wie alles andere auch) erst im Moment ihrer Versprachlichung zu existieren beginnen. Es gibt (für uns) keinen Zustand der Dinge, der vorsprachlich wäre. Sehr wohl aber existieren sprachliche Dinge, die als Eindrücke und Ahnungen am Rande unserer Sprache auftreten können, indem wir uns eines Modus' des uneigentlichen Sprechens bedienen: Wir sprechen, als wären die Dinge schon da, bevor man über sie spricht. Eingedenk der Vergeblichkeit eines Als-ob-Verfahrens ist seine Anwendung in der Lyrik erlaubt – solange wir *wissen,* dass wir uns damit etwas vormachen. Ein solches Verfahren kann höchst poetisch sein, es ist sogar originär poetisch. Man darf nur niemanden darüber täuschen (am allerwenigsten sich selbst), dass dieses Sprechen ein uneigentliches ist: Poesie.

Natürlich spricht in einem Gedicht der Autor, doch tritt er als Teil eines übergeordneten Ganzen auf, als individuelle Schwingung im Kollektivbewusstsein Sprache. Besser gesagt: umgekehrt! Ein in poetische Schwingung versetzter Teil des Kollektivbewusstseins erzeugt in uns (dem Leser, gemeint ist hier zugleich immer auch der Hörer eines Gedichtvortrags) das Bild eines Autors und eines persönlichen Anliegens – und dieses Bild zu erzeugen muss Lyrik unbedingt fähig sein (alles andere wäre eine Impotenzerklärung).

Es muss nur jedem klar sein (dem Leser wie dem Autor), dass dieses Anliegen nicht *ein* Anliegen ist, sondern ein multiperspektivisches in der vieldeutigen Begegnung der Sprache des Gedichtes mit jedem einzelnen Leser und Hörer. So ist es auch kein Anliegen, das *zur* Sprache gebracht wäre, sondern eines, das sich in der Sprache selbst generiert: einmal auf der Seite des Autors beim Erschaffungsprozess und dann gleich mehrfach beim „Nachspüren" der sprachlichen Schwingung durch die Leser und Hörer. Gedichte, die bezüglich ihrer Elternschaft (Autor als Teil der Sprache und Leser als Teil der Sprache) naiv sind, indem sie ein vereinfachtes Sender-Empfänger-Modell zugrunde legen (der Autor als autonome Person spricht, der Leser/Hörer als autonome Person versteht), verkehren ein dichterisches Anliegen zur Botschaft bzw. zur platten Message.

Genauso gilt aber, dass Gedichte, denen (in der Leserwahrnehmung) ein persönliches Anliegen seitens des Autors fehlt, wie unmotivierte Spielerei wirken. Das Aufstellen und Verfolgen von Sprachspielregeln, das intelligente Zitat, Zurschaustellung lexikalischen Wissens, die Demonstration von Sprachzertrümmerung oder dergleichen – das genügt bei weitem nicht. Allein damit schafft es der Text nicht, in der Sprache als individueller Ausdruck sichtbar und lebendig zu werden. Das hat zur Folge, dass der Leser keine Notwendigkeit spürt, sich mit dem Gedicht zu befassen, sich dessen Sprache anzueignen. Aus welchem Grund sollte ein Autor, der sich in einem konfliktfreien Raum bewegt, auch die ehrliche Dringlichkeit verspüren, sich selbst schreibend einem Gedicht auszuliefern? Wie sollen Zeilen, die bar jeder Dringlichkeit entstanden sind, den Leser oder Zuhörer davon überzeugen, dass es einen Grund geben könnte, hier Energie für den Aneignungsprozess von Sprache aufzuwenden? Sprache, die sich ihrer Aneignung verweigert, ist totes Material – und unterscheidet sich damit trotz des intellektuellen Aufwands, der hinter der Erzeugung eines nicht-notwendigen Gedichtes stecken kann, kaum von der Alltagssprache, die ja nur gedankenlos vor sich hin plappert. Ohne Notwendigkeit ist eben auch ein sprachkritisch-aufgeklärtes oder postmodern-verspieltes Gedicht von vornherein todgeweiht.

Dass Gedichte den Innenraum der Sprache nicht verlassen können, heißt nicht, dass zeitgenössische Lyrik nichts zu sagen hätte. Im Gegenteil. Anliegen, Notwendigkeit, Daseinsberechtigung – bezogen auf Poesie sind diese Begriffe für mich untrennbar miteinander verbunden. Und ein solches Anliegen schließt immer den brennenden Wunsch mit ein, die Grenzen der Sprache zu sprengen und etwas dahinter zu finden. Ohne Bedeutungssehnsucht keine Notwendigkeit. So hat Poesie also unverkennbar mit dem Operieren an einem unheilbaren Widerspruch zu tun. Ein gelungenes Gedicht bringt beide Aspekte – Unmöglichkeit von Bedeutung und Sehnsucht nach Bedeutung – zusammen und auf den Punkt. Die Vergeblichkeit dieses Bemühens ist sein poetischer Ertrag! Und das in einer Weise, die durchaus etwas mit dem romantischen Ironieverständnis zu tun hat – wenn auch nichts mit dem romantischen Gedanken des Fragments. Denn es geht nicht um das naiv-realistische Problem, dass man „die Welt" niemals ganz erschließen könne, weil unsere Mittel dazu immer irgendwie ungenügend seien. Es geht vielmehr darum, dass das, was durch Wissenschaft, Religion oder Kunst „erschlossen" ist, immer zugleich alles ist, was es gibt – weil unabhängig davon nichts existiert. Sprache ist eben kein Erkundungsmittel von Wirklichkeit, sondern deren Schöpferin. Dass unser alltäglicher Umgang mit Sprache alles tut, um eben dies zu verschleiern, ist intellektuell ein Skandal, der in der Lyrik keine Fortsetzung finden darf.

Die Folge dieses Skandals ist, dass sich in unserer Sprache gewisse Glaubenssätze verfestigen – derzeit der der Ökonomie als neues Gottesgnadentum – und nicht mehr in Frage gestellt werden. Aber auch eine Verarmung der Sprache aufgrund ihrer Nutzen- und Bedeutungsorientierung ist Teil dieses Problems. Zur Erinnerung: Verarmung der Sprache = Degeneration menschlichen Bewusstseins. Ist die Lyrik bezüglich dieses Problems aber ein Erkenntnismittel? *Wissenschaftliche* Erkenntnis basiert (in ihrer unaufgeklärten Form) auf der Idee, es gäbe außersprachliche Gegenstände, die sich der Sprache und damit dem Bewusstsein geordnet, logisch und folgerichtig einverleiben lassen. Dieses methodisch-empirische Einverleiben dient dem Erkenntnisfortschritt. Stellen wir das richtig: Bewusstsein dient aber nicht der Erkenntnis, sondern Erkenntnis hat der Erweiterung des Bewusstseinshorizonts zu dienen. Während Erkenntnis auf vermeintlich sprachunabhängige Gegenstände zielt, setzt Poesie im gelungenen Fall unumwunden an der Sprache selbst an und betreibt somit die direkteste Form von Bewusstseinserweiterung. Lyrik ist somit zumindest kein Erkenntnisinstrument im hergebrachten Sinn, sondern eine bewusstseinsregenerierende und -erweiternde geistige Substanz. Sie ist ein sprachliches Beunruhigungs- und Heilmittel.

Christian Schloyer: Geboren 1976 in Erlangen, lebt als freier Schriftsteller und Texter mit Familie in Nürnberg. Studium der

Philosophie, Germanistik, Theater- und Medienwissenschaften in Erlangen. Initiator und Mitbegründer der Autorengruppe und Schreibwerkstatt *Wortwerk* (www.wortwerk.net) in Erlangen und Nürnberg, Mitglied im Verband deutscher Schriftsteller und Redaktionsmitglied der Literaturzeitschrift *Laufschrift* (www.laufschrift.de). Auszeichnungen u. a.: Erster Preisträger beim „12. Open Mike"-Wettbewerb der Literaturwerkstatt Berlin (2004), Leonce-und-Lena-Preis (2007). Einzelveröffentlichung: *spiel · ur · meere* (KOOKbooks, Idstein/Berlin 2007).

11. Kommentierte Literaturempfehlungen
Martina Weber

Ohne das Verständnis darum, was es bedeutet, Lyrik zu schreiben, wie Lyrik in der Vergangenheit geschrieben wurde und wie sie heute geschrieben wird, ohne das Wissen um vergangene und aktuelle poetologische Diskurse kann eine Lyrik, die einen Anspruch auf Zeitgenossenschaft erheben möchte, nicht entstehen. Manche Bücher, die ich hier vorstelle, sind über den Buchhandel nicht mehr erhältlich. Vergriffene Bücher können Sie oft noch über Internetantiquariate erwerben, von denen ich www.bookbutler.de, www.booklooker.de und www.zvab.com (Zentrales Verzeichnis antiquarischer Bücher) besonders empfehle.

11.1. Handwerk

Dorothea Brande: *Schriftsteller werden.* Aus dem Amerikanischen von Kirsten Richers. Berlin: Autorenhaus Verlag, 2001. 135 Seiten.
Auch wenn sich dieses Buch an angehende AutorInnen von Prosa richtet und nicht direkt technische Tipps für das Schreiben von Gedichten gibt, kann ich es angehenden LyrikerInnen nur empfehlen. Dorothea Brande weiß, dass es vor konkreten Hilfen zum Text zunächst darum geht zu zeigen, was es für die alltägliche Arbeitsweise bedeutet, Schriftsteller zu sein: Ein zentrales Anliegen des Buches ist es, das Zusammenspiel von Unbewusstem und Verstand zu trainieren. Denn letztlich entscheidet das Unbewusste über Form und Inhalt eines Textes. Die Bedeutung des Bodenschrubbens für die von ihr so

genannte „Zauberformel", dem „Berufsgeheimnis" des Künstlers (das den kreativen Akt betrifft), und eine Technik zur Entfesselung des „Genialen" sind Höhepunkte des Buches.

Sharon Creech: *Der beste Hund der Welt.* Aus dem Amerikanischen von Adelheid Zöfel. Mit Bildern von Rotraut Susanne Berner. Frankfurt am Main: Fischer Taschenbuch Verlag, 2003. 96 Seiten.

Eigentlich ein Kinderbuch, aber auch für Erwachsene gut für den Einstieg ins lyrische Schreiben geeignet: Eine Art Tagebuch eines Jungen (Jack), dessen Lehrerin der Klasse Lyrik vermitteln möchte. Die Lehrerin präsentiert den SchülerInnen Gedichte unterschiedlicher Formen und Inhalte, zum Beispiel William Carlos Williams berühmte „Rote Schubkarre", Robert Frosts „Bei Wäldern an einem Schneeabend" sowie visuelle Poesie und gibt ihnen Schreibaufgaben, die mit Hilfe der Mustertexte bewältigt werden sollen. Das Buch zeigt auf rührende Weise, wie Jack durch das Experimentieren mit dem lyrischen Formenschatz seinem eigentlichen Thema nahe kommt und wie es ihm dadurch gelingt, eine Traumatisierung zu lösen.

Günter Waldmann: *Produktiver Umgang mit Lyrik.* Eine systematische Einführung in die Lyrik, ihre produktive Erfahrung und ihr Schreiben. Für Schule (Primar- und Sekundarstufe) und Hochschule sowie zum Selbststudium. Hohengehren: Schneider Verlag, 7. korrigierte Auflage, 2001. 311 Seiten.

110 Arbeitsanregungen helfen dabei, grundlegende lyrische Techniken nach Art eines Lyrikkurses einzuüben. Einer Einführung zur Lyrik mit ersten Übungen folgen Kapitel zum Freien Vers, zu Metrum und Rhythmus, zu Klangformen (Lautsymbolik, Alliteration, Assonanz und Reim), zu Wortformen (Wortwiederholung, Leitmotiv und Mehrdeutigkeit), zu Bildformen (Metapher, Allegorie und Symbol), zu Satzformen (Enjambement, Inversion, Parallelismus und Chiasmus) und zu Strophenformen

(drei- und vierzeilige Strophe, Terzine, Stanze, Rondell und Sonett). Die Erläuterungen sind auf hohem Niveau, werden aber durch zahlreiche Gedichte veranschaulicht. Das Buch richtet sich an Anfänger und fortgeschrittene Anfänger. Es ist eine Fundgrube für LeiterInnen von Schreibwerkstätten.

Ivo Braak: *Poetik in Stichworten.* Literaturwissenschaftliche Grundbegriffe. Eine Einführung. Neu bearbeitet von Martin Neubauer. Kiel: Verlag Ferdinand Hirt, 8. Auflage, 2001. 351 Seiten.

Eine Einführung in die literaturwissenschaftliche Fachsprache, wobei nicht nur Lyrik, sondern auch Epik und Dramatik behandelt werden. Die Themenfelder Stilmittel, Vers und Strophenformen werden knapp, klar und meist anschaulich erläutert. Empfehlenswert für alle, die sich für den traditionellen Formenschatz interessieren.

Andreas Thalmayr: *Lyrik nervt.* Erste Hilfe für gestresste Leser. München: Hanser, 2004. 107 Seiten.

Hinter dem Autorennamen steckt Hans Magnus Enzensberger, der sich mit diesem Buch an Jugendliche wendet. Thalmayr-Enzensberger beginnt mit Überlegungen zur Frage, was ein Gedicht ausmacht, erklärt den Unterschied zwischen Metrum und Rhythmus, verschiedene Arten des Reims, einige Gedichtformen, schwenkt dann über zu Freien Versen und Formen aus dem 20. Jahrhundert (Lautgedicht und visuelle Poesie), beleuchtet Stilmittel und sonstige Techniken und endet mit einigen Schreibanregungen – alles sehr unakademisch, in einem manchmal allzu

---

„Es kann gar nicht genug gesagt werden, daß Kunst von Mut lebt. Am meisten aber die Dichtung, die sich nicht ‚herausreden‘ kann, sondern ‚hereinreden‘ muß. Sie ist geradezu eine Erziehung zum Mut, verdirbt ohne ihn, er ist so wichtig wie das handwerkliche Können. Der Mut, den der Lyriker braucht, ist dreierlei Mut, mindestens: der Mut zum S a g e n (der der Mut ist, er selbst zu sein), der Mut zum B e n e n n e n (der der Mut ist, nichts falsch zu benennen und nichts umzulügen), der Mut zum R u f e n (der der Mut ist, an die Anrufbarkeit des anderen zu glauben).“
Hilde Domin: Wozu Lyrik heute, Fischer, Frankfurt am Main 1993, S. 30.

kumpelhaften Ton und mit Textbeispielen, die tendenziell wenig ernsthaft-persönlich, sondern locker und witzig sind.

Willy Steputat: *Reimlexikon.* Neu bearbeitet von Angelika Fabig. Stuttgart: Reclam, 1997. 398 Seiten.

Der „Steputat" ist zuerst vor über hundert Jahren erschienen und seitdem zum Standardwerk avanciert. Angelika Fabig hat die Fassung von 1963 neu bearbeitet. Dafür hat sie Fremdwörter, vor allem solche aus dem Englischen und Amerikanischen, aufgenommen sowie Abkürzungen, Umgangssprache, Mundartliches und Namen. Die Auswahl an möglichen Reimen wurde damit erheblich erweitert. Das Buch enthält ein- und zweisilbige reine Reime. Geordnet sind sie nach gleich klingenden Reimsilben vom letzten betonten Vokal an. Das Lexikon beginnt mit der Endbetonung „a", die weit über 100 Wörter enthält, zum Beispiel ah!, AOK, Amerika, Analgetika, NVA, nah, Nausikaa, km/h, etcetera, Haggada und Cholera.

Dieter Burdorf: *Einführung in die Gedichtanalyse.* Stuttgart, Weimar: Metzlersche Verlagsbuchhandlung, 2. Auflage, 1997. 276 Seiten.

Von den Büchern zur Gedichtanalyse, die sich an GermanistikstudentInnen und/oder an SchülerInnen der Oberstufe richten, hat mich dieses am meisten überzeugt. Dieter Burdorf behandelt Grundprobleme und Methoden der literaturwissenschaftlichen Gedichtanalyse sehr gewissenhaft und doch klar lesbar. Zu Themen, die in der Forschung umstritten sind (zum Beispiel dem Verhältnis zwischen Rhythmus und Metrum), skizziert er unter-

---

„Ich könnte Ihnen (…) erzählen, daß ich (…) Wiederholungen als Leitmotive verwende, daß eines meiner Hauptanliegen darin besteht, Disparatestes zu harmonisieren (…). Ich könnte Ihnen sagen, wie ich Gedanken, Erfahrungen, Eindrücke und Erlebnisse, Motivisches, Vorgefundenes und Übernommenes einsetze, (…) – aber – ich frage mich ernsthaft: wird es Ihnen etwas von dem vermitteln können, was seine Auslösung bewirkt hat?"
Friederike Mayröcker, in: Walter Höllerer: Theorie der modernen Lyrik. Dokumente zur Poetik Band II, Hanser, München, 2003, S. 754f.

schiedliche Meinungen und entwickelt daraus eine eigene Stellungnahme. Burdorf beginnt mit einer über 20-seitigen Darstellung zur Frage, was ein Gedicht sei; weitere Themen sind das Verhältnis von Lyrik und Musik, das Gedicht als Schrift, Metrum und Rhythmus, Wortgebrauch, Bildlichkeit und Vieldeutigkeit, unterschiedliche Textfassungen, das lyrische Ich und das lyrische Du. Auf fast 50 Seiten werden metrische Grundformen (Vers- und Strophenformen) erläutert. Die meisten Themen werden mit Lyrikbeispielen vom Barock bis zur Gegenwart veranschaulicht. Ein 30-seitiges Literaturverzeichnis lädt zum Weiterforschen ein.

11.2. Reflexionen über Lyrik, poetologische Diskussionen und den Literaturbetrieb

Ludwig Völker (Hg.): *Lyriktheorie.* Texte vom Barock bis zur Gegenwart. Ditzingen: Reclam, 1990. 464 Seiten.
Dieses Buch enthält poetologische Überlegungen unter anderem von Martin Opitz, Friedrich Schiller, Hans Magnus Enzensberger und Ernst Jandl und eignet sich für diejenigen, die einen ersten Blick auf poetologische Positionen aus der Geschichte der Lyriktheorie werfen möchten.

Walter Höllerer: *Theorie der modernen Lyrik.* Dokumente zur Poetik, 2 Bände. Neu herausgegeben von Norbert Miller und Harald Hartung. In Verbindung mit Alexander Gumz. München, Wien: Hanser, 2003. 993 Seiten.

„Durch Isolierung wird das Mikroklima hergestellt, in dem die leise Stimme des Kunstwerks überhaupt hörbar wird (…). Auf jeden Fall bedingt der Rückzug in Isolierung einen äußersten Willensakt: den Verzicht auf Mitmachen in einer Gesellschaft, die wie ein Staubsauger den Einzelnen ansaugt und ihn für reibungsloses Mittun in ihrem wohlorganisierten Wirbel auf viele Weisen prämiert."
Hilde Domin: Wozu Lyrik heute. Fischer, Frankfurt am Main 1997, S. 99.

Der erste Band der *Theorie der modernen Lyrik* erschien 1965, herausgegeben von Walter Höllerer (1922–2003), und enthielt 60 poetologische Texte international bedeutsamer Dichter. Seit 2003 ist eine zweibändige Ausgabe erhältlich, die ich ganz besonders empfehlen möchte. Darin äußern sich 140 Lyrikerinnen und Lyriker vom 18. Jahrhundert bis in unsere Gegenwart über ihre Arbeit, unter anderem Edgar Allen Poe, Arthur Rimbaud, Rainer Maria Rilke, Gottfried Benn, Pablo Neruda, Paul Celan, Günter Kunert, Ingeborg Bachmann, Lars Gustafsson, Rolf Dieter Brinkmann, Friederike Mayröcker, Thomas Kling und Durs Grünbein. Den Texten sind biobibliografische Angaben sowie Informationen zum aktuellen Stand der Übersetzungen und Editionen vorangestellt. Die Bände machen nicht nur auf lesenswerte Autorinnen und Autoren aufmerksam, sie bieten auch viele sehr unterschiedliche Überlegungen, die anregen, über die eigene Poetologie nachzudenken, eine Position zu finden und die eigenen Gedichte auf diese Weise bewusster zu gestalten.

Klaus Schuhmann: *Lyrik des 20. Jahrhunderts. Materialien zu einer Poetik.* Reinbek: Rowohlt, 1995. 517 Seiten.
Klaus Schuhmann hat in diesem Band rund 150 LyrikerInnen mit ihren Gedichten und poetologischen Positionen zusammengestellt und in acht Kapitel eingeteilt, die er jeweils mit einem eigenen Kommentar abschließt, in dem er den literaturgeschichtlichen Kontext aufzeigt. Der Verfasser war seit 1975 Professor für Neuere Deutsche Literatur an der Universität in Leipzig und hat deshalb der Lyrik aus der DDR viel Raum gegeben.

Joachim Sartorius (Hg.): *Minima Poetica.* Für eine Poetik des zeitgenössischen Gedichts. Frankfurt am Main: Suhrkamp, 2003. 220 Seiten.
Neunzehn Dichterinnen und Dichter aus der ganzen

„(…) ich glaube, daß das, was letztlich den Dichter ausmacht, eine Art Nachhaltigkeit der emotionalen Veranlagung, verbunden mit einer besonderen Art der Beherrschung ist."
Ezra Pound: Wort und Weise ›motz el son‹, Suhrkamp 1971, S. 95f.

Welt stellen ihre Lyrikkonzepte vor und fügen jeweils ein eigenes Gedicht und ihr Lieblingsgedicht eines anderen Autors bei. Hier findet sich auch Kurt Drawerts sehr empfehlenswerter Essay „Die Lust zu verschwinden im Körper der Texte." In diesem Band habe ich mir viele Sätze mit gelbem (sehr wichtig) oder rotem (wichtig) Buntstift unterstrichen, unter anderem einen Satz von Charles Simic, der nur auf den ersten Blick nichts mit Lyrik zu tun hat: „Duckmäusertum wird in der ganzen Welt belohnt" (S. 182). Hier las ich zum ersten Mal Simics Gedicht „Jahrmarkt", ein Gedicht, von dem Ulrich J. Beil in seinem Essay „Der sechsbeinige Hund" (*DAS GEDICHT* Nr. 10, 2002, S. 113f.) schreibt, wir könnten nie aufhören, es zu lesen, weil es eins der gelungenen politischen Gedichte sei: „Sie bekämpfen Gewalt nicht, indem sie Gewalt explizit anprangern, sondern indem sie sich der sanftesten Gewalt, der Gewalt des Lesers, der einen Text als ganzen besitzen und begreifen will, verweigern wie die Geliebte dem Liebenden."

Karl Heinz Bohrer, Kurt Scheel (Hg.): *Lyrik. Über Lyrik.* Sonderheft *Merkur. Deutsche Zeitschrift für europäisches Denken.* Heft 600, Heft 3/4, März/April 1999. Stuttgart: Klett-Cotta. 398 Seiten.

Auf den ersten 80 Seiten finden sich Gedichte von 22 renommierten Lyrikerinnen und Lyrikern; darüber hinaus enthält der Band zehn Essays. Sehr anschaulich und konkret schildert Kenneth Koch, Professor an der Columbia University in New York, wie er die poetische Sprache erst gelernt und später gelehrt hat. Lesenswert sind auch die übrigen Texte, vor allem Harald Hartungs Artikel zum

Handwerk der Lyrik und Hans-Ulrich Treichels Aufsatz zur Lyrik Hans Magnus Enzensbergers. Das Merkur-Sonderheft ist erhältlich über die Redaktion unter der Telefonnummer 030/32709414 oder per Mail: merkur.zeitschrift@snafu.de.

Sabine Küchler, Denis Scheck (Hg.): *Vom schwierigen Vergnügen der Poesie.* Gedichte und Essays nebst einem Gespräch über Poetik von und mit Jürgen Becker, Robert Gernhardt, Joachim Sartorius und Raoul Schrott. Ein Buch und zwei CDs. 143 Seiten. Straelener Manuskripte, Straelen, 1997.

Das Buch enthält Sätze und Satzfragmente von Jürgen Becker zum Gedichteschreiben, eine Schimpftirade von Raoul Schrott über den Narzissmus, die Ignoranz und Geschwätzigkeit der jungen Dichtergeneration, einen Vergleich der von Kurt Pinthus 1919 herausgegebenen *Menschheitsdämmerung* mit dem von Christoph Buchwald und Friederike Roth herausgegebenen *Luchterhand Jahrbuch der Lyrik 1988/89* von Robert Gernhard und einen Essay von Joachim Sartorius über die Macht der Poesie. Auf der CD finden sich Stimmen international bekannter Lyrikgrößen.

Hugo Friedrich: *Die Struktur der modernen Lyrik.* Von Baudelaire bis zur Gegenwart. Mehrere Auflagen mit jeweils kleinen Änderungen und Ergänzungen, Erstauflage 1956, 5. Auflage, Reinbek bei Hamburg: Rowohlt, 1961. 218 Seiten.

1956 unternahm Hugo Friedrich den ersten Versuch, die Modernität der Dichtung seit der Mitte des 19. Jahrhunderts zu beschreiben. Er entwickelte seine Kategorien anhand der romanischen Lyrik, in der das von ihm immer wieder beschworene Dunkle stärker hervortrat als etwa in der angelsächsischen Lyrik. Diese Begrenzung des Forschungsfeldes wurde dem Autor immer wieder vorgeworfen, unter anderem von Michael Hamburger, der mit seiner

---

„Als Generalanweisung für die bereits angeführte Metakategorie des (ästhetischen) Gelingens darf in diesem Sinne gelten: möglichst komplex, gern auch disparat und bitte originell, aber noch integrierbar, irgendwie anschließbar (…).“
Steffen Popp: Poesie als Lebensform, in: BELLA triste Nr. 18, 2007, S. 76.

Arbeit *Die Dialektik der modernen Lyrik. Von Baudelaire bis zur Konkreten Poesie 1972* eine Ergänzung zu Hugo Friedrich vorlegte. *Die Struktur der modernen Lyrik* enthält neben Kapiteln über Baudelaire, Rimbaud und Mallarmé eine ausführliche Einleitung und ein langes Kapitel zur europäischen Lyrik im 20. Jahrhundert sowie einen 50-seitigen Anhang mit Gedichten vor allem aus romanischen Sprachen mit Übersetzungen. Ein sehr anregendes analytisches Werk, das man kennen sollte, wenn man sich für den poetologischen Diskurs interessiert.

Ernst Jandl: *Die schöne Kunst des Schreibens.* 2., erweiterte Ausgabe. Darmstadt und Neuwied: Luchterhand Verlag, 1983. 150 Seiten.

Zehn Vorträge und Essays, veranschaulicht durch 31 Gedichte, gewähren einen Einblick in Ernst Jandls Arbeitsweise und in seine poetologischen Überlegungen. Sehr interessante Themen sind die vier vorgestellten Gedichttypen (Sprechgedicht, Gedicht in Alltagssprache, Lautgedicht und visuelles Gedicht), Gedichtkomposition, Kunstgriffe wie Mehrdeutigkeit und Wiederholung, die Besonderheit eines besten Gedichtes (hier: „ottos mops") und die Problematik des freien Schriftstellers, nämlich die Sicherung der wirtschaftlichen Existenzgrundlage.

Heinz Kahlau: *Der Vers Der Reim Die Zeile: Wie ich Gedichte schreibe.* Berlin: Verlag Neues Leben, 1974. 120 Seiten.

In 13 locker geschriebenen Briefen an einen 19-Jährigen gibt Heinz Kahlau Einblicke in seine dichterische Arbeit. Er erzählt anschaulich und konkret, wie er zu schreiben begann, wie er seine Arbeit entwickelte, woher er seine Ideen nimmt und wie er damit arbeitet. Kahlau experimentiert zudem mit verschiedenen Fassungen von Gedichten.

☙ ❧ ☙ ❧ ☙ ❧ ☙ ❧ ☙ ❧ ☙ ❧ ☙ ❧ ☙ ❧ ☙ ❧ ☙ ❧ ☙ ❧

„Die richtigstellende Wirkung der Poesie rührt daher, daß sie eine erschaute Alternative darstellt, die Offenbarung eines Potentials, das von den Verhältnissen geleugnet oder ständig bedroht wird."
Seamus Heaney, in: Walter Höllerer: Theorie der modernen Lyrik. Dokumente zur Poetik Band II, Hanser, München 2003, S. 911.

Gelegentlich, vor allem im Kapitel über Liedtexte, tritt der Anspruch Heinz Kahlaus, ein Dichter des (sozialistischen) Volkes zu sein, stark in den Vordergrund.

Wladimir Majakowski: *Wie macht man Verse?* Deutsch und mit einem Nachwort versehen von Hugo Huppert, Frankfurt am Main: Suhrkamp, 1964. 197 Seiten.

Das Zentrum dieses Bandes ist der fast 60-seitige Aufsatz „Wie macht man Verse?", in dem Majakowski von der Entstehung seines Gedichts „An Sergej Jessenin" erzählt: allgemeine Zielsetzung, Rhythmus, Reim, Doppeldeutigkeit, Verfahren der Bildschöpfung, Vergleich, Metaphorisierung, Klang und Anordnung der Verse werden am Beispiel der Vorfassungen einzelner Zeilen, selbstkritischer Gründe für ihre Verwerfung und Überlegungen zur Endfassung diskutiert. Es ist der ausführlichste Werkstattbericht zur Entstehung eines Gedichtes, den ich kenne.

Hilde Domin: *Wozu Lyrik heute.* Dichtung und Leser in der gesteuerten Gesellschaft. Frankfurt am Main: Fischer Verlag, 1993. 234 Seiten.

Im Zentrum steht der Gedanke, dass Lyrik in einer Welt der Verdinglichung Identität mit sich selbst ermöglicht. In dem Buch, das in erster Auflage 1968 erschien, geht es um gesellschaftliche und ästhetische Überlegungen: dem Verhältnis von Lyrik zur Gesellschaft, der literarischen Meinungsbildung, dem lyrischen Arbeitsprozess und der Interpretation.

Hans Bender, Michael Krüger (Hg.): *Was alles hat Platz in einem Gedicht?* Aufsätze zur Lyrik seit 1965. München: Carl Hanser, 1986. 220 Seiten.

Ausgangspunkt sind Walter Höllerers Thesen zum langen Gedicht (1965) und Diskussionsbeiträge von Karl Krolow, Helmut Heißenbüttel, Rolf Dieter Brinkmann, Jürgen

᠊᠊᠊᠊᠊᠊᠊᠊᠊᠊᠊᠊᠊᠊᠊᠊᠊᠊᠊᠊

„Bringt der Leser Geduld mit und liest er das Gedicht immer wieder, läßt er es sich eingraben, so erfährt er in der neuen Poesie viel über seine Sprache, die ihm verbliebene Autonomie, und so über die Möglichkeit, eigensinnig in der Welt zu sein."
Joachim Sartorius: Atlas der neuen Poesie, Rowohlt, Reinbek bei Hamburg, 1996, S. 9.

Theobaldy u. a. In der Zeitspanne, aus der die Beiträge stammen, wandelte sich das deutschsprachige Gedicht von einer hermetischen zu einer offenen und subjektiven Schreibweise mit politischen Ansprüchen. Die Essays begleiten auch diese Entwicklung.

Manfred Enzensperger (Hg.): *Die Hölderlin Ameisen. Vom Finden und Erfinden der Poesie.* Köln: DuMont, 2005. 254 S.

36 LyrikerInnen offenbaren den Entstehungsprozess eines ihrer Gedichte, indem sie Material und/oder Kommentare zur Verfügung stellen, darunter einen Stadtplan von Chicago, einen Tetrapack Orangensaft, Gläser mit alten Manuskriptschnipseln, eingeweckt in einer Schaffenskrise, eine alte Fotografie einer entfernt Verwandten in Kombination mit einem Gedicht von Rilke oder eine Postkarte mit einer Abbildung der „Verzückung der heiligen Theresia", eines erotisch-religiösen Kunstwerks aus einer römischen Kirche.

Nils Mohl: *High & Low Level Lit-Bizz.* Über den Berufs- und Karrierestart von Schriftstellern heute. Hamburg: Artislife Press, 2006. 172 Seiten.

Bestandsaufnahme und Analyse des literarischen Schreibens von seiner nicht künstlerischen Seite, also der Seite des Unternehmers und der Netzwerkerin. „Und das bedeutet letztlich zu zeigen, dass Kunsterfolg nicht allein auf einer Mischung von Genie und Handwerk beruht, sondern auch [oder gerade] der Kunst des handwerklich gekonnten Marketings bedarf" (S. 15).

Heinz Ludwig Arnold (Hg.): *Junge Lyrik. Reihe Text + Kritik* Nr. 171, München, Juli 2006.

„Es wird Ernst gemacht, die perfekt funktionierende Gesellschaft herzustellen. Wir haben keine Zeit mehr, Ja zu sagen. Wenn unsere Arbeit nicht als Kritik verstanden werden kann, als Gegnerschaft und Widerstand, als unbequeme Frage und als Herausforderung der Macht, dann schreiben wir umsonst, dann sind wir positiv und schmücken das Schlachthaus mit Geranien."
Günter Eich: Rede zur Verleihung des Georg-Büchner-Preises (1959), in: Gesammelte Werke Band IV, Veröffentlichte Schriften, Suhrkamp, Frankfurt 1973, S. 454.

Neben sechs lyrischen Stimmen aus dem Kreis des Deutschen Literaturinstituts enthält der Band mehrere sehr lesenswerte Aufsätze. So stellt der Literaturkritiker Michael Braun in seiner „Strömungslehre zur Lyrik des 21. Jahrhunderts" lyrische Stimmen vor, in denen „die Wörter nicht mehr nur naiv eine mimetisch-realistische Abbildfunktion haben, sondern zu welterzeugenden Kräften werden, eine Dichtkunst, in der die Grenzen von Morphem, Wort, Rhythmus und Satz in immer neuen Konstellationen erprobt werden" (S. 40). Jan Wagner, der für seinen souveränen Umgang auch mit alten Gedichtformen wie der Villanelle bekannt ist, begründet wie zur Selbstverteidigung seines eigenen poetologischen Programms seine These, die Arbeit mit alten Formelementen sei keine „Rückkehr zur Tradition, sondern eine selbstverständliche Erweiterung des freien Formbegriffs" (S. 59). Peter Geist erkundet die Rückkehr des Politischen und Ulrike Draesner das „Zeithaftende" eines Gedichtes, womit sie den Zusammenhang zwischen dem Geburtsjahr eines Dichtenden und seinen Gedichten meint.

BELLA triste Nr. 17. Sonderausgabe zur deutschsprachigen Gegenwartslyrik. Gedichte. Szenen. Meinungen. Hildesheim. 2007.

Dieses Heft bietet eine diskursive Besonderheit: Nach jeweils drei Gedichten von 14 bekannten jüngeren LyrikerInnen (Nico Bleutge, Nora Bossong, Daniel Falb, Steffen Popp, Monika Rinck, Ulrike Almut Sandig, Anja Utler u. a.) findet sich die meist wohlwollende Beurteilung durch einen anderen – im Literaturbetrieb weitgehend bekannteren – Lyriker. Gedichte und Bewertungen werden anschließend von Henning Ahrens, Franz Josef Czernin

ᘛᘚ ᘛᘚ ᘛᘚ ᘛᘚ ᘛᘚ ᘛᘚ ᘛᘚ ᘛᘚ ᘛᘚ ᘛᘚ ᘛᘚ ᘛᘚ ᘛᘚ ᘛᘚ ᘛᘚ

„Dichter können andere Dichter wie auf einem Tanzball ‚abklatschen' und im Wirbel ihrer eigenen Gedichte mit ihnen davontanzen. Sie finden sich in die Schritte ihres neuen (gestohlenen) Partners hinein und können sie im Nu sogar variieren."
Kenneth Koch, in: Lyrik. Über Lyrik. Sonderheft Merkur, März/April 1999, Heft 600, herausgegeben von Karl Heinz Bohrer und Kurt Scheel, S. 283.

und Hendrik Jackson in jeweils einem Durchgang kommentiert. Der dritte Teil enthält Essays von Ann Cotten, Ulf Stolterfoht und Uwe Tellkamp. Ein sehr lesenswertes Heft, herausgegeben von Studierenden des Fachbereichs Kreatives Schreiben der Universität Hildesheim. In den folgenden Ausgaben Nr. 18 und Nr. 19 wurde die Debatte fortgeführt. (Bestellung unter www.bellatriste.de).

Theo Breuer: *Ohne Punkt & Komma.* Lyrik in den 90er Jahren. Köln: Wolkenstein Verlag, 1999. 206 Seiten.

---. *Aus dem Hinterland.* Lyrik nach 2000. Sistig: Edition YE, 2005. 520 Seiten.

Theo Breuer ist ein Lyrikenthusiast und unersättlicher Leser, der Lyrik vor allem aus den verborgenen Nischen der Kleinverlage aufstöbert. In *Ohne Punkt & Komma* präsentiert er seine Auswahl aus den 30.000 lyrischen Titeln, die nach seiner Schätzung in den 90ern erschienen sind, in einer Art „lyrischem Tagebuch" mit vielen persönlichen Überlegungen, Zitaten, Lektüreempfehlungen und einer Reihe von Gedichten „ohne Punkt & Komma". Aus dem Hinterland ist der 520 Seiten umfassende Fortsetzungsband, der ebenfalls kein systematischer Überblick, sondern ein „ganz und gar subjektiver Streifzug" sein will.

11.3. Anthologien

Carl Otto Conrady (Hg.): *Der neue Conrady.* Das große deutsche Gedichtbuch. Von den Anfängen bis zur Gegenwart. Erweiterte und aktualisierte Auflage 2000, 2. Auflage,

ॐ ৽ঌ ॐ ৽ঌ ॐ ৽ঌ ॐ ৽ঌ ॐ ৽ঌ ॐ ৽ঌ ॐ ৽ঌ ॐ ৽ঌ ॐ ৽ঌ ॐ ৽ঌ
„Ich möchte eigentlich nur etwas zeigen, was ich mag. (…) Das Allerpolitischste, was man Menschen, indem man es ihnen jeden Tag zeigt, einbläuen kann, ist: es gibt keine Veränderung. Indem man ihnen etwas zeigt, was offen ist für Veränderung, erhält man die Idee von Veränderung."
Wim Wenders am 8.6.1989 in der Tageszeitung (taz).

Düsseldorf und Zürich: Artemis & Winkler, 2001. 1312 Seiten.

Mit diesem Sammelband, der zuerst 1977, dann 1991 und im Jahr 2000 in überarbeiteter und erweiterter Form erschien, liegt die umfangreichste Sammlung deutschsprachiger Lyrik in Buchform vor. Der Herausgeber hat rund 2.200 Gedichte vom frühen Mittelalter bis zur Gegenwart ausgewählt. Ein deutlicher Schwerpunkt der Auswahl liegt in den Gedichten der neueren und neuesten Zeit. Meist werden mehrere Texte eines Autors/einer Autorin präsentiert, wobei Conrady das Charakteristische aus dem jeweiligen Werk auswählen wollte. Bei AutorInnen, von denen nur zwei oder drei Gedichte ausgewählt wurden, hat Conrady meine Lieblingsgedichte oft nicht getroffen, was mir wieder einmal gezeigt hat, dass man einen Lyriker/eine Lyrikerin nur einschätzen kann, wenn man eine gewisse Zahl von Texten aus unterschiedlichen Entstehungszeiträumen kennt. Kurze Erläuterungen zu einzelnen Gedichten sowie ein Anhang mit Wort- und Sacherklärungen erleichtern das Verständnis.

Marcel Reich-Ranicki (Hg.): *Frauen dichten anders.* 181 Gedichte mit Interpretationen. Frankfurt am Main und Leipzig: Insel Verlag, 2002. 859 Seiten.

Der Band enthält 181 Gedichte von 54 deutschsprachigen Autorinnen vom 12. Jahrhundert bis in die Gegenwart. Jedem Gedicht ist eine Erläuterung von zwei bis drei Seiten angefügt. Unter den 91 Personen, die die Gedichte erläutern, sind einige bekannte KritikerInnen oder AutorInnen. Sie erklären biografische oder auf das Werk bezogene

„Die höchsten lyrischen Gebilde sind (…) die, in denen das Subjekt, ohne Rest von bloßem Stoff, in der Sprache tönt, bis die Sprache selber laut wird. (…) Darum zeigt Lyrik dort sich am tiefsten gesellschaftlich verbürgt, wo sie nicht der Gesellschaft nach dem Munde redet, wo sie nichts mitteilt, sondern wo das Subjekt, dem der Ausdruck glückt, zum Einstand mit der Sprache selber kommt, dem, wohin diese von sich aus möchte."
Theodor W. Adorno: Rede über Lyrik und Gesellschaft/Noten zur Literatur, in: Gesammelte Schriften, herausgegeben von Rolf Tiedemann, Band 11, Suhrkamp, Frankfurt am Main 1974, S. 56.

Hintergründe, geben Informationen zum Lyrikdiskurs der Zeit, weisen auf eine bestimmte Schreibtechnik hin oder leiten Deutungsversuche her. Die meisten Gedichte stammen aus dem 20. Jahrhundert, unter anderem von Else Lasker-Schüler, Nelly Sachs, Gertrud Kolmar, Elisabeth Langgässer, Marie Luise Kaschnitz, Rose Ausländer, Hilde Domin, Mascha Kaléko, Christine Lavant, Ilse Aichinger, Margarethe Hannsmann, Friederike Mayröcker, Ingeborg Bachmann, Elisabeth Borchers, Christa Reinig, Sarah Kirsch, Doris Runge, Brigitte Oleschinski, Lioba Happel, Barbara Köhler, Kerstin Hensel und Ulrike Draesner. Wenn auch einige wichtige Autorinnen der mittleren und jüngeren Generation fehlen, bietet der Band doch eine Fülle gut durchdachter und kraftvoller Gedichte mit meist interessanten Anmerkungen. Dass die Geschlechtszugehörigkeit der entscheidendste Faktor der Weltwahrnehmung ist, wie es Marcel Reich-Ranicki in seinem Klischees bedienenden (und sie nicht hinterfragenden) Vorwort suggeriert, möchte ich bezweifeln, zumal Reich-Ranicki gezielt solche Gedichte ausgewählt hat, die seine These stützen.

Andreas Thalmayr: *Das Wasserzeichen der Poesie oder Die Kunst und das Vergnügen, Gedichte zu lesen.* In hundertvierzig Spielarten. Frankfurt am Main: Eichborn, 1997. 487 Seiten.

Ein Band mit Gedichten aus allen Ländern und Zeiten und dem Anspruch, zu „unterhalten (...) statt zu quälen". Thalmayr-Enzensberger ist der Ansicht, der Leser wolle nicht immer nur die besten und schönsten Texte, sondern auch einmal zweifelhafte und misslungene. Der

---

☞ ☜ ☞ ☜ ☞ ☜ ☞ ☜ ☞ ☜ ☞ ☜ ☞ ☜ ☞ ☜ ☞ ☜ ☞ ☜

„Der Lieblingsort unserer Schriftsteller ist bekanntlich die Schmollecke. Dort versammelt man sich zur kulturpessimistischen Bedenkenträgerei und lamentiert lautstark über die schändlichen Kommerzinteressen des bösen ‚Literaturbetriebs‘, der mit seiner Förderung des ‚Mainstreams‘ die ernsthafte, aufrechte Schriftstellerei zur Randerscheinung degradiere."
Michael Braun: Der Autor als Produktionssklave, in: Der zertrümmerte Orpheus. Über Dichtung. Das Wunderhorn, 2002, S. 59.

Herausgeber hat viele Anregungen für einen spielerischen, nicht allzu ernsten Umgang mit Lyrik zusammengetragen.

Thomas Kling (Hg.): *Sprachspeicher.* 200 Gedichte auf Deutsch vom 8. bis zum 20. Jahrhundert eingelagert und moderiert von Thomas Kling. Köln: DuMont, 2001. 360 Seiten.
Wer eine eigenwillige Auswahl von Gedichten jenseits des Mainstream-Lyrikkanons sucht und wer weniger die harmonischen, sondern eher verstörende Gedichte schätzt, wird hier fündig.

Museum der modernen Poesie. Eingerichtet von Hans Magnus Enzensberger. Mehrsprachige Ausgabe, Frankfurt am Main: Suhrkamp, 2002 (Erstausgabe 1960). 877 Seiten.
Das Buch war bei seinem Erscheinen im Jahr 1960 eine Provokation: Hans Magnus Enzensberger stellte dem deutschsprachigen Publikum 350 Gedichte aus den Jahren 1910 bis 1945, geschrieben von fast 100 Lyrikerinnen und Lyrikern, vor – einem Publikum, das 30 Jahre lang von der Entwicklung der Lyrik im Ausland abgeschlossen war (die Hälfte der Gedichte erschien hier zum ersten Mal in deutscher Sprache), und gleichzeitig erklärte der Herausgeber diese Zusammenstellung zum Museum. Eine sehr lesenswerte Auswahl der klassischen Moderne mit einem ebenfalls sehr lesenswerten Vorwort, das Hans Magnus Enzensberger in der Neuausgabe an den Schluss geschoben hat.

Joachim Sartorius (Hg.): *Atlas der neuen Poesie.* Reinbek bei Hamburg: Rowohlt, 1996. 380 Seiten.
Als die folgenreichsten Bücher zur zeitgenössischen Lyrik bezeichnet Joachim Sartorius *Die Struktur der modernen Lyrik* von Hugo Friedrich und das von Hans Magnus Enzensberger herausgegebene *Museum der modernen Poesie,*

„Es geht mir um das Finden einer Szene; jener Szene, die über sich hinaus eine lange Geschichte erzählt, jener Szene, die in sich so verknappt ist, dass sie erzählt ist in wenigen Zeilen, jener Szene, die so vielleicht nie stattgefunden hat, die konstruiert, montiert wird aus Blicken, Momentaufnahmen."
Nora Bossong: Zwischen den Zeilen, Heft 24, Juni 2005, S. 35.

doch Hugo Friedrich beschränkt seinen Blickwinkel auf Europa und auch bei Enzensberger bleiben weite Teile der Welt ausgespart: China, Japan, Australien und der arabische Raum. Zeit für einen Atlas der Poesie. Nach Längengraden geordnet stellt Joachim Sartorius 65 Lyrikerinnen und Lyriker aus 36 Ländern und 21 Sprachkreisen vor. Die Gedichte stammen überwiegend aus den Jahren 1960 bis 1994, der Schwerpunkt liegt auf den letzten beiden Jahrzehnten. Bei der Auswahl ließ sich der Herausgeber von seiner Vorliebe für die unbekannteren Autoren leiten. Er stellt drei Grundtendenzen fest: Dichtung mit appellativem Anspruch, sprachbezogene Dichtung und spielerische, unernste Dichtung.

Harald Hartung (Hg.): *Luftfracht.* Internationale Poesie 1940 bis 1990. Frankfurt am Main: Eichborn, 1991. 453 Seiten.

Der Band versammelt, nach Dekaden geordnet, „Gedichte der wichtigsten Lyriker" und zeigt, dass „die Dichter sich immer mehr von den Formen und Themen anderer Länder anregen lassen". Gelegentlich eingefügte Äußerungen einzelner Dichterinnen und Dichter zu einem abgedruckten Text oder zum Schreiben allgemein lockern das Buch nicht nur optisch auf. Nur in Einzelfällen wird neben der deutschen Übersetzung auch der Text in seiner Originalsprache abgedruckt; andererseits werden einem Original gelegentlich auch mehrere deutsche Übersetzungen gegenübergestellt, ein Vorgehen, das in den vergangenen Jahren immer mehr Verbreitung gefunden hat.

Hans Bender (Hg.): *Mein Gedicht ist mein Messer.* Lyriker zu ihren Gedichten. Heidelberg: Wolfgang Rothe Verlag, 1955. 148 Seiten.

15 Lyrikerinnen und Lyriker, die – so der Klappentext – eine

„Ich denke, daß das Gedicht die geeignetste Form ist, spontan erfaßte Vorgänge und Bewegungen, eine nur in einem Augenblick sich deutlich zeigende Empfindlichkeit konkret als snap-shot festzuhalten."
Rolf Dieter Brinkmann, in: Walter Höllerer (Hg.): Theorie der modernen Lyrik. Neu herausgegeben von Norbert Miller und Harald Hartung, Band II, 2003, S. 919.

„solide ästhetische Grundlage besitzen", stellt dieser Band mit Gedichten und Erläuterungen zur Entstehung dieser Gedichte vor, darunter Rudolf Hagelstange, Walter Höllerer, Marie Luise Kaschnitz, Karl Krolow, Johannes Poethen, Heinz Piontek und Wolfgang Weyrauch.

Walter Höllerer (Hg.): *Transit.* Lyrikbuch der Jahrhundertmitte. Frankfurt am Main: Suhrkamp, 1956. 334 Seiten.

Bei diesem Projekt ging es nicht darum, die schönsten oder bekanntesten Gedichte zu sammeln, sondern diejenigen, die „weiterdeuten, über unsere gegenwärtige Situation hinaus, indem sie unserem Selbst Ausdruck geben mit gemäßen neuen Mitteln." Die Autorennamen werden erst im Verzeichnis der Gedichttitel im Anhang genannt – ein verwirrendes Verfahren, das demonstriert, in welchem Ausmaß Namen die Wahrnehmung bestimmen.

Eugen Gomringer (Hg.): *konkrete poesie. deutschsprachige autoren.* Stuttgart: Reclam, 1991. 176 Seiten.

Gedichte und Theorietexte u. a. von Franz Mon, Gerhard Rühm, Helmut Heißenbüttel, Kurt Marti, Eugen Gomringer und Ernst Jandl. Im Vorwort erklärt Eugen Gomringer den Begriff der konkreten Poesie mit dem „vorbild der konkreten kunst, also eines visuellen bereichs", und dem Versuch, „gegenwart unmittelbar sprachlich darzustellen."

Kurt Drawert (Hg.): *Lagebesprechung.* Junge deutsche Lyrik. Frankfurt am Main: Suhrkamp, 2001. 198 Seiten.

Gedichte von 5 Autorinnen und 26 Autoren, die nach 1942 geboren sind, stellt Kurt Drawert hier vor. Die Texte bieten einen Überblick darüber, welche Themen und literarischen Mittel in den vergangenen Jahren Beachtung fanden, denn fast alle Gedichte wurden nach 1990 bereits

---

„Oft ist es nur noch ein Schritt hin zum Begreifen eines Gedichts, jedoch fehlt vielen Lesern dafür die Geduld bzw. die Fähigkeit, das Gedicht auf einer anderen als der rationalen Ebene zu lesen – oder sich mit dem Klang, einem Wort, einem Vers zufriedenzugeben! So wirkt sich immer noch das eine große Übel der Aufklärung aus: die Stärkung des dualistischen Prinzips (hier: Intellekt/Affekt) (…)"
Theo Breuer: Ohne Punkt & Komma, 1999, S. 25.

in renommierten Verlagen veröffentlicht. Präsentiert werden Arbeiten, die zum „festen lyrischen Bestand" zählen wie die von Durs Grünbein, Thomas Kling, Raoul Schrott, Marcel Beyer, Gerhard Falkner, Joachim Sartorius, Michael Krüger, Kathrin Schmidt, Uwe Kolbe, Brigitte Oleschinski, Barbara Köhler, Thomas Rosenlöcher, Franz Hodjak und Werner Söllner. Bei den jüngeren AutorInnen finden sich Texte von Raphael Urweider, Christian Lehnert, Dirk von Petersdorff, Armin Senser, Oswald Egger, Ulf Stolterfoht, Lutz Seiler und Silke Scheuermann. Von Freien Rhythmen und Prosagedichten bis zu Gereimtem, vom lakonischen Ton zum Parlando, vom Ernst bis zum gekonnten Witz reicht die Palette lyrischen Ausdrucks- und Formenschatzes. Kurt Drawert fallen daher die Rückkehr zum starken Subjekt und zu Aussagen, „ein Verlangen nach Realität und physischer Präsenz" und das „Bedürfnis nach Verlangsamung und sinnlicher Erkenntnis" auf.

Harald Hartung (Hg.): *Jahrhundertgedächtnis.* Deutsche Lyrik im 20. Jahrhundert. Stuttgart: Reclam, 1998. 469 Seiten.

„Meine Auswahl ist die eines Lyrikers und Kritikers, der sich auf seine Leseerfahrung, seine Liebe zum Gedicht beruft," schreibt der Herausgeber dieser Sammlung, die Gedichte renommierter Lyrikerinnen und Lyriker enthält.

Jörg Drews (Hg.): *Das bleibt.* Deutsche Gedichte 1945–1995. Leipzig: Reclam, 1995. 274 Seiten.

60 Gedichte bekannter Autorinnen und Autoren wie Gottfried Benn, Gerhard Rühm, Konrad Bayer, Christine Lavant, Eugen Gomringer, Ernst Jandl, Friederike Mayröcker, Karl Krolow und Thomas Kling sollen zeigen, wie die Lyrik in der zweiten Jahrhunderthälfte den „Bereich des Sagbaren erweitert, die Formensprache deutscher Lyrik bereichert und Phänomenen des inneren wie des

---

„Erst wenn das Vertraute fremd wird und unsere kognitiven Selbstverständlichkeiten zerfallen, kann sich Dichtung freisprechen von den ihr auferlegten Geläufigkeiten."
Michael Braun: Strömungslehre zur Lyrik des 21. Jahrhunderts, in: Text + Kritik, Band 171: Junge Lyrik, herausgegeben von Heinz Ludwig Arnold, 2006, S. 41.

äußeren Lebens sich zu stellen vermochte, die vorher nie gekannte Voraussetzungen waren für die Entwicklung der Lyrik" (Jörg Drews). Die Auswahl ist also sprachbezogen, der Anspruch „maßstabsetzende Radikalität der Texte". In seinem 20-seitigen Nachwort beklagt Jörg Drews unter anderem die Geschwätzigkeit vieler Gedichte und die Eintönigkeit, die sich oft einstellt, wenn ein Autor seinen Ton gefunden zu haben meint.

Peter Geist (Hg.): *Ein Molotow-Cocktail auf fremder Bettkante.* Leipzig: Reclam, 1991. 454 Seiten.

Lyrik der 70er und 80er Jahre aus der DDR, unter anderem Gedichte von Kurt Drawert, Sarah Kirsch, Elke Erb, Kerstin Hensel, Peter Huchel, Richard Pietraß, Thomas Rosenlöcher. Die Auswahl wurde im September 1989 abgeschlossen, also vor der Öffnung der Mauer. Der Band enthält ein 37-seitiges Nachwort zur Situation der Lyrik in der DDR. In seinen „Vor-Sätzen" schreibt Peter Geist, was er von einem gelungenen Gedicht erwartet: „Daß es mich überrascht, fesselt, befremdet, daß es mich entdecken läßt: so, genau so etwas noch überhaupt nicht gesehen/erfahren/bedacht zu haben. Daß sich die Unbedingtheit des Sprechens überträgt. (...) Die ‚Not zu schreiben' (Kolbe) und die ‚Lust am Text' (Barthes) möchte ich gleichermaßen spüren (ein Ideal)."

Christoph Buchwald u. a. (Hg.): *Jahrbuch der Lyrik.* Frankfurt am Main: S. Fischer.

Das *Jahrbuch der Lyrik* stellt seit 1979 in jedem Jahr mehr als 100 zeitgenössische lyrische Stimmen vor. Das Jahrbuch erschien zunächst bei Claassen, dann bei Luchterhand und bei C. H. Beck und seit dem *Jahrbuch der Lyrik 2006*

„Ich lese über viel Schönes hinweg, nur auf der Jagd nach jenen Sätzen, Worten, Absätzen, die ich ANWENDEN könnte, was für 1 (Jämmerlichkeit, Verkommenheit, Sündenfall. Im Grunde lese ich jetzt nur noch in der POSTKARTE [von Jacques Derrida], um exzerpieren zu können, bin aus nach Stellen, die mich ergreifen (...)"
Friederike Mayröcker: Die kommunizierenden Gefäße, Suhrkamp, Frankfurt am Main 2003, S. 59 f.

(Erscheinungsjahr 2005) als Hardcover bei S. Fischer. Für das Jahrbuch wählt sich Christoph Buchwald in jedem Jahr einen neuen Mitherausgeber, was jeweils zu einem stets leicht variierten Aufbau führt. Die Einsendung von Gedichten für eine Veröffentlichung im *Jahrbuch der Lyrik* ist an keine Einladung gebunden, sie steht jedem offen. Im Idealfall, also wenn niemand ältere Texte einreicht, präsentiert das Jahrbuch einen Einblick in die Lyrik des vergangenen Jahres. Der Einsendeschluss für das im Frühjahr 2009 erscheinende *Jahrbuch der Lyrik 2009* ist der 1.6.2008. Es dürfen bis zu zehn Gedichte eingesandt werden, die entweder noch unveröffentlicht oder in Zeitschriften veröffentlicht sind (also keine Gedichte, die bereits in einem eigenen Lyrikband veröffentlicht sind). Der Herausgeber bittet um Papierausdrucke und um eine kurze ‚Biobibliografie' auf einem gesonderten Blatt mit folgenden Angaben: Name, Geburtsjahr, Wohnort, die beiden letzten lieferbaren Gedichtbände [Titel, Erscheinungsort, Verlag, Erscheinungsjahr]. Die Adresse für die Einsendung lautet: Verlag S. Fischer, Redaktion Jahrbuch der Lyrik, Hedderichstr. 114, 60596 Frankfurt am Main. Ein Register aller Bände, AutorInnen und Gedichte findet sich unter www.fischerverlage.de/page/lyrik.

Christoph Buchwald (Hg.): *25. Jahrbuch der Lyrik.* Frankfurt am Main: S. Fischer, 2007. 410 Seiten.

Für diesen Band bat Christoph Buchwald alle seine bisherigen MitherausgeberInnen darum, aus seinem Jahrbuch die „zehn überraschendsten, haltbarsten, besten, interessantesten, wegweisendsten, revolutionärsten oder aus anderen metaphysischen Gründen ‚liebsten' Gedichte auszuwählen" (S. 78) und einen kleinen Kommentar zur Entwicklung des deutschsprachigen Gedichts anzufügen.

„Ich weiß, daß manche Dichtung, die mir am meisten bedeutet, Dichtung ist, die ich beim ersten Lesen nicht verstand; darunter Dichtung, der gegenüber ich nicht sicher bin, daß ich sie mittlerweile verstehe (…)"
Thomas Stearns Eliot, in: Walter Höllerer (Hg.): Theorie der modernen Lyrik, 1969, S. 255.

Neben vielen guten Gedichten aus 25 Jahren finden sich in dem Band teilweise sehr interessante Rückblicke oder Stellungnahmen der ehemaligen MitherausgeberInnen und ein Interview, für das Christoph Buchwald sich selbst Fragen zur Entstehung des Jubiläumsbandes und zu Qualitätsansprüchen an gute Lyrik stellte. Am eindringlichsten wirkte auf mich der Beitrag Lutz Seilers. Er beschreibt, wie er als Kind nicht müde wurde, eine seiner Spielkameradinnen vom andern Ende des Dorfes zu rufen, wie er sich schließlich an der Melodie ihres Namens erfreute, im bloßen Rufen die Zeit vergaß und dabei den Trost des Klangs entdeckte, eine „Erfahrung von Schönheit".

Fritz Deppert/Christian Döring/Hanne F. Juritz (Hg.): *In diesem Garten Eden.* Literarischer März 15, Leonce-und-Lena-Preis, Wolfgang-Weyrauch-Förderpreise, Frankfurt am Main: Brandes und Apsel, 2007. 192 Seiten.

Seit 1979 findet im Abstand von zwei Jahren an zwei Tagen in Darmstadt der Literarische März statt, eine öffentliche Veranstaltung, bei der Lyrikerinnen und Lyriker bis zum Alter von 35 Jahren Gedichte vortragen, die anschließend von der Jury diskutiert werden. Die literarischen Beiträge erscheinen in einer Anthologie im Verlag Brandes und Apsel. Herausgeber ist das Lektorat, das aus den Einsendungen die Autoren auswählt, die zur Lesung zugelassen werden. Unter dem oben genannte Titel erschienen die Beiträge zum Literarischen März 2007. Die Angaben zu den Anthologien mit den Gedichten früherer Wettbewerbe zum Literarischen März finden sich unter www.literarischer-maerz.de/anthologien/php.

Björn Kuhligk/Jan Wagner (Hg.): *Lyrik von jetzt.* 74 Stimmen. Mit einem Vorwort von Gerhard Falkner. Köln: DuMont, 2003. 422 Seiten.

Die Herausgeber haben 74 lyrische Stimmen ab Jahrgang 1965 gesammelt, die, „ob durch Veröffentlichungen oder Auftritte vor Publikum, dauerhaft in der neueren Lyriklandschaft präsent" sind. Jeder Lyriker sollte vier Gedichte aussuchen, die typisch für seinen Stil oder für die

Entwicklung seines Stils sind. Entstanden ist ein Band mit fast 300 Gedichten der jüngeren Generation. Im Jahr 2008 soll eine neue Auflage des Buches mit neuen lyrischen Stimmen erscheinen, wobei leider nur die Jahrgänge ab 1971 berücksichtigt werden.

11.4. Literaturzeitschriften

Die einzelnen Ausgaben von Literaturzeitschriften haben meist eine geringere Planungsvorlaufzeit als Anthologien. Hier finden Sie deshalb die aktuellsten Veröffentlichungen. Regelmäßig erscheinende, reine Lyrikzeitschriften sind *Zwischen den Zeilen* und *DAS GEDICHT*.

Zwischen den Zeilen: wird von Urs Engeler herausgegeben und erscheint seit 1992 in ein bis zwei Ausgaben pro Jahr. Das Konzept beschreibt Werner Irro von der Frankfurter Rundschau so: „Wähle Lyriker aus, drucke ihre Gedichte und lade die Autoren ein, in einer offenen, essayistischen Form über ihre Poetik zu schreiben." Von Anfang an führte der Herausgeber aber auch ausführliche Interviews mit Lyrikern, die nicht, wie diese Art von Interviews sonst so oft, immer einen Touch von PR vor sich hertragen, sondern auch verwundbare Punkte und Schwachstellen einzelner Gedichte und ihrer Poetologie nicht scheuen. Die Auswahl Urs Engelers ist hochkarätig, international und vielfältig. Nicht deutschsprachige Gedichte werden

„Die Halluzination, die Arglosigkeit, die Wut, (…) die unbekannten Landschaften, (…) die unvermuteten Erinnerungen, die Weissagungen der Leidenschaft, die Feuerbrände von Ideen, von Gefühlen (…), die Verzerrung der Logik bis zum Absurden (…), das ist's (…), was zur Harmonie eines Gedichts beiträgt."
Paul Éluard, in: Walter Höllerer: Theorie der modernen Lyrik. Dokumente zur Poetik, Band II, Hanser, München 2003, S. 511.

nicht nur in der deutschen Übersetzung, sondern auch in der Originalsprache abgedruckt. Die Seitenzahl der Ausgaben variiert ebenso wie der Preis. Details finden Sie auf der Internetseite, auf der auch die Namen der in den einzelnen Heften präsentierten Autoren genannt werden. Ein verlockendes Angebot ist das Heft Nr. 20 vom Januar 2003, das auf einer CD-ROM alle Beiträge von bisher 105 Autorinnen und Autoren aus 19 Heften auf über 2800 Seiten samt einem Index aller Gedichttitel, Essays, Aufsätze und Gespräche zur Poetik des Gedichts versammelt. In Heft 24 (Juni 2005) und Heft 25 (Mai 2006) wurde junge deutschsprachige Lyrik vorgestellt, jeweils mit poetologischen Bemerkungen der LyrikerInnen.

Kontakt: Zwischen den Zeilen, c/o Urs Engeler Editor, Postfach, Dorfstr. 33, CH-4019 Basel, Tel.: 061/6314681, www.engeler. de/zdz.html

DAS GEDICHT: An ein breites Publikum wendet sich Anton G. Leitner mit seiner jährlich im Sommer erscheinenden Zeitschrift DAS GEDICHT, einer Zeitschrift für Lyrik, Essay und Kritik. Auf etwa 190 Seiten werden zeitgenössische Gedichte namhafter, aber auch unbekannter AutorInnen, Essays, Kritiken und eine Auswahlbibliografie von im vergangenen Jahr erschienenen Lyriktiteln versammelt. Die Gedichte und die Essays stehen unter einem Thema, zuletzt gab es Hefte zu den Themen Kindheit, Tiere und immer wieder gern zu Erotik.

Kontakt: Anton G. Leitner, Buchenweg 3b, 82234 Weßling bei München, www.dasgedicht.de.

Faltblatt: Von Theo Breuer herausgegebene reine Lyrikzeitschrift, die zuletzt 2004 erschien. Theo Breuer stöbert vorzugsweise bibliophile Lyrikbände aus Kleinverlagen auf, veröffentlicht Gedichte, Profile von Kleinverlagen und Essays über poetologische Überlegungen oder besondere Ereignisse aus der Welt der Lyrik wie zum Beispiel den 80. Geburtstag Michael Hamburgers (in Nr. 9) und plaudert aus dem Nähkästchen seiner Lyrikbegegnungen. Immer wieder betont Theo Breuer seine Verbundenheit mit der Lyrik und der Poetologie Rolf Dieter Brinkmanns. Diese Vorliebe ist auch in der Auswahl der Gedichte erkennbar.

Kontakt: Theo Breuer, Neustr. 2, 53925 Sistig/Eifel, www.theobreuer.de.

Von den vielen, vielen weiteren Literaturzeitschriften mit lesenswertem Lyrikteil möchte ich hier nur einige hervorheben:

poet[mag] ist das Magazin des *Poetenladens,* www.poetenladen. de. Andreas Heidtmann aus Leipzig hat die Internetseite seit 2005 zu einem beeindruckenden Literaturportal ausgebaut. Hier finden Sie nicht nur zeitgenössische Lyrik und Prosa, sondern auch Rezensionen, Besprechungen von Zeitschriften, Interviews und aktuelle Nachrichten aus der Literaturwelt. Das *poet[mag]* enthält eine Auswahl an literarischen Texten der Website, aber auch eigene Beiträge. So enthält das *poet[mag]* Nr. 3 (2007) Aussagen von elf jungen Verlegern zur Frage, was einen guten Text ausmacht.

Minima heißt passenderweise die kleinste Literaturzeitschrift. Neben Gedichten nicht allzu umfassenden Umfangs passen auf die kleinformatigen Seiten nur Prosaminiaturen. Sie können die Zeitschrift digital unter www.minimapapier.de als pdf-Datei lesen. Die Papierversion ist an den auf der Homepage angegebenen Orten (Buchläden und Literaturhäuser) in Deutschland und Österreich kostenfrei erhältlich.

Sic ist eine noch junge und ehrgeizige Literaturzeitschrift, die in Aachen zusammengestellt wird. Sie erscheint einmal

❧ ❧ ❧ ❧ ❧ ❧ ❧ ❧ ❧ ❧ ❧ ❧ ❧ ❧ ❧ ❧ ❧ ❧ ❧ ❧

„Wenn man ihn [Walter de la Mare] da hört, hört man, was man sich von einer Lesung eigener Werke eines Dichters oder einer Dichterin erhofft: die besondere, innere Musik, das klingende Zusammenspiel psychologischer Komponenten – das die Möglichkeiten der Lyrik bestimmt."
Ted Hughes, in: Wie Dichtung entsteht, Insel Verlag 2001, übersetzt von Jutta Kaußen, S. 229.

jährlich im Sommer. Informationen über das Konzept der Zeitschrift finden Sie unter www.siconline.de.

Edit wird von Studierenden des Deutschen Literaturinstituts in Leipzig herausgegeben und erscheint dreimal jährlich. Näheres unter www.editonline.de.

BELLA triste wird von den Studierenden des Studiengangs „Kreatives Schreiben und Kulturjournalismus" in Hildesheim herausgegeben. Empfehlen möchte ich nochmals die Sonderausgabe Nr. 17 zur Gegenwartslyrik. Website: www.bellatriste.de.

Macondo ist eine Literaturzeitschrift, die Themenhefte produziert (zuletzt zu „Babel", „Schmerz", „Haare" und „Paare") und literarische Texte mit Schwarzweißfotos kombiniert. Die Zeitschrift ist sogar im Bahnhofsbuchhandel erhältlich – für eine Literaturzeitschrift ungewöhnlich. Das jeweils aktuelle Thema und mehr erfahren Sie unter www.die-lust-am-lesen.de.

lauter niemand erscheint in Berlin und ist mit 10.000 bis 12.000 Exemplaren eine der auflagenstärksten Literaturzeitschriften. Die Internetseite führt Sie auch zu einem Berliner Treffpunkt für Literaturdiskussionen sowie zur Ausschreibung des jährlich stattfindenden Lyrikwettbewerbs: www.lauter-niemand.de.

www.junge-magazine.de: Hier präsentieren sich die Literaturzeitschriften *BELLA triste, Edit, lauter niemand, sprachgebunden, Sic, la mer gelée, Krachkultur, Kritische Ausgabe, spella* und *polar.*

Außerdem: Die Münchner Literaturzeitschrift veröffentlicht Texte, die – laut Website – „über die üblichen klassischen Muster hinausreichen und an markanten Stellen das gängige Schema von Lyrik und Prosa verlassen." Leseproben und mehr unter www.ausserdem.de.

Hinweisen möchte ich noch auf die monatliche Zeitschriftenlese des Literaturkritikers Michael Braun auf www.poetenladen.de.

11.5. Weitere Internetseiten mit oder über Lyrik

www.lyrikline.org: Ein Projekt der LiteraturWERKstatt Berlin, das inzwischen 4.300 Gedichte von 430 ausgewählten Lyrikerinnen und Lyrikern mit 44 Herkunftssprachen vorstellt, auch in Übersetzungen und zum Hören.

www.satt.org/lyrik-log: Eine Online-Gedichtanthologie des Internetkulturmagazins satt.org, herausgegeben von Ron Winkler. Woche für Woche wurde in den Jahren 2003 bis 2005 ein Gedicht hinzugefügt, meist handelt es sich dabei um deutschsprachige Erstveröffentlichungen. Auf der Website können sämtliche 99 Gedichte gelesen werden. Ein guter Einblick in die Gegenwartslyrik.

www.lyrikwelt.de: „Die LYRIKwelt steht", schreiben die Betreiber der Website, „allen offen, die Gedichte, Reime, Verse und/oder Prosa schreiben und diese im Internet auf unseren Seiten veröffentlichen möchten." So findet man eine Mischung der Extreme zwischen hervorragenden Gedichten bekannter (auch nicht deutschsprachiger) Lyriker und Anfängertexten, die nicht immer überzeugen.

www.lyrikkritik.de: Auf dieser Website möchte Hendrik Jackson sowohl arrivierten als auch jungen Lyrikern und Kritikern einen Diskussionsraum geben.

www.lyrikzeitung.de: Neuigkeiten aus der Welt der Lyrik, viele Links zu deutschsprachigen und nicht deutschsprachigen Zeitungen sowie Lyrik-Internetseiten.

www.dradio.de/literatur: Die Literaturseite der Programme Deutschlandfunk und Deutschlandradio Kultur, die bun-

---

„Ob wir es nun gut finden oder nicht, wir müssen uns damit abfinden, daß wir etwas anrufen, wenn wir Gedichte oder stilisierte Prosa vortragen. Und das, was uns hört und sich uns nähert, ist der menschliche Geist: verdichteter und kraftvoller menschlicher Geist. (…) Und auch an den Vortragenden müssen wir denken. Ist er auf Vergnügen aus, auf das Erzeugen von Spannung oder Furcht? Was will er? Befindet er sich innerhalb eines magischen, schützenden Kreises oder außerhalb?"
Ted Hughes, in: Wie Dichtung entsteht, Insel Verlag 2001, übersetzt von Jutta Kaußen, S. 232.

desweit gehört werden können. Neben dem Büchermarkt (Buchvorstellungen und Kritikergespräche Montag bis Freitag von 16:10 bis 16:30 Uhr – die Lyrik ist unregelmäßig vertreten –, sonntags das Buch der Woche) werden Lesungen und sonstige Literatursendungen geboten. Auf der Internetseite findet sich ein umfangreiches Rezensionsarchiv. Empfehlenswert ist das kostenfreie Programmheft.

11.6. Fremdsprachige (vor allem englische) Lyrik

Wer sich eine Zeit lang mit deutschsprachiger Lyrik beschäftigt hat, wird das Bedürfnis verspüren, seinen Horizont zu erweitern und Lyrik aus anderen Staaten und Kulturen zu lesen, um literarische Strömungen zu vergleichen und um das Repertoire an Ausdrucksmitteln zu erkunden und so das eigene Repertoire zu erweitern.

Nicht deutschsprachige Lyrik sollte man, wenn möglich, im Original lesen. Rhythmus und Reim können in der Übersetzung oft nicht nachgedichtet werden und, falls doch, oft auf Kosten eines veränderten Tonfalls. Wer verschiedene Fassungen von Übersetzungen vergleicht, schult nicht nur sein Sprachvermögen, sondern bemerkt auch oft gravierende Unterschiede. ÜbersetzerInnen müssen sich meist entscheiden, ob sie im Zweifel eher dem Inhalt oder der Form ihrer Vorlage folgen. Es ist kaum möglich, Doppeldeutigkeiten, Anspielungen, Wortneuschöpfungen oder gar Metaphern aus der Ursprungssprache in die Übersetzung mitzunehmen.

~ ~ ~ ~ ~ ~ ~ ~ ~ ~ ~ ~ ~ ~ ~ ~ ~ ~ ~ ~

„Literatur ist nicht Erkenntnis. Literatur ist Wirkung. Bei allen guten Büchern geht es nicht darum, dass wir hinterher mehr wissen, sondern wir haben mit etwas kommuniziert, an das wir sonst nicht herankommen, und das ist Gelassenheit."
Walter van Rossum, 2003 im Büchermarkt des Deutschlandfunks.

Gelegentlich kann es auch reizvoll sein, ein Gedicht in einer Sprache, die man gar nicht oder nur ansatzweise versteht, zu lesen oder zu hören. Man kann sich ganz von der Melodie tragen lassen und sich auf die Dramaturgie konzentrieren. Für einen Funken der Inspiration kann es genügen, wenn man die Bedeutungen des Gedichtes nur erahnt und versucht, dieses Erahnte ins Deutsche zu übersetzen oder sich von einem Rhythmus oder einer Stimmung anregen zu lassen.

In den vergangenen Jahren sind viele Sammelbände mit Übersetzungen vor allem von Gedichten aus den Staaten der Europäischen Union erschienen, unter anderem in den Verlagen *Das Wunderhorn* (www.wunderhorn.de, Reihe: Poesie der Nachbarn), in der *edition die horen* im Wirtschaftsverlag NW und bei *Reclam* (www.reclam.de). Ältere nicht deutschsprachige Lyrik finden Sie zum Beispiel in den bei den Anthologien vorgestellten Bänden *Luftfracht* und *Museum der modernen Poesie*.

An dieser Stelle möchte ich nur eine kleine Auswahl an Büchern, Zeitschriften und Internetseiten vorstellen. Da unter den LeserInnen dieses Buches vermutlich Englisch die am meisten verbreitete Fremdsprache ist und da mich selbst neben deutschsprachiger Lyrik die englischsprachige am meisten interessiert, konzentriere ich mich hier auf englischsprachige Lyrik.

www.poetryinternational.org: Ein internationales Poesieforum, von dem aus Sie Lyrik aus vielen Staaten (natürlich auch aus Deutschland) im Original und in englischer Übersetzung lesen und teilweise auch hören können.

www.poetrykit.org: Eine Fundgrube, die Sie zu Lyrikveranstaltungen, Literaturzeitschriften, Homepages von LyrikerInnen im englischsprachigen Raum etc. führt.

Park: Die Zeitschrift stellt neben deutschsprachiger auch internationale Lyrik vor, allerdings ausschließlich Originalbeiträge und Erstveröffentlichungen. Sie enthält außerdem Essays und Rezensionen. *Mangels Internetseite hier die Redaktionsanschrift: Michael Speier, Tile-Wardenberg-Str. 18, 10555 Berlin, Park53@aol.com*

Schreibheft: Das *Schreibheft,* herausgegeben von Norbert Wehr, ist eine halbjährlich erscheinende Zeitschrift für internationale Literatur: www.schreibheft.de.

Franz Link: *Amerikanische Lyrik vom 17. Jahrhundert bis zur Gegenwart.* Zweisprachig. Übersetzt von Annemarie und Franz Link. Mit einem Anhang neuer Gedichte. Stuttgart: Reclam, 1998. 631 Seiten.

In diesem Band finden Sie die Klassiker der amerikanischen Lyrik, unter anderem Edgar Allan Poe, Walt Whitman, Ezra Pound, Wallace Stevens, William Carlos Williams und John Ashbery. Entdeckt habe ich hier den in Deutschland wenig bekannten, 1927 geborenen William Stanley Merwin, aus dessen Gedicht „In autumn" in dem Band *The Lice* ich die vier Abschlussverse zitiere: „The hours their shadows/The lights are going on in the leaves nothing to do with evening/Those are cities/where I had hoped to live."

Eva Hesse und Heinz Ickstadt (Hg.): *Amerikanische Dichtung. Von den Anfängen bis zur Gegenwart.* Englische und Amerikanische Dichtung. Band 4. München: C. H. Beck, 2000. 700 Seiten.

Ein umfangreiches Buch, in dem nur renommierte lyrische Stimmen versammelt sind. Es ist weniger geeignet für Einsteiger; es eignet sich mehr für Leser, die sich umfassend über die amerikanische Lyrik informieren wollen.

Jürgen Brôcan (Hg.): *Sehen heißt ändern.* 30 amerikanische Dichterinnen des 20. Jahrhunderts. Zweisprachige Ausgabe. München: C. H. Beck, Stiftung Lyrik Kabinett, 2006. 354 Seiten.

Die Lyrikerinnen, deren Texte hier vorgestellt werden, wurden zwischen 1874 und 1960 geboren. Neben der Zugehörigkeit zu verschiedenen Generationen waren die Auswahlkriterien eine Ausgewogenheit von bekannten und unbekannten Stimmen sowie eine Vielfalt in Stil, Form und Inhalten. Hervorheben möchte ich die Lyrik von Denise Levertov (1923–1997), von der auch in *Zwischen den Zeilen* Nr. 17 (Oktober 2000) rund 30 Seiten Lyrik (Original mit Übersetzung) mit einem erläuternden Aufsatz von Jürgen Brôcan zu lesen sind. Levertov wollte ihre persönlichen Erfahrungen als Frau und als politisch engagierte Person in ihre Lyrik einbringen, ohne sich von der Frauenbewegung vereinnahmen zu lassen. Ihre poetologischen Essays setzen sich unter anderem mit William Carlos Williams auseinander und haben in den USA den Status von Klassikern.

Ron Winkler (Hg.): *Schwerkraft.* Junge amerikanische Lyrik. Salzburg und Wien: Jung und Jung, 2007. 231 Seiten.

Acht deutschsprachige LyrikerInnen haben (teilweise mehrfach) Gedichte von neunzehn US-amerikanischen LyrikerInnen der Jahrgänge 1960 bis 1974 übersetzt. Im Unterschied zur deutschsprachigen Lyrik macht die US-amerikanische einen erstaunlich ungebändigten und wenig mittelstandsnahen Eindruck auf mich. Im Anhang ist leider jeweils nur ein Gedicht pro LyrikerIn im Original abgedruckt, so dass die meisten Gedichte nur in der deutschen Fassung gelesen werden können.

Willi Erzgräber und Ute Knoeden (Hg.): *Moderne englische Lyrik.* Englisch und deutsch. Mit einer Einleitung von Willi Erzgräber. Stuttgart: Reclam, 1994. 623 Seiten.

Der Band versammelt die Klassiker der englischen Lyrik von 1900 bis 1975: unter anderem T. S. Eliot, Dylan Thomas, Philip Larkin, Seamus Heaney, Ted Hughes und Sylvia Plath.

Hans Thill (Hg.): *Wozu Vögel, Bücher, Jazz.* Gedichte aus England. Englisch-deutsche Ausgabe. Heidelberg: Das Wunderhorn, 2005. 181 Seiten.

Der Band enthält Lyrik der englischsprachigen, sprachlich experimentierfreudigen und teilweise universitär geprägten Avantgarde: Craig Raine, Tim Turnbull, Keston Sutherland, Frances Presley, Helen Macdonald und J. H. Prynne. Die Übersetzungen stammen von deutschsprachigen LyrikerInnen. Viele Gedichte wurden mehrmals übersetzt, wobei jede Übersetzung charakteristische Züge der Lyrik des Übersetzers trägt.

Ruth Padel: *52 Ways of looking at a poem.* A poem of every week of the year. London: Vintage, 2004. 272 Seiten.

Nach einer 50-seitigen Einführung über zeitgenössische Lyrik folgen 52 Gedichte renommierter zeitgenössischer LyrikerInnen aus Großbritannien (unter anderem Derek Walcott, Anne Carson, Lavina Greenlaw, Charles Simic, Caron Ann Duffy, Seamus Heaney, Paul Muldoon und Moniza Alvi), jeweils mit mehreren Seiten Erläuterungen. Im Unterschied zu den Gedichten aus dem von Hans Thill herausgegebenen Band sind die Gedichte aus diesem Buch sprachlich leichter eingängig.

11.7. Lyrik hören

Einer Autorin oder einem Autor zuzuhören, wie sie oder er eigene Gedichte liest, kann im Unterschied zur Leseerfahrung einen ganz anderen oder einen auf andere Weise faszinierenden Eindruck machen. Die Lesung kann im Vergleich zur Schriftfassung abfallen, wenn der Autor schlichtweg schlecht liest oder wenn ein Gedicht vor allem aus kurzen Zeilen mit vielen bedeutsamen Zeilenbrüchen besteht, die den Vortrag abgehackt oder wie dahingestottert wirken lassen. Auf der anderen Seite kann ein vorgetragenes Gedicht über mangelnde Qualität hinwegtäuschen, wenn der Vortrag sehr gut ist.

Im Idealfall macht das Gedicht, das vorrangig als geschriebener Text bestehen muss, durch den Vortrag die „innere Musik" des Autors, wie Ted Hughes es nennt, erfahrbar, und die Hörenden erspüren hinter Sound und Tempo, hinter Stimme, Stimmung und Gestimmtheit den Zusammenhang des Gedichtes mit Erfahrungen, Erkenntnissen und der Biografie des Verfassers.

Die öffentliche Lesung einer Lyrikerin etwa in einem Literaturbüro bietet zwar den Vorteil eines guten Gesprächs – wenn der Veranstalter ein Lyrikkenner ist und es versteht, Fragen jenseits des Banalen zu stellen. Der Besuch einer Lesung hat jedoch den Nachteil des Flüchtigen, so dass zwar Stimme und Tonfall im Ohr bleiben, selten jedoch einzelne Formulierungen der vorgetragenen Gedichte.

Für diejenigen, die beim Zuhören lieber allein sind und eine Wiederholungstaste wünschen, gibt es neben einigen Internetadressen, die viele Hörstunden garantieren (zum Beispiel www.lyrikline.org sowie www.poetryinternational.org), auch CDs und Schallplatten (für Lesungen vor Erfindung der CD).

Neben Klassikern finden auf diese Weise auch immer mehr zeitgenössische Gedichte Verbreitung, und das durchaus nicht nur in Form von „Wasserglaslesungen". Ein Beispiel für eine gelungene Buch-CD-Kombination ist der 1997 bei Urs Engeler erschienene Band *singtrieb* von Norbert Hummelt, dem eine CD beigefügt ist, auf der der Autor ausgewählte Texte liest (und singt) und dabei von Christoph Clöser musikalisch begleitet wird. Im selben Verlag wurde 2002 die von Christian Scholz und Urs Engeler herausgegebene Buch- und CD-Medienkombination *Stimmen und Klänge der Lautpoesie* veröffentlicht.

Hör-Lese-Kombinationen bieten auch andere Verlage an: Im Suhrkamp Verlag erschien 2004 Albert Ostermaiers *Solarplexus,* DuMont veröffentlichte 2002 Thomas Klings *Sondagen* sowie 2004 Brigitte Oleschinskis *Geisterströmung.* Anja Utlers zweiter Lyrikband *Brinnen* erschien 2006 in Wien als Buch in der Edition Korrespondenzen und als Hör-CD in der edition merz & solitude.

So manche historische Rarität und auch Klassiker können Sie über Internetantiquariate aufstöbern (zum Beispiel über www. zvab.de), wenn Sie als Suchbegriffe „Schallplatte Lyrik" eingeben. Wer Lesungen aus verschiedenen Zeiten hört, kann verfolgen, wie sich Vortragsweisen im Lauf der Zeit ändern, und man kann versuchen, Zusammenhänge mit dem Zeitgeist oder einer Generationszugehörigkeit herzustellen. Vergleichen Sie nur Lesungen von Gottfried Benn, Paul Celan und Ernst Jandl (*Eile mit Feile,* Der Hörverlag) mit Live-Mitschnitten zeitgenössischer Lyrik-Leseabende wie *Lyrik eins* und *Lyrik zwei,* einer Kooperation des Bayerischen Rundfunks mit dem Hörverlag 2002 mit Friederike Mayröcker, Inger Christensen, Raoul Schrott, Fuad Rifka usw. (nur noch antiquarisch erhältlich) oder der

Doppel-CD *Sommernacht der Lyrik. Gedichte von heute* aus dem Jahr 1999, ebenfalls im Hörverlag erschienen.

Reine, also von einem Buch abgekoppelte Lyrikhörbücher einzelner zeitgenössischer Autorinnen und Autoren gibt es auch, sie sind aber sehr selten. Gegen das reine Lyrik-Hörbuch spricht nicht nur der Wunsch des Nachwuchslyrikers nach dem eigenen Buch, sondern auch das Bedürfnis des Rezipienten, die Texte selbst zu lesen, zumal eine gelungene optische Anordnung ein zusätzlicher ästhetischer Genuss ist.

Ich selbst nehme seit Jahren Lyriklesungen, Portraits von LyrikerInnen und sonstige Lyriksendungen aus dem Radio (vor allem aus dem „Büchermarkt" und anderen Literatursendungen des Deutschlandfunks) auf Audiokassette auf und schneide die Texte mit meinem Doppelkassettenrekorder so zusammen, dass auf der zweiten Kassette nur die Gedichte überspielt sind. Auf diese Weise habe ich mittlerweile einen Schuhkarton voll Lyrikkassetten gesammelt und könnte mit verbundenen Augen viele LyrikerInnen namentlich begrüßen, wenn ich nur ein paar Sätze von ihnen hören würde.

Lyrik zu hören schult das Gefühl für Rhythmus, sprachliche Details und die Gesamtkomposition auf eine andere Weise als das Lesen, vor allem, wenn Sie einzelne Gedichte immer und immer wieder hören. Eine intensive Hörerfahrung kann sich auf die Art, wie Sie Gedichte schreiben, auswirken, so wie sich auch die Erfahrung, eigene Gedichte in einer Literaturgruppe oder auf einer Lesung vorzutragen, auf Ihre nächsten Gedichte auswirken kann, weil Sie ein Gespür für die Wahrnehmung Ihrer Zuhörer entwickeln. Manche Gedichte ziehen mich eher oder sogar nur als gesprochene Worte in ihren Bann, andere kann ich in gesprochener Form gar nicht aufnehmen. Eine Zeit lang habe ich beim Wäscheaufhängen gezielt T. S. Eliots *Waste Land* gehört (natürlich erst, nachdem ich vorher versucht hatte, mir ein Verständnis für den schriftlichen Text zu erarbeiten). Nasse Socken und T-Shirts sind deshalb für mich auf eine ganz besondere Weise mit den Worten „April is the cruellest month" verknüpft.

11.8. Lyrikgeschichte

Dieter Hoffmann: *Arbeitsbuch Deutschsprachige Lyrik seit 1945.* Tübingen und Basel: A. Francke Verlag, 1998. 414 Seiten.

---. *Arbeitsbuch Deutschsprachige Lyrik 1916–1945.* Tübingen und Basel: A. Francke Verlag, 2001. 509 Seiten.

---. *Arbeitsbuch Deutschsprachige Lyrik 1880–1916.* Tübingen und Basel: A. Francke Verlag, 2001. 468 Seiten.

Die Arbeitsbücher eignen sich hervorragend dazu, sich einen fundierten Überblick über die Lyrikgeschichte seit 1880 zu verschaffen. Der Autor, Lehrbeauftragter für moderne deutsche Lyrik, referiert jeweils zunächst wesentliche Entwicklungen der einzelnen lyrischen Epochen und veranschaulicht diese anhand einer Vielzahl ausgewählter Gedichte, zu denen er Sacherläuterungen gibt und Arbeitsaufgaben stellt. Die Interpretationshilfen umfassen jeweils mehrere Seiten und reichen von sozio-politischen Einordnungen bis zur Feinanalyse der Gedichte. Das Buch eignet sich für den Lyrikunterricht und für das Selbststudium.

Oldenbourg Interpretationen

Band 95: Lyrik vom Barock bis zur Goethezeit. Interpretiert von Michael Hofmann und Thomas Edelmann, München: Oldenbourg Schulbuchverlag, 2002. 196 Seiten.

Band 96: Lyrik von der Romantik bis zur Jahrhundertwende. Interpretiert von Thomas Gräff, München: Oldenbourg Schulbuchverlag, 2000. 231 Seiten.

Band 97: Lyrik des 20. Jahrhunderts (1900–1945). Interpretiert von Hermann Korte, München: Oldenbourg Schulbuchverlag, 2000. 200 Seiten.

Band 82: Lyrik von 1945 bis zur Gegenwart. Interpretiert von Hermann Korte, München: Oldenbourg Schulbuchverlag, 2000. 166 Seiten.

Diese Lyrikreihe richtet sich eigentlich an LehrerInnen, ist aber auch für Schreibende geeignet. Die Bände zeigen, wie ein Gedicht auch an die Zeit seiner Entstehung gebunden ist, an politische oder gesellschaftliche Umstände und an geistesgeschichtliche Strömungen. Den Kapiteln wird jeweils ein Überblick vorangestellt, dann werden einzelne Gedichte besprochen. Die Auswahl der Gedichte orientiert sich an Lehrplänen, also meist am Mainstream. Die Anhänge mit didaktischen Überlegungen sind für Schreibende zwar nicht wichtig, aber die Besprechungen der einzelnen Texte schärfen den Blick für gute Gedichte.

Daniel Frey: *Kleine Geschichte der deutschen Lyrik.* Mit liebeslyrischen Modellen. München: Wilhelm Fink Verlag, 1998. 188 Seiten.

Ein Lyrik-Querschnitt vom Mittelalter bis zum Ende des 20. Jahrhunderts, wobei ausschließlich Gedichte ausgewählt wurden, die die Liebe thematisieren. Jeweils auf der rechten Seite des Buches finden sich Gedichte aus einer Epoche, zu einem Thema oder von einem Lyriker, und auf der linken Seite Kommentare von Daniel Frey zu Hintergründen, Biografischem oder zu Bauprinzipien der Texte sowie poetologische Überlegungen.

Heinz Ludwig Arnold (Hg.): *Lyrik des 20. Jahrhunderts.* Sonderband der *Reihe Text + Kritik. Zeitschrift für Literatur.* München: edition text + kritik, 1999. 300 Seiten.

Dieser Band enthält 50 Gedichte, elf Aufsätze und 30 Seiten poetologischer Dokumente von LyrikerInnen. Er bietet eine Fülle wissenschaftlich aufbereiteter Anregungen und Hintergrundinformationen, die einen Blick über den Tellerrand der aktuellen Lyrikproduktion ermöglichen. Besonders gelungen sind der Überblick Hermann Kortes über die Lyrik des 20. Jahrhunderts, der Essay „Mein Onkel Gottfried Benn" von Norbert Hummelt, die Analysen Yasmine Inauens über Tanzgedichte von Else Lasker-Schüler, Gertrud Kolmar, Nelly Sachs und Christine Lavant sowie der Aufsatz über Naturlyrik von Ursula Heukenkamp.

12. Viel Freizeit und zu viele Vögel
21 Thesen und Gedanken aus der Diskussionsrunde zum Literarischen März 2007

Martina Weber

Der *Literarische März* wurde 2007 erstmals nicht mit der Lesung eines Ehrengastes eingeleitet, sondern mit einer Diskussionsrunde, in der sechs Literaturkritikerinnen und -kritiker über junge Lyrik sprachen. Die TeilnehmerInnen dieser Diskussionsrunde gehörten weder der Vorjury noch der Hauptjury an. Am Abend des 9. März 2007 stellte zunächst jede Person einige Thesen und Gedanken zur Gegenwartslyrik vor, anschließend kam es zum Gespräch. Um einen Eindruck davon zu vermitteln, wie die Literaturkritik die junge Lyrik sieht, habe ich einige Thesen zusammengestellt.

1. Junge Lyrik kann man auf zwei Traditionslinien zurückführen: zum einen auf Thomas Kling – was „gefährlich" ist, wenn der „Sound zur Attitüde" wird – und zum andern auf Rolf Dieter Brinkmann, der für den „geöffneten Blick auf den Alltag" steht. (Burkhard Müller)

2. „Die Gedichte gewinnen, wenn man sie laut liest." (Burkhard Müller)

3. „Der Reim scheint unmöglich zu sein." (Burkhard Müller)

4. Es sind „keine schlechten Zeiten für Lyrik. Lyrik wird gefördert und sie ist lebendig." (Burkhard Müller)

5. „Lyrik ist eng verknüpft mit Erfahrung. Die Lyrik sollte sich nicht zu sehr davon entfernen." (Burkhard Müller)

6. „Lyrik will stark sein, will wirken. Sie ist Emphase, nicht mehr Verzweiflung." (Meike Feßmann)

7. „Naturlyrik gedeiht in Zeiten der Niederlagen." (Meike Feßmann)

8. „Die dominierende Bildfindungsstrategie ist die Montage: rhythmische Beschleunigung, schnelle Schnitte, Medienzitate." (Michael Braun)

9. „Deutsche Lyrik entspringt dem Mittelstand." (Ina Hartwig)

10. „Erfolg hatten leichtere Gedichte, in die eher eine Alltagssicht eingeht." (Ina Hartwig)

11. Man gewinnt den Eindruck, die Lyriker hätten viel Freizeit. In den Gedichten tauchen immer wieder Vögel auf – zu viele. (Ina Hartwig)

12. „Die Überraschung zählt, nicht die Perfektion." (Ina Hartwig)

13. Die Erfahrungen, die die Lyriker in ihrer Lyrik transportieren, sind uninteressant. Es steckt zu wenig Konflikt darin. (Ina Hartwig)

14. „Viele Gedichte der jungen Lyrik sind poetischer Eskapismus. Es herrscht das Stillleben." (Richard Kämmerlings)

15. „Handwerkliche Virtuosität im Hinblick auf traditionelle Strophenformen *kann* auch Flucht sein." (Richard Kämmerlings)

16. „Aktuelle Problemlagen und Bewusstseinsstände fehlen eher. Lyrik ist eine hocharifizielle Nabelschau. Es herrscht keine Sprachnot. Jeder Ort, jedes Ding, jeder Exfreund wird zum Thema. Dazu kommen sollte: Radikalität. Das Gedicht

nicht zum Bollwerk gegen, sondern zum Gefäß für etwas machen. Lyrik sollte Erfahrungen in eine Form bringen." (Richard Kämmerlings)

17. „Viele Erfahrungen finden sich nicht in der Literatur." (Richard Kämmerlings)

18. „Neues ist kaum mehr möglich. Die jungen Lyriker können nur umschichten. Der Erfahrungsraum ist technisch, nicht unmittelbar." (Cornelia Jentzsch)

19. „Poesie braucht Abstand zur Norm. Die Zeichen der Zeit durchschauen." (Cornelia Jentzsch)

20. „Lyrik wird weniger als Berufung angesehen, sondern als Beruf. Die Folgen oder Gefahren davon: Kompromisse, Anpassungszwänge, Inzest." (Cornelia Jentzsch)

21. „Es ist ein Mythos zu sagen, es gäbe unentdeckte Talente." (Richard Kämmerlings)

13. Der Text braucht Identität
Kurt Drawert im Gespräch mit Martina Weber

Kurt Drawert wurde 1956 in Hennigsdorf/Brandenburg geboren und lebt seit 1996 in Darmstadt. Zahlreiche Veröffentlichungen von Lyrik, Prosa, Dramatik und Essays sowie Herausgaben. Auszeichnungen, u. a. Leonce-und-Lena-Preis, Ingeborg-Bachmann-Preis, Uwe-Johnson-Preis. Die beiden zuletzt erschienenen Lyrikbände sind *Wo es war* (1996) und *Frühjahrskollektion* (2002, beide bei Suhrkamp). In seinem poetologischen Essay „Die Lust zu verschwinden im Körper der Texte" – erschienen 2001 in dem Band *Rückseiten der Herrlichkeit. Texte und Kontexte* – entwickelt Kurt Drawert seine Position vom Mehrwert der Lyrik, nach der es das Wesen des Gedichtes sei, „erst zu beginnen, wenn es aufhört zu sprechen".

Seit 1997 leitet Kurt Drawert die *Darmstädter Textwerkstatt* mit monatlichen Werkstattgesprächen, seit 2004 das Zentrum für junge Literatur im Literaturhaus Darmstadt mit monatlichen öffentlichen Lesungen und Diskussionen auf der *Offenen Lesebühne*. Kurt Drawert war von 1994–2004 Mitglied der Jury des *Lyrikpreises Meran*; seit 2003 gehört er zur Jury des *Literarischen März'*.

Seit vielen Jahren arbeitest du mit Menschen, die erst seit kurzer Zeit Lyrik schreiben. Woran erkennst du dichterisches Talent und Entwicklungspotenzial, wenn dir jemand, der seit ein paar Monaten oder seit ein, zwei Jahren Lyrik schreibt, zehn Gedichte vorlegt und dich um deine Einschätzung und um deinen Rat bittet?

KURT DRAWERT: Es stimmt nicht ganz, dass die Leute, die sich mit ihren Gedichten an mich wenden, immer erst gerade einmal angefangen haben, Lyrik zu schreiben. Die meisten sind doch schon länger dabei, haben durchaus Schreibpraxis und nicht wenig geschrieben, sind aber dennoch am Anfang, ihrem Status als Autoren nach, die öffentliche Präsenz und Anerkennung für erstrebenswert halten. Das heißt, ich kann in meinen Seminaren und Werkstattgesprächen anknüpfen an ein Erfahrungspotenzial, das auch literarische Begabung prinzipiell einschließt. Nun gibt es hin und wieder auch Anfänger im eigentlichen, zeitlichen Sinne, die beginnen und sofort ein Talent erkennen lassen – aber das ist doch eher die Ausnahme. In der Regel muss man erst einmal ein paar Kilo Papier beschrieben haben, ehe sich dann so etwas wie ein Gedicht herausformt, das auch Bestand hat. Das ist durchaus auch Übung, man muss durch viele Schreibfehler hindurch, immer wieder lesen, um es dann jeweils besser zu machen. Diese Erfahrung mache ich ja in meinen Werkstätten auch, dass über längere Zeit qualitativ gar nichts passiert, und dann, vielleicht nach einer Sommerpause, in der jeder für sich und irgendwo an einem ruhigen Ort geschrieben hat, fast ein anderer Autor zurückkehrt mit völlig neuen Texten, die plötzlich ein höheres Niveau besitzen. Und all die Zeit davor, in der nichts wirklich Gutes herauskam, war eben nötig, um nun diese innere Transformation zu erleben. Das sind schöne Momente, und gewiss nicht jeder kann sie erleben. Bei anderen bleibt es so, wie es von Anbeginn war und wie sie immer schon geschrieben haben. Allenfalls sind weniger Rechtschreibfehler im Text und stimmen die Zeitformen oder dergleichen. Sie können sich auch durchaus Mühe geben und ihren ganzen Ehrgeiz aufbringen und alle Workshop-Fibeln dieser Welt studieren: es wird nichts. Poesie bzw. das, was wir das „Poetische" an einem Text nennen, kann man eben nicht lernen, und lehren kann man es folglich auch nicht, denn es stellt sich her, erzeugt sich in seiner sprachlichen Abwesenheit, ohne jedoch Immanenz zu besitzen. Es ist ein Wunder, und wer es nicht so religiös mag, für den nenne ich es einen Generator, der sprachlichen Mehrwert erzeugt. Dieses Grundtalent zu entdecken, auf dem man dann aufbauen kann, um es zur Vervollkommnung zu bringen, hat natürlich viel mit Intuition zu tun, die wiederum auf literarische Erfahrung zurückgreift. Man spürt da eine kräftige poetische Stimme, die etwas Originäres, Eigenwilliges, Unverwechselbares besitzt. Dann liest man über die Schwächen und Fehler hinweg und weiß: mit dem oder der lässt sich arbeiten. Natürlich irrt man sich auch, wird von einer vermeintlichen Begabung enttäuscht oder überrascht von einer anderen, die man übersehen hat. Aber das ist doch ganz normal. Wir haben ja überhaupt keine Referenzen, sondern nur ein Gespür für Qualität und etwas Geschick, diese zu entdecken und auszubilden. Und die Fehlerquote ist erstaunlich niedrig. Als Juror wüsste ich überhaupt keinen Fall von kompletter Verfehlung, dass da einer für einen Hering gehalten wurde, der in Wahrheit ein Hecht war oder umgekehrt. Streitbar waren immer nur die Platzierungen. Die Preisträger selbst sind doch meistens ziemlich schnell gefunden, da sie sich qualitativ oft erheblich absetzen vom Maß der Mitte. Und jetzt könnte ich eine stattliche Reihe von Autorinnen und Autoren nennen, die in Wettbewerben oder in meinen Seminaren entdeckt wurden und sich durchgesetzt haben und nun zum festen Bestand der neueren deutschen Literatur zählen.

In den Lyrikbesprechungen der Textwerkstatt *und der* Lesebühne *verwendest du oft zwei Begriffe, die ich hier nebeneinander stellen möchte: Rätsel und Geheimnis. Du sprichst davon, dass ein Gedicht verrätselt sei oder dass du nicht weißt, was du gerade gelesen oder gehört hast. Dagegen steht das Geheimnisvolle eines Gedichtes, das du lobend hervorhebst. Wie grenzt du die Begriffe „Rätsel" und „Geheimnis" voneinander ab? Was macht das Rätsel zum Rätsel und inwiefern ist das Geheimnisvolle im Gedicht ein Zeichen von Qualität? Gibt es fließende Übergänge zwischen Rätsel und Geheimnis? Wie viel Geheimnis verträgt ein Gedicht?*

KURT DRAWERT: Da bin ich vielleicht etwas unglücklich verstanden worden, denn zunächst einmal gibt es ja keinen Bonus dafür, dass etwas unverständlich oder geheimnisvoll ist. Bei mir jedenfalls nicht, denn natürlich hat das Dunkle und Rätselhafte eine Tradition gerade im deutschen Gedicht und ist auch sozialpolitisch einigermaßen praktisch, da es vor allem den

Germanisten Arbeit und Lohn gibt. Ein Celan-Gedicht, das einen unendlichen Interpretationsdiskurs freisetzt, ist fast schon so etwas wie eine ABM, ähnlich auch ein Gedicht von Ernst Meister. Ein Gedicht von Brecht wäre das jetzt eher nicht, denn da steht ja alles recht klar auf einer Zeile. Der Mann will etwas sagen und sagt es – und es ist ebenso Poesie, weil aus diesen doch sehr einfachen Bildern, ich spreche jetzt von den *Buckower Elegien*, die ich von Brecht am meisten schätze, weitere Bilder hervorgehen, die den Gedanken und das Gedicht transzendieren lassen. Das Verrätselte im Sinne von „dunkel" ist dagegen wie ein schlammiger Teich, der Tiefe allenfalls vermuten lässt, nur weil man nicht bis auf den Grund sehen kann. In Wahrheit ist er dann so flach wie eine Regenpfütze, und es sind doch meistens die Anfänger und Dilettanten, die sich ins Dunkle der Unklarheit flüchten, weil sie substanziell eben nicht viel zu sagen haben. Das aber, was du hier mit „Geheimnis" oder „Rätsel" meinst – und bitte lassen wir der Einfachheit halber die Differenz der Begriffe jetzt einmal ungeklärt, denn natürlich sind Rätsel und Geheimnis nicht das gleiche –, ist ja nicht Dunkelheit oder Unschärfe, sondern eine Sprache der symbolischen Verweisung, die dafür sorgt, einen Text polyvalent und semantisch offen zu halten. Geheimnislose Texte sind schlichtweg unliterarisch. Wenn kein „Rest" bleibt, der im Kopf weiterbewegt werden will, weiß ich nicht, warum ich etwas lesen soll. Aber Texte, die vor lauter Geheimnis gar nicht mehr rezipiert werden können, sind wie die Schatztruhe, für die es keinen Schlüssel gibt. Man kann zwar behaupten, in ihr liege Gold, aber es können auch nur ein paar zerschlissene Lumpen sein, und offen gesagt, interessiert mich das dann auch nicht weiter. Wenn du einen riesigen Übersetzungs- und Deutungsaufwand betreiben musst, um am Ende mit der flauen Bemerkung abgespeist zu werden, dass, sagen wir mal, Regen nass macht, weil er aus Wasser besteht, dann ist das vergeudete Mühe und Zeit. Entweder ein Text will mit mir sprechen und verhält sich so, dass er seine Kommensurabilität überschaubar hält und sprachintern regelt – und das meint ganz gewiss nicht, dass er „einfach" sein soll –, oder er lässt mich Rätsel raten und verlangt nach einem Akt von fast schon religiöser Gläubigkeit und Andacht dem vermuteten Genie gegenüber, denn irgendwie muss die von Sinn freie Zeichenordnung ja signifikant werden. Verstehbarkeit und Geheimnis müssen einander koinzident sein, und das heißt, dass es ohne sprachliche Übereinkunft nicht geht. Ich kann nicht jenseits der Sprache sprechen, sondern nur mit und in ihr. Individualsprachen wie die eines Psychotikers beispielsweise können nicht und nichts kommunizieren, außer eben das, dass sie nicht und nichts kommunizieren wollen. Auch Poesie ist keine Individualsprache im Sinne dessen, dass sie außerhalb der Sprache und ihrer grammatisch geregelten Verknüpfungen steht. Sie ist nur ein besonderer und intensiver Akt der Aneignung von Sprache. Kurz gesagt: das Geheimnis in der Literatur ist klar, und wenn es nicht klar ist, liegen der Verdacht auf Kitsch und pseudopoetisches Machwerk recht nahe, Ideologietransfer inklusive. An der Stelle nun müssten wir natürlich über Metapher und Metonymie weiterreden und über die Konkretheit des Abstrakten, aber ich denke, wir führen auch noch andere Gespräche und holen das nach.

Über eine Teilnehmerin des diesjährigen Literarischen März' hast du gesagt, sie hätte in ihren Gedichten nicht zu sich selbst gefunden. Inwiefern kann ein Autor in Gedichten zu sich selbst finden? Kann auch ein Lyriker, der das Wort „ich" vermeidet oder in seinen Gedichten das lyrische Ich sehr zurücknimmt, in seinen Gedichten „zu sich selbst" finden? Und woran erkennt ein Außenstehender, ob die Selbstfindung gelungen ist?

KURT DRAWERT: Das klingt jetzt aber sehr therapeutisch, zumal ich wirklich nicht weiß, was es mit „Selbstwerdung" so auf sich hat und ob das überhaupt noch gesund ist. Ich meine etwas anderes, nämlich Identität mit dem, was man eine Grundintention nennen kann und was mehr und komplexer ist, als einen Gedanken in eine sprachlich adäquaten Satz zu bringen. Die Geste der Sprache, ihr Ton, ihr Rhythmus, ihre Verzögerungen und Beschleunigungen, ihr Verbergen und ihre Scham, dann wieder ihre Lust an der Offenbarung, ihre Bilder und Uneigentlichkeiten, mit einem Wort: ihr Unterbewusstsein, oder, wer es mit Foucault sagen will: ihr Diskurs, der den Texten ihren Schatten verleiht und wesentlich dazu beiträgt, was wir in der Summe dann Literatur nennen wollen. Diese Grundintention hat jeder Text, und sie ist nicht gleichzusetzen mit Inhalt. Sie ist das, was der Text will – und er will ja erst einmal Erregungen schaffen und einen emotionalen Zugang zu seinem Thema herstellen –, und dann erst fängt er an zu erzählen oder zu dichten oder Dialoge zu schreiben. Was ein Roman einem Geschichtsbuch voraus hat, ist eben die Beglaubigung der Aussagen durch eine bestimmte Art und Weise der Darstellung und das Ersetzen der Fakten mit Emotion und Affekt. Wenn wir eine Chronik vom Dreißigjährigen Krieg lesen, wissen wir im Grunde gar nichts, außer dass wir ein paar nackte, kalte, fast schon sinnlose Zahlen zur Kenntnis nehmen. Aber wenn wir Grimmelshausen lesen oder den Wallenstein, dann fühlen wir, was er bedeutet haben kann, der Krieg. Aber zurück zu den kleineren Brötchen: Wenn ich nun gesagt habe, dass da eine junge Autorin nicht bei sich selbst ist, dann war es eine Anspielung nicht darauf, dass da jemand im psychologischen Sinne sein Ich verfehlt hat, was mich im übrigen weder interessiert noch etwas angeht, sondern dass jene Identität des Textes mit sich selbst irgendwie aus dem Gleis fährt. Jedes Gedicht hat ja sein eigenes Gesetz, seine linguale Mechanik, nach der es funktionieren soll, und die Mittel, deren der Autor sich bedient, funktionieren eben nur in dieser einen und besonderen Textumgebung. Darum ist es immer ein bisschen blöd, wenn sich Autoren mit dem Hinweis auf andere Autoren, die vielleicht ebenso kühne Metaphern oder dergleichen benutzt haben, die dann aber völlig anders kontextuiert sind, rechtfertigen wollen. Als Kritiker nun habe ich zwei Fragen: Was will der Text, und wie setzt er es um? Mein persönlicher Geschmack sollte dabei möglichst keine Rolle spielen, denn es geht ja nicht um Geschmack, sondern um Qualität. In diesem von dir zitierten Fall nun standen sich meines Erachtens zwei Impulse im Wege: die etwas epigonale und reichlich in die Jahre gekommene Lust an der Atomisierung und Zerstörung des Wortkörpers, und dagegen – und hier fand ich den eigentlichen Impuls – ein doch sehr ursprüngliches Bedürfnis nach narrativen Strukturen eines lyrischen Ich, das etwas mitteilen will und sich zugleich daran hindert. Bei sich selbst sein hieße hier, der inneren Stimme zu vertrauen und alles irgendwie Modische oder Angelesene oder Imitierte zu vermeiden, wobei das dem Autor natürlich nur bedingt evident ist – aber eben deshalb sagt man es ihm ja. Zusammengefasst: Der Text braucht eine Identität, der Autor ist dabei vollkommen unwichtig, gleichwohl, dass er sich mit seinen Texten natürlich auch verändert. Und diese innere Kohärenz des Textes, seine Identität mit sich selbst, das meine und meinte ich. Ob man nun „ich" sagt und seine Subjektposition damit zu erkennen gibt oder sich hinter der Materialität der Sprache versteckt hält, spielt meines Erachtens keine Rolle. Die These von der selbstreferenziellen Sprache, die mit sich selbst im Gespräch ist, halte ich ohnehin für Unfug, weil sie immer eine agierende Instanz braucht, die sie aktualisiert. Und das kann ja nur ein wenigstens etwas intelligibles Subjekt sein, oder?

Viele junge Autoren haben den Eindruck, dass die Torhüter zu einer Lyrik, die von einer etwas größeren Öffentlichkeit wahrgenommen wird – also Jurymitglieder, Verlage und Rezensenten –, erwarten, dass ein Lyriker einen eigenwilligen Stil entwickelt und diesen dann kultiviert. Nur ein Lyriker, der sich zu einer erkennbaren Marke entwickelt, wird im Literaturbetrieb wahrgenommen und Veränderungen im Stil werden nur in einem gewissen Rahmen, der einen Wiedererkennungseffekt garantiert und als Entwicklung von Gedichtband zu Gedichtband „verkauft" werden kann, akzeptiert. Liegt darin eine Grenze dichterischer Freiheit? Wie können Lyriker damit umgehen, ohne sich zum Spielball des Betriebs zu machen?

KURT DRAWERT: Ich kann dir jetzt leider nicht ganz folgen. Schon der Begriff „Torhüter der Lyrik" irritiert mich, als gäbe es da einen Türsteher wie bei Kafka, der entscheidet, wer hereingelassen wird und wer nicht. Hier und da mag es ja Personen geben, die kraft irgend eines Amtes oder einer Funktion ganz gern Schicksal spielen oder Halbgott in Tintenblau oder so. Aber sie sind doch nur in einem vergleichsweise kleinen Rahmen befugt und befähigt, etwas zu verhindern oder zu befördern. Die Meinungsbildung über den Wert von aktueller Literatur ist doch insgesamt ein sehr komplexer und nur bedingt überschaubarer oder gar manipulierbarer Vorgang. Das haben wir doch immer wieder, dass da ein Titel zum Bestseller werden soll und entsprechend beworben wird, und dann fällt er doch völlig durch. Oder andererseits überrascht ein Buch mit einer plötzlichen Aufmerksamkeit und wird zum Verkaufstitel, mit dem keiner vorher gerechnet hat. In diesem ständigen Verifikations- und Verwerfungsprozess von Literatur, für die es, weil sie neu ist, noch kein Wertsystem gibt, durchmischen sich zwangsläufig auch die Meinungen, man streitet, versucht seine Position zu begründen, lässt sich eines Besseren belehren oder auch nicht, mit einem Wort: Man sucht nach einem Konsens. Diese Konsensbildung hört im übrigen ja auch nie auf. Sobald eine neue Generation heranwächst, überprüft und verwirft sie, was vorherige Generationen ihr Erbe nennen. Dann wird das wieder ausgegraben und neu entdeckt und immer so fort. Eine Jury ist da ja auch immer heterogen und einigt sich auf diese Weise eines gemeinsamen Vielfachen und sucht den Konsens. Was soll da geschoben oder manipuliert werden und warum? Natürlich erwartet man einen eigenen Stil, was immer das jetzt ist, und eine neue, selbstbewusste Stimme, die etwas zu sagen hat, aber nicht, weil das der Literaturbetrieb so will, sondern weil das gute Literatur ganz einfach ausmacht. Nun kann es auch einmal eine Zeit der kulturellen Zombies geben, die gequirlten Quark für ein Kunstobjekt halten, und da kann man dann auch nichts anderes tun als sich wundern. Oder möchtest du dich da beschweren und bitte wo? Der Literaturbetrieb ist ja nichts, was nicht von und durch Menschen geregelt wird, auch wenn er natürlich eine Kopie der kapitalistischen Warenwelt darstellt und im Rhythmus von Produktion und Verschleiß dafür sorgt, dass ebenso schnell wieder ausgeschieden wird, was eben noch einverleibt wurde. Aber das ist doch ein Dilemma, von dem schon Walter Benjamin schrieb oder Adorno und das ich jetzt und hier nicht weiter verfolgen kann. Denn natürlich endet die

Freiheit eines Autors in den Mechanismen der Zirkulation und Distribution eines Produktes als Ware. Aber vielleicht sollte er deshalb auch die Freiheit nicht dort suchen, wo er sie ohnehin nicht finden kann, sondern da, wo sie entsteht: im Inneren seiner Texte. Der Rest kommt, oder er kommt nicht. Und meistens kommt er nicht, das ist, ganz offen gesagt, die Wahrheit.

Anmerkungen zur *Darmstädter Textwerkstatt* und zur *Offenen Lesebühne:*

Die Seminarabende der *Darmstädter Textwerkstatt* finden über ein Kalenderjahr jeweils am letzten Dienstag eines Monats von 18 bis 22 Uhr im Darmstädter Literaturhaus statt (Sommerpause im Juli und August). Die *Textwerkstatt* ist nicht öffentlich, die Teilnehmerzahl ist begrenzt. Neuaufnahmen sind jeweils zum Jahresbeginn möglich.

Bewerbungen mit maximal 20 Seiten Textproben und Kurzvita können jeweils bis zum 30.11. an das Kulturamt der Stadt Darmstadt geschickt werden: Frau Kanita Hartmann, Kulturamt beim Magistrat der Stadt Darmstadt, Frankfurter Str. 71, 64293 Darmstadt. Die Teilnahme für ein Jahr kostet 180 Euro.

Die *Offene Lesebühne* findet jeweils am ersten Mittwoch eines Monats von 20 Uhr bis 22 Uhr im Literaturhaus Darmstadt statt (Sommerpause im Juli und August). Der Eintritt ist frei. Wer eigene Texte vorstellen möchte, muss sich an das Kulturamt Darmstadt wenden.

„Dabei braucht die Lyrik in erster Linie: mehr Leser! Wenn ich am Telefon oder in Briefen gefragt werde, ob ich Gedichte für FALTBLATT suche, so antworte ich: Nein, ich suche Leser!"
Theo Breuer: NordWestSüdOst, 2003, S. 120.

Teil 2: Lyrik veröffentlichen
Martina Weber

1. Der Begriff der Veröffentlichung

Wann kann man eigentlich davon sprechen, dass ein Gedicht veröffentlicht ist? Dass es sich bei einem Abdruck in einer Literaturzeitschrift oder Anthologie um eine Veröffentlichung handelt, ist klar. Aber ist ein Gedicht auch veröffentlicht, wenn Sie es in einem Internetforum zur Diskussion freigeben? Oder wenn Sie es auf Ihre eigene Homepage stellen? Gilt ein auf einer Lesung oder in Ihrer Literaturgruppe vorgetragenes Gedicht schon als veröffentlicht?

Auf die Frage, ob ein Gedicht veröffentlicht ist oder nicht, kommt es an, wenn eine Literaturzeitschrift oder Anthologie nur Erstveröffentlichungen druckt, also nur bisher unveröffentlichte Gedichte. Auch einige Wettbewerbe akzeptieren nur unveröffentlichte Gedichte; wenn dies verlangt wird, muss es ausdrücklich in den Ausschreibungsbedingungen stehen. Wer in solchen Fällen die Spielregeln nicht einhält, ist disqualifiziert.

Der Begriff der Veröffentlichung ist in § 6 Absatz 1 Urheberrechtsgesetz so definiert: „Ein Werk ist veröffentlicht, wenn es mit Zustimmung des Berechtigten der Öffentlichkeit zugänglich gemacht worden ist." Allein die Tatsache, dass ein Gedicht Ihre Privatsphäre verlässt, macht es also noch nicht zum veröffentlichten Gedicht. Für eine Veröffentlichung im Sinn des Urheberrechtsgesetzes müssen zwei Merkmale vorliegen: 1. Das Gedicht muss der Öffentlichkeit zugänglich gemacht worden sein und 2. mit Zustimmung des Berechtigten.

„Der Berechtigte" ist in erster Linie der Urheber, also der Verfasser des Gedichtes. Die Zustimmung zur Veröffentlichung muss der Urheber nicht unbedingt ausdrücklich ausformulieren, es genügt, wenn er Gedichte zur Veröffentlichung an eine Literaturzeitschrift schickt.

ﾂﾟ ﾂﾟ ﾂﾟ ﾂﾟ ﾂﾟ ﾂﾟ ﾂﾟ ﾂﾟ ﾂﾟ ﾂﾟ ﾂﾟ ﾂﾟ ﾂﾟ ﾂﾟ ﾂﾟ ﾂﾟ ﾂﾟ ﾂﾟ ﾂﾟ

„Es ist erstaunlich, mit wie wenig man auskommen und unabhängig sein kann, denn wenn man unabhängig sein will, muß man sich unabhängig vom Geld machen."
Friedensreich Hundertwasser, in: Harry Rand: Hundertwasser, 1993, S. 18.

Etwas komplexer ist der Begriff der Öffentlichkeit. Zur Erklärung kann § 15 Absatz 3 Urheberrechtsgesetz herangezogen werden. Danach ist die Wiedergabe eines Werkes öffentlich, wenn sie für eine Mehrzahl von Mitgliedern der Öffentlichkeit bestimmt ist. Zur Öffentlichkeit, so heißt es sinngemäß weiter, gehört jeder, der nicht mit dem Veranstalter oder den anderen Personen, denen das Werk zugänglich gemacht wird, durch persönliche Beziehungen verbunden ist. Mit dem Vortrag Ihrer Gedichte in Ihrer Literaturgruppe sind die Texte also nicht veröffentlicht, durch einen Vortrag auf einer öffentlich angekündigten Lesung sind sie es jedoch. Nach der Bundestagsdrucksache, die die amtliche Begründung des Begriffes enthält, ist ein Werk der Öffentlichkeit zugänglich gemacht worden, wenn die Allgemeinheit die Möglichkeit erhalten hat, es mit Auge oder Ohr wahrzunehmen. Da es auf die bloße Möglichkeit der Wahrnehmung ankommt, ist die tatsächliche Wahrnehmung nicht maßgeblich. Deshalb ist ein Gedicht, das ins Internet gestellt wurde, auch dann veröffentlicht, wenn niemand auf die Seite zugreift.

Die Rechtslage ist das eine, die Nachweisbarkeit das andere. Veranstalter von Wettbewerben prüfen durchaus, ob als unveröffentlicht eingereichte Gedichte bereits im Internet stehen, aber dass Sie ein eingereichtes Gedicht auf einer Lesung vorgetragen haben, kann man Ihnen wohl nur nachweisen, wenn das Presse-Echo überwältigend war.

2. Austausch mit anderen Schreibenden

Es dauert Jahre von den ersten Schreibversuchen bis zu einzelnen Gedichten von einem akzeptablen Niveau. Es sind Jahre, in

„Das Glück und der eigentliche Erfolg, den man mit einem Buch haben kann, muss während des Schreibprozesses sein. Also: Dort muss man glücklich sein. Wenn man darauf wartet, glücklich zu werden, wenn das Buch raus ist, hat man schon verloren." Michael Kumpfmüller am 24.1.2002 im Deutschlandradio Berlin.

denen man mit verschiedenen Ausdrucksweisen und Themen experimentiert, Jahre, über die man später sagen wird, dass die meisten Gedichte bloße Fingerübungen waren und nur wenige Glücksfälle – wenn überhaupt – gelungen sind. Hilfreich, manchmal geradezu entscheidend für diesen Prozess kann der Austausch mit anderen Schreibenden sein. Auch die Fähigkeit, über Gedichte anderer AutorInnen zu sprechen, muss man erst einmal erlernen. Nur Anfänger beurteilen Gedichte ausschließlich danach, ob sie ihnen gefallen haben oder nicht. Bei der Diskussion in einer Literaturgruppe sollte das persönliche Geschmacksurteil – wenn überhaupt – nur eine Nebenrolle spielen. Bei den Diskussionen kommt es darauf an, welchen Maßstab jedes einzelne Gedicht für sich selbst vorgibt und mit welchen Mitteln es arbeitet. Die Qualität der Gespräche in einer Autorengruppe kann sich entscheidend auf Ihre Gedichte auswirken: auf die Fähigkeit, handwerklich genau zu arbeiten ebenso wie auf Ihre Haltung dem Schreiben gegenüber.

Es gibt viele verschiedene Möglichkeiten, Kontakt mit anderen Schreibenden aufzunehmen, um sich über Gedichte auszutauschen:

- Die meisten Literaturbüros bieten Lyrikseminare an, manche als regelmäßige Termine, andere als Wochenendveranstaltung. Genauere Hinweise auf Literaturbüros in Deutschland, Österreich, der Schweiz und Luxemburg finden Sie unter www.uschtrin.de/litbueros.html.
- Auch die Bundesakademie für kulturelle Bildung in Wolfenbüttel bietet immer wieder mehrtägige Lyrikkurse an. Das Programm gibt es unter www.bundesakademie.de.
- In städtischen Veranstaltungsprogrammen können Sie Hinweise auf offene Schreibgruppen finden, die neue TeilnehmerInnen aufnehmen, in Erlangen/Nürnberg zum Beispiel die Gruppe *Wortwerk* (www.wortwerk.net).
- Universitäre, private oder kirchliche Bildungseinrichtungen oder Volkshochschulen bieten fast immer Schreibwerkstätten zur Diskussion eigener Texte an, an der Pädagogischen

Hochschule Freiburg zum Beispiel leitet Peter Kapp die *Literarische Werkstatt*, die auch Nicht-Studierenden offen steht (www.ph-freiburg.de/schreibzentrum/angebote/Liter arische%20Werkstatt).

- Für den Einstieg können öffentliche Lesebühnen sehr interessant sein, die es in vielen Städten gibt. Hier lesen Autorinnen und Autoren (oft nach Voranmeldung) ihre Texte vor und stellen sie – möglichst unter kompetenter Gesprächsleitung – einem interessierten, meist selbst schreibenden Publikum zur Diskussion. Nehmen Sie erst einmal als ZuhörerIn teil, bevor Sie sich in einer Gruppe mit einer Lesung anmelden. Einen Hinweis auf das *lauter-niemand-Literaturlabor,* eine sonntägliche Berliner Lesebühne, finden Sie auf www.lauter-niemand.de. Sehr empfehlen kann ich die *Offene Lesebühne* im Literaturhaus Darmstadt, die an jedem ersten Mittwoch im Monat (außer der Sommerpause) unter der Leitung von Kurt Drawert stattfindet, siehe S. 190.
- Die von Kurt Drawert geleitete *Darmstädter Textwerkstatt* bietet einen hervorragenden Rahmen, bis zu zwei Jahre lang kontinuierlich an eigenen Texten zu arbeiten und eine kompetente Einschätzung einzuholen. Zu den monatlichen Seminarabenden reisen immer wieder auch Teilnehmer über weite Entfernungen an. Nähere Informationen finden Sie im Anschluss an das Interview mit Kurt Drawert in diesem Buch.
- Wer eine schriftliche Stellungnahme zu einzelnen Gedichten wünscht, kann sich an einen Lektoratsservice wenden, an eine einzelne Lektorin (wie zum Beispiel Karin Fellner, siehe den Hinweis im Anschluss an ihren Artikel über ihr Lyrik-Lektorat) oder zum Beispiel an den Anton G. Leitner Verlag, siehe www.dasgedicht.de.
- Literarischer Austausch kann auch über den Bundesverband junger Autorinnen und Autoren e. V. (BVjA) zustande kom-

---

„Und – daß noch längst nicht jedes Gedicht mir überhaupt etwas zu sagen hat, das sagt womöglich mehr über mich aus als über das Gedicht: So what?"
Theo Breuer: Ohne Punkt & Komma, 1999, S. 25.

men. Willkommen sind hier NachwuchsautorInnen jeden Alters. Kontakt über www.bvja-online.de.

- Die traditionsreiche *Schule für Dichtung* in Wien bietet immer wieder Lyrikseminare an (www.sfd.at).
- Auch im Internet finden Sie Foren, in denen Schreibende über ihre Texte diskutieren. Zum Beispiel www.textdiebe.de, www.forum-der-13.de, www.der-goldene-fisch.de, www.literaturcafe.de/forum.
- Wer sich im Rahmen eines Studiums dem literarischen Schreiben widmen möchte, muss seine Begabung durch Textproben nachweisen und die Lehrenden im persönlichen Gespräch überzeugen. In Deutschland gibt es zwei Möglichkeiten: das *Deutsche Literaturinstitut Leipzig* (www.uni-leipzig.de/dll/) und den Studiengang *Kreatives Schreiben und Kulturjournalismus* in Hildesheim (www.uni-hildesheim.de/de/ks.htm).

Ich habe es immer für sinnvoll und hilfreich gehalten, Kontakte zu anderen Schreibenden aufzubauen, deren Urteil ich vertraue und die dem Schreiben einen ähnlichen Stellenwert einräumen wie ich selbst. Den persönlichen (nicht elektronischen) Austausch halte ich für besonders wichtig. Die zu besprechenden Gedichte sollten jedem Gruppenmitglied schriftlich vorliegen, jedoch vor der Diskussion immer auch vorgetragen werden. Durch das bloße Lesen, ohne dass auch nur ein Wort der anderen gefallen ist, gewinnt der Vortragende schon einen inneren Abstand zu seinem Text, er nimmt ihn anders wahr, nicht mehr als AutorIn, sondern als ZuhörerIn, und spürt dadurch oft schon schwache Stellen und gelungene Passagen auf. Selbst eine qualifizierte Gruppe wird sich jedoch nicht immer über die Qualität eines Gedichtes einig sein. Diskussionen können auch ratlos machen. Letztlich bleibt jede Lyrikerin und jeder Lyriker auf sich allein gestellt.

3. Literaturzeitschriften und Anthologien

Die ersten Gedichte, die Sie für gelungen halten, sollten Sie an Literaturzeitschriften und Anthologien schicken, um auf diese Weise erste Erfahrungen mit Veröffentlichungen zu sammeln. Die Lyrikszene unserer Zeit ist so facettenreich und interessant wie schon lange nicht mehr. Verschiedene Stilrichtungen und qualitative Anforderungen von Literaturzeitschriften können mal Kopfschütteln, mal ehrliche Bewunderung auslösen. Die Fähigkeit zu erlangen, wenigstens einen Bruchteil der Literaturzeitschriften einschätzen zu können, ist ein Prozess, der mehrere Jahre dauern kann und nie abgeschlossen ist, weil immer wieder neue Projekte gegründet werden.

Die Qualität von Literaturzeitschriften ist extrem unterschiedlich. Schauen Sie sich mindestens eine Ausgabe einer Zeitschrift an, bevor Sie Ihre Gedichte einsenden. Nur so können Sie sich mit dem Geschmack der Redaktion und dem Profil der Zeitschrift vertraut machen und einschätzen, ob Ihre Arbeit in das ausgewählte Umfeld passt. Wenn Sie verschiedene Literaturzeitschriften lesen, werden Sie mit der Zeit herausfinden, in welchem Umfeld Sie sich literarisch wohlfühlen und in welchem nicht. Abgesehen von qualitativen Unterschieden und verschiedenen Geschmacksrichtungen gibt es Zeitschriften, die ausschließlich Erstveröffentlichungen aufnehmen, und es gibt Zeitschriften, die nur Themenhefte produzieren, bei denen also Einsendungen, die nicht zum vorgegebenen Thema passen, keine Chance haben.

„In den zehn Jahren, die ich in der Jury des Leonce-und-Lena-Preises sitze, ist das Niveau so weit gesunken, daß oft genug weder Musikalität, Bildhaftigkeit noch Gedankenführung stimmig sind, geschweige denn, daß sie noch ins eins gingen. Musik ist ein Stichwort: Braucht ein Pianist Jahre, um seinen Flügel zu beherrschen, geben sich diese Nachwuchskönner damit zufrieden, mit zwei Fingern Klavier zu spielen."
Raoul Schrott, in: Christoph Buchwald (Hg.): 25. Jahrbuch der Lyrik. S. Fischer, Frankfurt am Main 2007, S. 253.

Zwei Zeitschriften, die für Texte von Anfängern aufgeschlossen sind, möchte ich hervorheben:

Die *Federwelt,* die zweimonatlich im Uschtrin Verlag erscheint, ist eine Zeitschrift, die Artikel über den Literaturbetrieb mit Lyrik und Kurzprosa mischt und sich an Anfänger und Fortgeschrittene wendet. Einen Einblick finden Sie auf www.federwelt.de. Für die Lyrikauswahl ist Andreas Noga zuständig, dessen Mailadresse Sie finden, wenn Sie zum „Impressum" weiterklicken. Kopieren Sie maximal fünf Gedichte direkt in die E-Mail und fügen Sie eine Kurzbiografie bei.

Ort der Augen versteht sich als Literaturzeitschrift Sachsen-Anhalts und fühlt sich deshalb besonders der Förderung der AutorInnen aus dieser Region verpflichtet, nimmt aber auch Texte anderer AutorInnen auf. Die Zeitschrift erscheint viermal jährlich im Dr. Ziethen-Verlag, klicken Sie sich von www.dr-ziethen-verlag.de aus auf „Ort der Augen".

Hinweise auf renommierte Literaturzeitschriften finden sich bereits im Kapitel „Kommentierte Literaturempfehlungen".

Eine Liste von 112 Literaturzeitschriften inklusive Antworten der Redaktion auf verschiedene Fragen zum Profil der Zeitschrift finden Sie in dem von Sandra Uschtrin und Michael Joe Küspert herausgegebenen *Handbuch für Autorinnen und Autoren* (Uschtrin Verlag, 6. Auflage, 2005). Einen Einblick erhalten Sie auch online auf www.uschtrin.de/litzs.html. Über die Internetpräsenz einer Literaturzeitschrift können Sie sich einen ersten Eindruck verschaffen. Oft werden auch einzelne Texte online veröffentlicht. Viele Texte können Sie aber nur in der Printausgabe lesen. Die

„Zugleich mit diesem künstlich erzeugten Boom der ‚jungen Literatur' hat sich das Terrain für junge Schriftsteller in ein wundersames Subventions-Paradies verwandelt. War bis Anfang der neunziger Jahre der Traum von einer Existenz als freier Schriftsteller für junge Autoren noch eine gefährliche Illusion, hat sich mit der epidemischen Vermehrung von Literaturpreisen, Stipendien und Künstlerhauseremitagen die Situation schlagartig verändert."
Michael Braun: Der Autor als Produktionssklave, in: Der zertrümmerte Orpheus. Über Dichtung. Das Wunderhorn, 2002, S. 59.

meisten Literaturzeitschriften können Sie nicht im Buchhandel erwerben, sondern nur direkt bei der Redaktion bestellen. Durch den Kauf eines Heftes unterstützen Sie nicht zuletzt die Redaktion, die viel Engagement und unbezahlte Arbeit in dieses Projekt steckt.

Während man Texte bei Literaturzeitschriften normalerweise unaufgefordert einreicht, bewirbt man sich für Veröffentlichungen in Anthologien auf öffentliche Ausschreibungen hin.

Aktuelle Ausschreibungen finden Sie zum Beispiel in der *Federwelt* und in *The Tempest*, dem Newsletter des Autorenforums, den man auf http://autorenforum.de kostenfrei abonnieren kann, sowie unter www.uschtrin.de/anthologien.html. Hier erfahren Sie auch, auf welche Art eine Einsendung gewünscht wird (per E-Mail oder Papierausdruck plus Datenträger, Zahl der Gedichte, Rückporto etc.).

Wer zum ersten Mal Gedichte an eine Literaturzeitschrift oder Anthologie schickt, fragt sich, was er in die Kurzbiografie schreiben soll, die da so ganz selbstverständlich verlangt wird. Üblich ist neben den Angaben zum Geburtsjahr und Wohnort alles, was literarisch interessant ist, also Hinweise auf bisherige Veröffentlichungen, Preise, Stipendien und natürlich eigene Bücher. Ob man Angaben zu einer Ausbildung, zu Studienfächern oder zur berufliche Situation macht, muss man sich selbst überlegen. Wer noch gar nichts veröffentlicht hat, kann sich sinngemäß mit folgender Kurzbiografie begnügen: Leonie Musterfrau, 1987 in Musterdorf geboren, lebt in Musterstadt.

Ein Honorar für die Veröffentlichung von Gedichten zahlen nur wenige, eher renommierte Literaturzeitschriften. Üblich ist ein Belegexemplar. Auf Zeitschriften oder Anthologien, die kein Belegexemplar oder ein Belegexemplar nur zu einem teuren „Autorenrabatt" anbieten, sollten Sie sich nie einlassen, auch nicht als AnfängerIn.

Denken Sie bei jeder Texteinsendung daran, dass Sie juristisches Gebiet betreten. Die Zusendung von Gedichten an die Redaktion einer Literaturzeitschrift oder einer Anthologie ist ein Angebot zum Abschluss eines Verlagsvertrages. Dies gilt unabhängig davon, ob Sie für die Veröffentlichung ein Honorar erhalten oder nicht. Achten Sie darauf, dass Sie nur ein einfaches Nutzungsrecht übertragen. Einzelheiten im Kapitel „Der Verlagsvertrag".

In der Zeit Ihrer ersten Gedichteinsendungen wissen Sie meistens noch nach Wochen, welche Gedichte Sie an welche Zeitschrift geschickt haben. Mit der Zeit und mit ersten Veröffentlichungen verliert sich dies. Um den Überblick zu behalten, sollten Sie eine Liste anlegen, in der Sie festhalten, was Sie wann wohin geschickt haben. Einfacher ist es, im PC einen Ordner zum Beispiel mit dem Namen „Lyrik-Bewerbungen" anzulegen und jede Bewerbung in eine eigene Datei zu kopieren.

4. Wartezeit und Absagen

Mit den ersten Texteinsendungen schleicht sich vielleicht eine gewisse Unruhe ein. Vielleicht hat man an den eingesandten Gedichten einige Wochen lang immer wieder gefeilt und die unterschiedlichen Fassungen mit den neuen Literaturbekanntschaften durchgesprochen. Nun hat man eine Fassung, von der man selbst überzeugt ist, abgeschickt und wünscht sich von einer Stelle, der man Kompetenz zuschreibt, Resonanz.

Ob die Wartezeit einige Tage, mehrere Wochen oder mehrere Monate dauert, hängt davon ab, wie Zeitschrift und Redaktion organisiert sind. Vielleicht kamen die Texte ausgerechnet unmit-

❧ ❧ ❧ ❧ ❧ ❧ ❧ ❧ ❧ ❧ ❧ ❧ ❧ ❧ ❧ ❧ ❧ ❧ ❧ ❧

„Interessanter als ein solcher Mangel an Nachfrage ist die unverrückbare Größe dieses begrenzten Publikums: die Zahl von Lesern, die einen neuen, einigermaßen anspruchsvollen Gedichtband in die Hand nehmen, läßt sich nämlich empirisch ziemlich genau bestimmen. sie liegt bei ± 1354. Diese Zahl (die Enzensbergersche Konstante) ist nicht nur unabhängig von Moden, Publizität, „Zeitgeist"; sie gilt auch – und hier wird die Sache mysteriös – universell, für jede Sprachgemeinschaft, ganz unabhängig davon, ob sie einen ganzen Kontinent bevölkert oder nur einen kleinen Fleck auf dem Globus."
Hans Magnus Enzensberger, in: Zickzack, 1999, S. 184.

telbar nach der Redaktionssitzung für die nächste Ausgabe an. Nicht bei allen Zeitschriften sind jedoch Redaktionssitzungen üblich, in der sich die komplette Redaktion trifft, über die eingesandten Texte in heftige Dispute gerät und am Ende eine Auswahl trifft. Oft sind die Aufgaben streng nach Ressort verteilt und nur der Lyrikredakteur oder die Lyrikredakteurin liest die Texte und wählt eigenverantwortlich aus. Die Wartezeit kann auch davon abhängen, wie oft eine Zeitschrift erscheint. Bei einer monatlich erscheinenden Zeitschrift wird man schneller Antwort erhalten als bei einer einmal jährlich erscheinenden. Gut organisierte Zeitschriftenredaktionen versenden ihre Zu- oder Absagen unabhängig vom Erscheinungszyklus innerhalb weniger Tage.

Eine Absage wird so gut wie nie begründet. Dafür sollten Sie Verständnis haben. Literaturzeitschriften sind nur in Ausnahmefällen ein lukratives Geschäft. Die meisten Redakteurinnen und Redakteure arbeiten ehrenamtlich, haben neben ihrem Engagement für die Literatur einen Beruf und wären völlig überfordert damit, zu jedem eingereichten Gedicht ein kostenloses Kurzgutachten zu liefern. Im schlimmsten Fall bekommen Sie überhaupt keine Antwort.

Wer keine Antwort oder eine negative erhält, kann immer noch zwischen zwei Gründen auswählen: Entweder war die Qualität der eingereichten Gedichte doch nicht so gut, oder die Gedichte waren zwar nicht übel, passten aber nicht ins Konzept der Zeitschrift. In beiden Fällen gilt: nicht aufgeben, sondern weiter lesen (vor allem gute Gedichte), weiter schreiben, Texte in Werkstätten und Literaturgruppen diskutieren und nach anderen Zeitschriften, die sich vielleicht eher für eine Veröffentlichung eignen, suchen. Mit dem Abstand einiger Jahre kann sich auch ein Gefühl der Erleichterung darüber ein-

---

„Sieben- bis vierzehnhundert triste Exemplare sind es aus den 80 Millionen Deutschen, auf die das Kernpublikum für Lyrik geschrumpft ist. (…) Drei Viertel dieser kleinen Schar, würde ich schätzen, sind beklagenswerterweise selbst dichtend (…)"
Gerhard Falkner, in: Joachim Sartorius (Hg.): Minima Poetica, 2003, S. 121.

stellen, dass doch nicht so viele Gedichte aus der Anfangszeit ihren Weg in die Öffentlichkeit gefunden haben.

Was aber, wenn Ihre Gedichte immer und immer wieder von Literaturzeitschriften abgelehnt werden, obwohl Sie davon überzeugt sind, dass Ihre Gedichte mindestens genauso gut sind wie die der anderen? Überlegen Sie selbstkritisch, woran es liegen könnte. Haben Sie wirklich angemessene Zeitschriften ausgewählt und diese vorher gelesen? Haben Sie Ihre Gedichte mit anderen (Lyrikkollegin, Literaturgruppe) besprochen? Sind Ihre Gesprächspartner kompetent? Waren Sie gegenüber ehrlicher Kritik wirklich aufgeschlossen? Schreiben Sie nicht nur Lyrik – nehmen Sie zeitgenössische Lyrik auch wahr? Seien Sie geduldig, es kann Jahre dauern von den ersten Versuchen bis zum ersten druckreifen Gedicht, und das bei regelmäßiger Arbeit an Ihren Texten. Wenn Sie trotz intensiver Bemühung über mehrere Jahre keine Entwicklung Ihrer Lyrik feststellen und keines Ihrer Gedichte zur Veröffentlichung angenommen wird, sollten Sie Ihren Anspruch, zeitgenössische Lyrik zu schreiben, überprüfen.

5. Lesungen

Die Chance zu einer ersten öffentlichen Lesung ergibt sich am ehesten, wenn man Kontakte zu anderen Schreibenden geknüpft hat. Auch wenn es berauschend sein kann, eigene Texte vor Publikum zu lesen, sollten Sie Ihre erste Lesung erst planen, wenn die Qualität Ihrer Texte stimmt. Wer einige Veröffentlichungen in Literaturzeitschriften vorweisen kann, wird einen Veranstalter leichter von sich überzeugen als jemand ohne Publikationserfahrung.

Für erste Lesungen kommen Kulturcafés, Buchhandlungen, Stadtbüchereien und andere kulturelle Einrichtungen in Betracht. Sowohl für die Lesenden als auch für die Zuhörer angenehm und abwechslungsreich sind Gruppenlesungen mit musikalischer Livebegleitung. Wenn in der Gruppe auch Prosa geschrieben wird, wechseln Sie mit Lyrik- und Prosalesungen ab. Keiner der Vortragenden sollte zu lange lesen. Spätestens nach zehn Gedichten brauchen Zuhörer eine Pause. Eine Moderatorin kann die Gäste zu Beginn begrüßen, kurz etwas zur Literaturgruppe sagen und jeden Lesenden kurz vorstellen. In kleinen Lesegruppen stellen sich die Vortragenden gegenseitig vor. Um die Lesung abwechslungsreicher zu gestalten, können Sie jede Lesung mit einem kleinen Gespräch einführen, durch das sich der Lesende vorstellt. Wenn Sie noch am Anfang Ihres Schreibens stehen, werden Sie in diesem Gespräch eher Fragen der Art wählen, seit wann jemand schreibt, was sie/er gern liest und in welchen Zeitschriften Veröffentlichungen vorliegen. Fragen nach autobiografischen Hintergründen oder gar Fragen danach, wie ein bestimmtes Gedicht gemeint ist, sollten Sie unbedingt vermeiden.

Denken Sie daran, genug Programmzettel vorrätig zu haben. Auf diesem Zettel sollten neben den Grunddaten der Lesung (Ort und Zeit) die Namen der Lesenden in der Lesereihenfolge stehen. Es ist üblich, bei Prosatexten die Überschrift auf den Zettel aufzunehmen und Lyrik eben nur als solche zu bezeichnen, es sei denn, jemand liest einen Lyrikzyklus zu einem bestimmten Titel, was bei AnfängerInnen eher unüblich ist.

Wenn die Lesung nicht in einem Café stattfindet, sollten Sie für Getränke sorgen. Unkompliziert sind Wasser und Wein, als Luxus vielleicht noch Bier und Orangensaft. Störendes Magenknurren zwischen zwei Strophen eines Gedichtes können Sie vermeiden, indem Sie etwas für den kleinen Hunger anbieten. Wenn der Leseraum überschaubar ist, benötigen

❧ ❧

„Keiner auch der großen Lyriker unserer Zeit hat mehr als sechs bis acht vollendete Gedichte hinterlassen, die übrigen mögen interessant sein unter dem Gesichtspunkt des Biographischen und Entwicklungsmäßigen des Autors, aber in sich ruhend, aus sich leuchtend, voll langer Faszination sind nur wenige – also um diese sechs Gedichte die dreißig bis fünfzig Jahre Askese, Leiden und Kampf."
Gottfried Benn: Probleme der Lyrik, in: Gesammelte Werke 2, herausgegeben von Dieter Wellershoff, 2003, S. 1069f.

Sie niemanden zur Betreuung der Kasse. Es tut dann auch ein Kasten mit etwas Wechselgeld und ein Pappschild mit einer kleinen Preisliste.

Was sich bei einer Lesung immer gut macht, ist ein Büchertisch, auf dem Publikationen der Vortragenden versammelt sind. Wenn Sie noch kein eigenes Buch veröffentlicht haben, legen Sie ruhig einige Zeitschriften aus, in denen Sie veröffentlicht haben. Sie brauchen Ihre Belegexemplare ja nicht zu verschenken. Falls Sie eigene Bücher oder vielleicht auch nur eine selbst zusammengestellte kleine Sammlung von Texten Ihrer Schreibgruppe oder eine selbst produzierte CD mit Ihren Texten verkaufen möchten, denken Sie an genug Wechselgeld und an einen Quittungsblock.

Wenn Sie MusikerInnen engagieren können, achten Sie darauf, dass die Musik Begleitung bleibt und nicht zu sehr in den Vordergrund rückt. Ein Trompetensolo ist als Musikeinlage zwischen den Lesungen eher ungeeignet, angenehm sind dagegen klassische Gitarre oder ruhige Jazzstücke auf einem Klavier.

Eine reine Textlesung sollte nicht länger als eine Stunde dauern, wenn Sie sie abwechslungsreicher gestalten (durch Musik und/oder Gespräche) höchstens eineinhalb bis zwei Stunden. Besser als das Publikum zu überfordern ist es, die Zuhörer mit dem Wunsch, mehr Texte hören oder lesen zu wollen, zu entlassen.

Ob es in Ordnung ist, für eine Lesung literarischer AnfängerInnen Eintritt zu verlangen, ist schon oft diskutiert worden. Einerseits, so heißt es selbstbewusst, wird hier schließlich eine Leistung angeboten, für die die AutorInnen hart und ohne jedes Honorar gearbeitet haben, andererseits wird in die Waagschale geworfen, Anfängertexte seien eben doch nicht so gut, das Schreiben an sich diene ohnehin nur der Selbstverwirklichung und Eitelkeit und die Schreibenden könnten dankbar dafür sein, überhaupt ein Publikum zu finden. Bei einer meiner ersten Lesungen, die vom Bundesverband junger Autorinnen und Autoren im Haus der Sprache und Literatur in Bonn organisiert wurde, habe ich einen charmanten Kompromiss erlebt. Der Eintritt war frei und vor der Pause erinnerte unsere

Moderatorin Greta von der Donau, daran, dass es sich hier nach dem Ankündigungsplakat um eine „Lesung mit Hut" handelte. Sie erklärte, dass dies so gemeint sei, dass das Publikum etwas in den Hut hineintäte und wir, die AutorInnen, es nachher wieder herausholten. Dieser einleuchtenden Erläuterung konnte kaum jemand widerstehen; in Durchschnitt warf jeder Zuhörer 5 Euro in den Hut.

6. Wettbewerbe

Der renommierteste Lyrikwettbewerb für den Nachwuchs ist der **Literarische März,** auf dem der Leonce-und-Lena-Preis und die beiden Wolfgang-Weihrauch-Förderpreise vergeben werden. Zugelassen werden etwa zehn bis zwanzig Lyrikerinnen und Lyriker bis zum Alter von 35 Jahren. Zwei Tage lesen sie die eingereichten Texte vor öffentlichem Publikum und stellen sich der Kritik der Jury. LyrikerInnen in „Ausbildungszeit" kann ich nur empfehlen, sich die Lesungen und Diskussionen anzuhören. Der Eintritt ist frei, Mappen mit sämtlichen Gedichten liegen aus. Der Wettbewerb findet seit 1979 alle zwei Jahre statt, der nächste Termin liegt im März 2009. Der Einsendeschluss ist noch nicht bekannt, dürfte jedoch im September 2008 sein. Nähere Informationen zum Wettbewerb unter www.literarischer-maerz.de oder per Telefon unter der Nummer (06151) 13 33 37. Einen Einblick in den Literarischen März 2007 gibt der Artikel von Peter Kapp unter www.poetenladen.de/leonce-lena-preis-schloyer.htm. Über den Literarischen März des Jahres 2005 habe ich einen Artikel geschrieben, den Sie

„Von Novalis bis Poe und Baudelaire war das Verfahren durchdacht worden, den lyrischen Text nicht nur aus Themen und Motiven entstehen zu lassen, sondern auch, ja vielleicht ausschließlich, aus den Kombinationsmöglichkeiten der Sprachtöne und aus den assoziativen Schwingungen der Wortbedeutungen."
Hugo Friedrich: Struktur der modernen Lyrik, 1961, S. 69.

im Online-Newsletter *The Tempest* vom 20.4.2005 unter www. autorenforum.de (weiterklicken auf „The Tempest", „Jahrgang 7 [2005]" und herunterscrollen auf die Ausgabe 7-04 vom 20. April 2005) lesen können.

Auch der **Dresdner Lyrikpreis** findet alle zwei Jahre statt und setzt ebenfalls keinen eigenen Lyrikband voraus. Zwar werden immer schon bekannte lyrische Stimmen eingeladen, oft ist jedoch ein neuer Name dabei. Deshalb kann sich eine Bewerbung auch für NachwuchsautorInnen lohnen. Die Einsendung der Texte erfolgt im Unterschied zum Literarischen März anonym. Der nächste Dresdner Lyrikpreis wird im September 2008 verliehen. Einsendeschluss war am 30.9.07. Der Wettbewerb richtet sich an deutsch- und tschechischsprachige AutorInnen. Die beiden Vorjurys nominieren jeweils fünf Bewerberinnen und Bewerber, so dass zehn KandidatInnen in der Endrunde, der so genannten „Bardinale", antreten. Informationen unter www.uschtrin.de/ pr_dresden.html. Gedichte der Endrundenteilnehmer erscheinen in den zu den Dresdner Lyriktagen herausgegebenen Sonderheften der Literaturzeitschrift *Signum*, die vom Dresdner Literaturbüro herausgegeben wird und über den Buchhandel bestellt werden kann.

Beim **Open Mike**, einem öffentlichen Nachwuchswettbewerb, der jährlich im Herbst in Berlin stattfindet und auf dem ebenfalls nur AutorInnen bis zum 35. Lebensjahr zugelassen sind, überwiegt die Prosa. Doch auch hier wird immer wieder Lyrik gelesen. Der Bewerbungsschluss lag in den vergangenen Jahren Ende Juli.

Die Teilnahme am **Mondseer Lyrikpreis** setzt mindestens eine Verlagspublikation voraus. Der Preis wurde zuletzt 2006 verliehen und wird voraussichtlich wieder 2008 ausgeschrieben. Informationen unter www.uschtrin.de/pr_mond.html

Der **Lyrikpreis Meran** wird ebenfalls alle zwei Jahre verliehen. Die Teilnahme setzt einen eigenständigen Lyrik- oder Prosaband voraus. Die Vorjury wählt neun AutorInnen aus, die zur Lesung nach Meran eingeladen werden. Die nächste Preisverleihung findet im Frühjahr 2010 statt. Informationen unter www.uschtrin.de/pr_meran.html.

Neben den genannten Wettbewerben gibt es solche, für die man sich nicht bewerben kann. Dazu zählt der Lyrikdebütpreis. Nähere Informationen unter www.lyrikdebuetpreis.de/richtlinien.html.

Als höchste Auszeichnung für LyrikerInnen im deutschsprachigen Raum gilt der **Peter-Huchel-Preis**, der jährlich am 3. April für einen im vorangegangenen Jahr erschienenen herausragenden Band verliehen wird.

Daneben gibt es eine unüberschaubare Zahl von Wettbewerben, teilweise mit Themenvorgabe oder mit Teilnahmebegrenzung auf ein bestimmtes Bundesland oder eine Region. Ob man bereit ist, für die Teilnahme an einem Wettbewerb eine als „Startgeld" getarnte Finanzierung des Preisträgers und der organisatorischen Kosten zu übernehmen, sollte man abwägen.

Aktuelle Wettbewerbsausschreibungen finden Sie in der *Federwelt*, in *The Tempest* (dem Newsletter von www.autorenforum.de) und unter www.uschtrin.de/preise.html.

7. Der eigene Gedichtband

7.1. Verlagsadressen und -programme

Um die Suche nach einem passenden Verlag zu erleichtern, habe ich eine Liste von Verlagen zusammengestellt, die auch und hinreichend regelmäßig Lyrik veröffentlichen.

Einige Verlage baten mich ausdrücklich darum, ihre Adresse nicht in die Liste aufzunehmen: Man möchte vermeiden, mit Anfängergedichten „zugeschüttet" zu werden oder hat keinen Bedarf an neuen AutorInnen. Diese Liste erhebt also keinen Anspruch auf Vollständigkeit.

„Was ein Schriftsteller vor allem können muss: er muss schweigen können, und das Schweigen in seine Sprache hineinlassen oder es aufnehmen."
Ilse Aichinger am 1.11.2006 im Büchermarkt des Deutschlandfunks.

Da ich selbstverständlich keinen Einblick in die Verlagsverträge der einzelnen Verlage habe, kann ich nicht dafür garantieren, dass die hier aufgeführten Verlage zu fairen Vertragsbedingungen arbeiten. Die Liste versteht sich als Ausgangspunkt für die eigene Suche. Vor allem die Internetpräsenz bietet oft eine hervorragende Möglichkeit, sich ein Bild über einen Verlag und sein Programm zu machen.

A1 Verlag, Hippmannstr. 11, 80639 München, Tel.: 089/17119280, Fax: 089/17119288, info@a1-verlag.de, www.a1-verlag.de
Programm: Der Verlag veröffentlicht Gedichte von Lyrikern, die im deutschsprachigen Raum oder international bereits bekannt sind. Durchschnittlich wird ein Gedichtband pro Jahr veröffentlicht, bei insgesamt etwa acht Buchveröffentlichungen.

Akademie Schloss Solitude/Merz und Solitude, Solitude 3, 70197 Stuttgart, Tel.: 0711/996190, Fax: 0711/9961950, mail@akademie-solitude.de, www.akademie-solitude.de
Programm: In der Literaturreihe werden nur Arbeiten von Stipendiaten der Akademie veröffentlicht; unaufgefordert eingesandte Manuskripte werden nicht angenommen.
Weitere Bereiche: Kunst und Kultur.

Amman Verlag, Neptunstr. 20, Postfach 163, CH-8032 Zürich, Tel.: 01/2681040, Fax: 01/2681050, info@ammann.ch, www.ammann.ch

Aphaia Verlag, Svea Haske, Sonja Schumann, Radickestr. 44, 12489 Berlin, Tel./Fax: 030/8133998, info@aphaia-verlag.de, www.aphaia-verlag.de oder www.aphaia.de
Programm: Ein bis drei Titel pro Jahr, überwiegend verbun-

ớ ∾ờ ớ ∾ờ ớ ∾ờ ớ ∾ờ ớ ∾ờ ớ ∾ờ ớ ∾ờ ớ ∾ờ ớ ∾ờ ớ ∾ờ

*„Die Lyrik scheint die krisenresistenteste Literaturgattung zu sein, die Zahl der Veröffentlichungen und die Zahl der Verkäufe machen das im Vergleich zur erzählenden Prosa deutlich. Das Manko der ‚Vermittlungsinstanzen' ist nicht gleichbedeutend mit einer Misere der Lyrik, nein, die Lyrik, diese zugleich freieste wie gebunden-strengste Königsdisziplin, macht Terraingewinne."
Christian Döring, in: Fritz Deppert/Christian Döring/Hanne F. Juritz (Hg.): Das Klirren im Innern, 2003, S. 13.*

den mit Grafik und Musik, Lyrikanteil 95 %.

Weitere Bereiche: Zeitgenössische Musik und Bildende Kunst.

Ariel Verlag O. Bopp EK, Marie-Curie-Str. 4, 64560 Riedstadt, Tel.: 06158/747333, info@ariel-verlag.de, www.ariel-verlag.de

Atelier Verlag Fritz Werf, Antel 74, 56626 Andernach, Tel.: 02632/44432, Fax: 02632/31383, werf-ava@freenet.de, www.atelierverlag-andernach.de

Programm: Zeitgenössische deutsche Lyrik, Übersetzungen aus dem Französischen, Englischen, Spanischen. Reihen: AVA-Lyrik (Einzeltitel und Anthologien), Edition 99 (Lyrik und Grafik), Edtion 66 (Lyrik und Grafik). Maximal zwei Titel pro Jahr. Nicht unverlangt Manuskripte einsenden.

AutorInnenverlag Bern, Postfach 5244, CH-3001 Bern, Tel./ Fax: 032/3225052, info@editionhartmann.ch, www.auto-rinnenverlag.ch/verlag/verlag.html

Dr. Bachmaier Verlag, Herrn Dr. Bachmaier, Kagerstr. 8 B, 81669 München, Tel./Fax: 089/685120, contact@verlag-drbachmaier.de, www.verlag-drbachmaier.de

Berlin Verlag, Greifswalder Str. 207, 10405 Berlin, Tel.: 030/ 4438450, Fax: 030/44384595, info@berlinverlag.de, www.berlinverlag.de

Brandes & Apsel Verlag, Scheidswaldstr. 33, 60385 Frankfurt, Tel.: 069/272995170, Fax: 069/2729951710, info@brandes-apsel-verlag.de, www.brandes-apsel-verlag.de

Corvinus Presse Hendrik Liersch, Bölschestr. 59, 12587 Berlin, Fax: 030/64848571, corvinus@snafu.de, www.corvinus-presse.de

Dahlemer Verlagsanstalt Michael Fischer, Leydenallee 92, 12165 Berlin, Tel.: 030/8025617, Fax: 030/80906262, Michael Fischer, MFis9@qmx.de, www.da-ve.de

---

„Dichten heißt nicht, seiner Gefühlswelt freien Lauf zu lassen, wohl aber: sich von seinen Gefühlen befreien; Dichtung ist nicht Ausdruck der Persönlichkeit, sondern eine Art Befreiung von der Persönlichkeit. Aber freilich wissen nur die, die Persönlichkeit und Erlebnisse haben, was es bedeutet, von ihnen frei werden zu wollen."
Thomas Stearns Eliot, in: Walter Höllerer: Theorie der modernen Lyrik. Dokumente zur Poetik I, Rowohlt 1969, S. 258.

axel dielmann-verlag KG, Schweizer Str. 21, 60594 Frankfurt, Tel.: 069/943590 00, Fax: 069/94359002
Ansprechperson: Axel Dielmann, neugier@dielmann-verlag.de, www.dielmann-verlag.de
Programm: Rund ein Viertel der Titel des Verlagsprogramms sind Gedichtbände, was von schmalen Bändchen der 16er-Reihe mit 16 bis 48 Seiten bis hin zu Hardcover-Leinen-Titeln der Reihe „Die Hauptwerke" reicht. Darin sowohl viele Originalpublikationen als auch Übersetzungen aus dem Englischen, Französischen, Italienischen, Spanischen. Ganz junge, neue Lyriker (Olaf Velte, Martina Hügli) sind ebenso vertreten wie „alte Hasen" (Paulus Böhmer, Asher Reich) und Klassiker der Moderne (Gertrude Stein, Cesar Vallejo), Langgedichte von mächtigem Umfang ebenso wie knappe, begrifflich pointierende Formen. Die Zahl der Lyrik-Titel schwankt, es sind etwa zwei bis fünf pro Jahr.

Drey-Verlag, Am Buck 2, 77793 Gutach, Tel.: 07833/8088, drey@drey-verlag.com. *Ansprechperson/Lektor:* Markus Manfred Jung, Enkendorfstr. 4, 79664 Wehr, Tel.: 07762/4709, markusmanfredjung@gmx.de
Programm: Zwei bis drei Lyrikbände pro Jahr. Lyrik (aber auch Prosa) von AutorInnen, die in Baden-Württemberg leben oder hier verwurzelt sind (Hochsprache und alemannische Mundart), DebütantInnen und Arrivierte (einige Preisträger).

Literaturverlag Droschl GmbH, Alberstr. 18, A-8010 Graz, Tel.: 0316/326404, Fax: 0316/324071, literaturverlag@droschl.com, www.droschl.com

DuMont Buchverlag, Amsterdamer Str. 192, 50735 Köln, Tel.: 0221/2241877, Fax: 0221/2241973, info@dumont-buchverlag.de, www.dumontverlag.de oder www.dumont-buchverlag.de

Edition 350 im Verlag der Kooperative Dürnau, Im Winkel 11, 88422 Dürnau, Tel.: 07582/93000, Fax: 07582/930020
Ansprechpersonen: Rudolf Bind, rudi.bind@intergga.ch und Ulrike Reisiger, ulrike@kooperative.de, www.kooperative.de/html/sd/verlag-sd.html

Programm: Die Zahl der Titel pro Jahr hängt davon ab, wie viele Manuskripte den Verantwortlichen gefallen. Meist sind dies nicht mehr als zwei oder drei. Eine Charakteristik gibt es nicht. Der Verlag lässt sich gern überraschen.

Edition Azur (im Glaux Verlag), Helge Pfannenschmidt, Hechtstr. 30, 01127 Dresden, Tel.: 0351/3296369, info@textfokus. de, www.edition-azur.de
Ansprechperson: Helge Pfannenschmidt
Programm: Ein bis drei Lyrikbände pro Jahr sowohl von DebütantInnen als auch von etablierteren/bereits bekannten AutorInnen. Schwerpunkte zu benennen ist kaum möglich, es zählt die literarische Qualität.

editon bauwagen/Futura black edition, Karolinger Str. 67, 25524 Itzehoe, Tel.: 04821/76535, edition.bauwagen@t-online.de
Ansprechperson: Karl-Friedrich Hacker
Programm: Etwa zwei bis drei Lyrik-Einzeltitel pro Jahr (70% der gesamten Titelproduktion). Experimentelle zeitgenössische Lyrik in der *Futura black edition.* Lyrische Reihe *edition bauwagen,* Herausgeber Theo Breuer, mit Erstveröffentlichungen und handgeschriebenen Lyrik-Anthologien (jährlich ein weiterer Band mit ca. 18 Autoren).
Weitere Bereiche: Mail-Art, Kunstgeschichte der Gegenwart, Druckgrafik.

edition carpe plumbum, Thomas Siemon, Spinnereistr. 7 (420) (Baumwollspinnerei, Gebäude 18, Eingang 17c), 04179 Leipzig, Tel.: 0341/4206718 oder 2237354, Fax: 01212/518269824, thomasiemon@web.de, www.carpe-plumbum.de

Edition Eigensinn, Edeltraud Gallinge, Nelkenweg 19, 63814 Mainaschaff

edition fundamental, Gellertstr. 31, 50733 Köln, Tel.: 0221/724593
Ansprechperson: Richard Müller

Edition Howeg, Waffenplatzstr. 1, CH-8002 Zürich, Tel./Fax: 01/2010650, edition_howeg@datacomm.ch, www.editionhoweg.ch

Edition Korrespondenzen, Franz Hammerbacher, Mollardgasse 2/16, A-1060 Wien, Tel./Fax: 01/3151409, edition@korrespondenzen.at
Lektorat: Reto Ziegler, edition@korrespondenzen.at, www.korrespondenzen.at

Edition Maldoror, Kunstverein HERZATTACKE e.V., Scharnweberstr. 44, 10247 Berlin, Tel.: 030/2929674, hrsq@herzattacke.de, www.herzattacke.de/html/books/maldoror/maldoror.html

Edition Schrittmacher im Rhein-Mosel-Verlag, Bad Bertricher Str. 12, 56859 Alf/Mosel, Tel.: 06542/5151, Fax: 06542/61158
Ansprechperson: Marcel Diel, diel@kritische-ausgabe.de, www.edition-schrittmacher.de
Laut Homepage werden in der Edition nur AutorInnen, die in Rheinland-Pfalz leben, publiziert. Manuskripte können per E-Mail an die genannte Mailadresse geschickt werden. Jedes Jahr werden vier Bände veröffentlicht, Lyrik und Prosa.

edition selene, Körnergasse 7/1, A-1020 Wien
Ansprechperson: Alfred Goubran, selene@selene.at, www.selene.at

Edition Sisyphos, Dr. Gisela Haehnel, Winfried Fuegen, Sülzburgstr. 214, 50937 Köln, Tel./Fax: 0221/418688, wfuegen@aol.com, www.edition-sisyphos.de

Edition Thaleia e.V., Amselweg 103, 66386 St. Ingbert, Tel./Fax: 06894/383472, literatur@edition-thaleia.de, www.edition-thaleia.de
Programm: Einzeltitel zeitgenössischer AutorInnen, durchschnittlich zwei Titel pro Jahr.
Weitere Bereiche: Bibliothek neue Prosa (Romane, Erzählungen, Kurzprosa).

Edition Wörtersee in der Connewitzer Verlagsbuchhandlung, Schuhmachergäßchen 4, 04109 Leipzig, Tel.: 0341/9603446, Fax: 0341/9603448, info@cvb.de, www.cvb.de/Verlag/woertersee.html

Edition YE, Theo Breuer, Neustr. 2, 53925 Sistig/Eifel, Tel.:

02445/1470. *Ansprechperson:* Theo Breuer, EditionYE@t-online.de, www.theobreuer.de

Programm: In der *Edition YE* gibt Theo Breuer in der Regel Erstlingswerke heraus.

Weitere Bereiche: Monographien zur zeitgenössischen Lyrik, die Lyrikzeitschrift *Faltblatt* mit neuen Gedichten, Essays und Buchvorstellungen sowie die *Kunstschachtel YE* mit Originalgrafiken und handgeschriebener bzw. visuell gestalteter Poesie in Kleinstauflage.

Verlag Peter Engstler, Oberwaldbehrungen 10, 97645 Ostheim/Rhön, Tel.: 09774/858490, Fax: 09774/858491, engstler-verlag@t-online.de, www.engstler-verlag.de

Programm: Ein bis drei Titel pro Jahr, keine spezielle Art von Lyrik.

Eremitenpresse, Fortunastr. 11, 40235 Düsseldorf, Tel.: 0211/660590, www.abooks.de/eremiten/index.html

Faber & Faber Verlag GmbH, Mozartstr. 8, 04107 Leipzig, Tel.: 0341/3911146, Fax: 0341/2156784

Ansprechpersonen: Elmar und Michael Faber, verlag@faberundfaber.de, www.faberundfaber.de

S. Fischer Verlag GmbH, Hedderichstr. 114, 60596 Frankfurt, Tel.: 069/60620, Fax: 069/6062319, info@s-fischer.de, www.fischerverlage.de

Galrev Druck-und Verlagsgesellschaft, Lychener Str. 73, 10437 Berlin, Tel.: 030/44650183, Fax: 030/44650184, galrev@galrev.com, www.galrev.com

Geest-Verlag, Lange Str. 41a, 49377 Vechta, Tel.: 04447/856580, Fax: 04447/856581

Ansprechperson: Alfred Büngen, Geest-Verlag@t-online.de, www.geest-verlag.de

Programm: Anthologien, Einzeltitel und Übersetzungen, etwa 100 Titel pro Jahr, Lyrik macht rund 50 % der Gesamtproduktion aus.

☙ ❧ ☙ ❧ ☙ ❧ ☙ ❧ ☙ ❧ ☙ ❧ ☙ ❧ ☙ ❧ ☙ ❧ ☙ ❧ ☙ ❧

„Es [das Gedicht] wird dadurch reine Poesie, daß es sich so weit wie möglich von den belehrenden und berichtenden Funktionen der Sprache entfernt."
Michael Hamburger, in: Das Überleben der Lyrik, 1993, S. 218.

Weitere Bereiche: Kinder- und Jugendbuch, Kriminalliteratur, Prosa, Sachbuch.

Gollenstein Verlag GmbH, Kardinal-Wendel-Str. 23, 66440 Blieskastel, Tel.: 06842/5070562, Fax: 06842/5070566, info@gollenstein.de, www.gollenstein.de

Grasl Verlag, Wassergasse 1, A-2500 Baden bei Wien, Tel.: 02252/4020, Fax: 02252/40240
Ansprechperson: Walter Grasl, print@grasl.eu, www.grasl.eu

Grupello Verlag, Schwerinstr. 55, 40476 Düsseldorf, Tel.: 0211/4981010
Ansprechperson: Bruno Kehrein, grupello@grupello.de, www.grupello.de. Der Verlag bittet auf seiner Homepage darum, nicht unverlangt Manuskripte einzusenden.

Kirsten Gutke Verlag, Postfach 250253, 50518 Köln und Mörfelder Landstr. 116, 60598 Frankfurt, Tel.: 069/60625884, Fax: 069/60625887, gutke-verlag@t-online.de
Ansprechperson: Kirsten Gutke, www.gutke-verlag.de
Programm: Jährlich wird eine Lyrikanthologie veröffentlicht. Die aktuelle Anthologie trägt den Titel: *Rückkehr aus dem Krieg – Neue irakische Lyrik.*

Gutleut Verlag Michael Wagener, Gutleutstr. 15, 60329 Frankfurt, Tel.: 069/33088939, Fax: 069/253269
Ansprechperson: Michael Wagener, mail@gutleut15.com, www.gutleut-verlag.com

Carl Hanser Verlag GmbH & Co. KG, Vilshofener Str. 10, 81679 München
Ansprechperson: Lina Muzur, Lektorat Belletristik, Tel.: 089/99830-414, -510, info@hanser.de, www.hanser.de

Haymon Verlag, Erlerstr. 10, A-6020 Innsbruck, Tel.: 0512/57630017, Fax: 0512/57630014
Ansprechpersonen: Joe Rabl, Georg Hassibeder, lektorat@haymonverlag.at, www.haymonverlag.at

Heiderhoff Verlag Carsten Pfeiffer, Herkomer Str. 4, 12435 Berlin, Tel./Fax: 030/31807128, www.heiderhoff-verlag.de
Programm: Internationale zeitgenössische Lyrik. Die Bände werden mit Grafiken oder Fotografien illustriert und typografisch gestaltet. Neben bekannten Autorinnen und

Künstlern werden auch Debütanten vorgestellt. Der Verlag bittet auf seiner Homepage darum, von nicht angeforderten Manuskripteinsendungen abzusehen.

Husum Verlag, Nordbahnhofstr. 2, 25813 Husum, Tel.: 04841/83520, Fax: 04841/835210, www.verlagsgruppe.de

Jung und Jung, Hubert-Sattler-Gasse 1, A-5020 Salzburg, Tel.: 0662/885048, Fax: 0662/88504820
Ansprechperson: Angelika Klammer, office@jungundjung.at, www.jungundjung.at
Programm: Zwei Lyriktitel pro Jahr, Einzeltitel, deutschsprachige und fremdsprachige Lyrik, etwa 10 % der Titelproduktion.
Weitere Bereiche: Prosa, Musik, Kunst.

Verlag Ulrich Keicher, Warmbronn, Postfach 7044, 71216 Leonberg oder Magstadter Str. 6, 71229 Leonberg, Tel.: 07152/72195, Fax: 07152/904839, u.keicher@t-online.de, www.verlag-ulrich-keicher.de (Nicht unverlangt Manuskripte einsenden.)

zu Klampen Verlag, Springe, http://danhu.de/zuklampen, hat seine Lyrikproduktion eingestellt.

BuchKunst Kleinheinrich, Oer'scher Hof, Königsstr. 42, 48143 Münster, Tel.: 0251/4840193, Fax: 0251/484094
Ansprechperson: Dr. Josef Kleinheinrich, kleinheinrich-muenster@t-online.de, www.kleinheinrich.de
Programm: Fast nur Lyrik aus Skandinavien, sonst niederländische und französische Lyrik. Deutschsprachige Lyrik ist eher die Ausnahme. Die Zahl der Titel pro Jahr variiert zwischen einem neuen Band und drei bis vier neuen Titeln. Der Verlag richtet sich nicht nach dem Prinzip Neuerscheinungen im Frühjahr und im Herbst.

Klöpfer & Meyer GmbH & Co. KG, Neckarhalde 32, 72070 Tübingen, Tel.: 07071/94890, Fax: 07071/793208
Ansprechperson: Hubert Klöpfer, info@kloepfer-meyer.de, www.kloepfer-meyer.de
Einzeltitel: Etwa zwei Titel pro Jahr, ca. 10 % der gesamten Titelproduktion.
Weitere Bereiche: Essayistik, Belletristik, Sachbuch.

Kookbooks, Daniela Seel, Magdeburgstr. 11, 65510 Idstein, Tel./Fax: 06126/9565790 u. Gervinusstr. 18, 10629 Berlin, Tel./Fax: 030/40053974, Mobil 0172/6143232

Ansprechperson: Daniela Seel, daniela.seel@kookbooks.de, www.kookbooks.de

Programm: Einzeltitel junger AutorInnen, die durch Begabung und Engagement bereits auf sich aufmerksam gemacht haben (an Lesungen teilgenommen, in Zeitschriften/Anthologien veröffentlicht, Preise/Stipendien erhalten haben oder Ähnliches), oder bereits etablierte AutorInnen, die die Verlegerin begeistern. Verlegt werden bis zu drei Lyrikbände bei bis zu zehn Titeln pro Jahr.

Weitere Bereiche: Prosa, Hörbuch, Kunstbuch, Kinderbuch, Essay. Auf der Homepage gibt es 5 Punkte „über Manuskripte": „1. wir ersticken an unverlangt eingesandten manuskripten. 2. ein unverlangt eingesandtes manuskript arbeitet gegen sich selbst. 3. enttäuscht eure illusionen. 4. misstraut verlagen. 5. findet eine bessere lösung."

Krash Neue Edition im Stahl-Verlag, Richard-Wagner-Str. 18, 50674 Köln, Tel./Fax: 0221/1300904

Ansprechperson: Enno Stahl, info@krash.de, www.krash.de

Verlag Landpresse, Ralf Liebe, Kölner Str. 58, 53919 Weilerswist, Tel.: 02254/3347, Fax: 02254/1602, info@landpresse.de, www.landpresse.de

Programm: Der Verlag bittet darum, von Manuskriptzusendungen Abstand zu nehmen; er möchte künftig vornehmlich mit bekannten, bereits etablierten AutorInnen zusammenarbeiten oder Lyrikbände publizieren, die durch Stipendien, Zuschüsse, Drittmittel gefördert wurden. Ausnahmen bestätigen die Regel. Hinzu kommen Lyrikanthologien wie zuletzt *Spurensicherung* und *47&11*

„Als ich zu schreiben begann (…), war ich auf glänzende Formulierungen aus. Heute halte ich glänzende Formulierungen für einen Fehler. Ich glaube, sie sind ein Fehler, weil sie ein Zeichen von Eitelkeit sind, und der Leser faßt sie als Zeichen von Eitelkeit auf."
Jorge Luis Borges: Das Handwerk des Dichters. Aus dem Englischen von Gisbert Haefs, München, Wien, 2003, S. 83.

oder aktuell *Versnetze – Das große Buch der neuen deutschen Lyrik* von Herausgeber Axel Kutsch. In der Regel erscheinen maximal zwei Lyriktitel pro Halbjahr. Vor Frühjahr 2009 werden keine neuen Lyriktitel ins Programm genommen.

Langewiesche-Brandt, Lechnerstr. 27, 82067 Ebenhausen, Tel.: 08178/4857, Fax: 08178/7388, textura@langewiesche-brandt.de, www.langewiesche-brandt.de

Lautsprecher Verlag GmbH & Co. KG, Heilbronner Str. 7, 70174 Stuttgart, Fax: 0711/5089265

Ansprechperson: Matthias Mach, matthias@lautsprecher-verlag.de, www.lautsprecherverlag.com

Leykam Buchverlag, Ankerstr. 4, A-8057 Graz, Tel.: 0316/281085532

Ansprechperson: Christine Wiesenhofer, christine.wiesenhofer@leykam.com, www.leykamverlag.at

Programm: Einerseits Grazer, steirische und auch österreichische LyrikerInnen, die schon etwas arriviert sind, und andererseits junge LyrikerInnen, die eine Chance für ein Debüt bekommen und in der Folge weiter betreut werden. Sprache und Ton müssen eigen sein. Keine Mundartgedichte oder Reimverse. Maximal zwei Lyrikbände im Jahr.

lichtung verlag, Postackerweg 10, 94234 Viechtach, Tel.: 09942/2711, Fax: 09942/6857, lichtung-verlag@t-online.de, www.lichtung-verlag.de

Lyrikedition 2000, Ruffinistr. 21, 80637 München, Tel.: 089/13929046, Fax: 089/13929065

Ansprechperson: Heike Hauf, lektorat@buchmedia.de, www.lyrikedition-2000.de

Programm: Zwölf Einzeltitel pro Jahr, herausgegeben von Norbert Hummelt.

Literaturedition Niederösterreich, Landhausplatz 1, Haus 1, A-3109 St. Pölten, Tel.: 02742/9005-15538, Fax: 02742/9005-15585

„Ich habe keine Besucher, nur wer sich extrem isoliert, bleibt produktiv."
Gottfried Benn, in: Jan Bürger (Hg.): Ich bin nicht innerlich. Annäherungen an Gottfried Benn. Klett-Cotta, Stuttgart 2003, S. 189.

Ansprechperson: Gabriele Ecker, gabriele.ecker@noel.gv.at, www.noe.gv.at/Kultur-Freizeit/Kunst-Kultur/Publikationen/pub_edition.html

Programm: Anthologien und Einzeltitel, zeitgenössische und Mundartlyrik. Etwa drei Publikationen pro Jahr, das entspricht 50 % des Verlagsprogramms.

Weitere Bereiche: Belletristik, zeitgenöss. bildende Kunst.

Literaturverlag Droschl, Albertstr. 18, A-8010 Graz, Tel.: 0316/326404, Fax: 0316/324071, office@droschl.com, www.droschl.com

Lotsch Verlag, Joachim F. W. Lotsch, Postfach 40 11 03, 80711 München oder Moosstr. 7, Unterkienberg, 85391 Allershausen, Tel.: 08166/7411, Fax: 01212/579458758, lotsch@lotsch.de, www.lotsch.de

Luchterhand Literaturverlag, Neumarkter Str. 28, 81673 München, Tel.: 089/4136-0 (Zentrale), www.randomhouse.de/luchterhand

Marien-Blatt Verlag, Braunstr. 12, 23552 Lübeck, Tel.: 0451/7020277 und 70002 (Werkstatt), Fax: 0451/7072199

Ansprechperson: Regine Mönkemeier (Kontakte vorzugsweise über E-Mail oder Fax erwünscht), marienblatt@gmx.net, www.dreischneuss.de/verlag1.html

Programm: Lyrik in der *Zeitschrift für Literatur – Der Dreischneuß* und Einzeltitel in Sonderheften der Zeitschrift *Der Dreischneuß*, Bücher als Einzeltitel.

Weitere Bereiche: Einzelblätter, Leporelli, Kunstbücher aus eigener Marmorier- und Bleisatzwerkstatt.

Marsilius Verlag Gabriele Adam, Maximilianstr. 99, 67346 Speyer, Tel.: 06232/24130, Fax: 06232/620629

Ansprechperson: Gabriele Adam, verlag@marsilius.de, www.marsilius.de (von da aus weiterklicken zum Verlag)

Mitteldeutscher Verlag GmbH, Am Steintor 23, 06112 Halle

Ansprechpersonen: Dr. Kurt Fricke, fricke@mitteldeutscher-verlag.de und Thomas Löschner, loeschner@mitteldeutscherverlag.de. (Kontaktaufnahme mit dem Verlag ist nur auf schriftlichem Weg erwünscht.)

Otto Müller Verlag, Ernest-Thun-Str. 11, A-5020 Salzburg, Tel.:

0662/8819740, Fax: 0662/872387

Ansprechperson: Karoline Neubauer, lektorat@omvs.at, www.
omvs.at (Hinweis auf der Homepage: „Über unaufgefordert
eingesandte Manuskripte kann keine Korrespondenz geführt werden.")

Neues Literaturkontor, Goldstr. 15, 48147 Münster, Tel.: 0251/
45343, Fax: 0251/40565

Ansprechperson: Dorothea Mummenday, neues-literatur-
kontor@t-online.de, www.neues-literaturkontor.de

Programm: Neue deutschsprachige Lyrik, hohes Sprach-
niveau. Vorzugsweise Lyrik, die Kulturförderung erhalten
hat; drei bis vier Titel pro Jahr.

Weitere Bereiche: Prosa.

Nimrod-Literaturverlag, Elle Niksic, Cullmannstr. 43, CH-8006
Zürich, Tel./Fax: 044/3508808, nimrod@nellegallery.ch,
www.nimrod-literaturverlag.de. Laut Homepage nimmt
sich der Verlag vor allem ErstautorInnen an.

Nora Handpresse Düsseldorf, Werner und Nora Brenneke,
Hymgasse 1, 40549 Düsseldorf, Tel.: 0211/501061, info@
nora-handpresse.de, www.nora-handpresse.de

Parasitenpresse Köln, Wassiliki Knithaki, Richard-Wagner-Str.
18, 50674 Köln

Ansprechperson: Frau Knithaki, parasitenpresse@hotmail.
com, http://parasitenpresse.kulturserver-nrw.de

Programm: Jüngere deutschsprachige AutorInnen, etwa
zwei Gedichtbände pro Jahr.

perspektivenverlag, Dr. Silke Mayer, Hans-Sachs-Str. 17, 85092
Kösching, Tel.: 0175/7763187, Fax: 0914/599283360, info@
perspektivenverlag.de, www.perspektivenverlag.de

Programm: Einzeltitel; Lyrik.

Weitere Bereiche: Reiseliteratur, Kinderbuch, wissenschaftliche Arbeiten.

poetenladen – der verlag, Andreas Heidtmann, Fechnerstr. 6,
04155 Leipzig

Ansprechperson: Andreas Heidtmann, heidtmann@poeten-
laden.de, www.poetenladen-der-verlag.de; siehe auch
www.poetenladen.de.

PO EM PRESS Verlag, c/o Thomas Schweisthal, Regensburger Str. 104, 93080 Pentling/Großberg, Tel.: 09405/940149
Ansprechperson: Thomas Schweisthal, thomasschweisthal@vr-web.de oder info@poempress.de, www.poempress.de
Programm: Ein bis zwei Lyrikbände pro Jahr. Gesucht sind – siehe Homepage – wirklich nur Underground-AutorInnen, und zwar nichts „Plattes", sondern originelle eigenständige Literatur oder z. B. Weiterentwicklungen der Lyrik der amerikanischen Beat-Generation/oder der Gedichte von Jörg Fauser und Co.

RADIUS-VERLAG GmbH, Alexanderstr. 162, 70180 Stuttgart, Tel.: 0711/6076666, Fax: 0711/6075555, info@radius-verlag.de, www.radius-verlag.de

Rimbaud Verlag, Aachen, www.rimbaud.de
Der Verlag nimmt keine neuen AutorInnen auf.

SALON LiteraturVERLAG, Willibaldstr. 6, 80687 München, Tel.: 089/58927615, Fax: 089/58927616, salonline@salon-line.de, www.salonliteraturverlag.de

Sic-Verlag: Noch im Aufbau, Informationen unter www.sicon-line.de

Silberburg-Verlag GmbH, Schönbuchstr. 48, 72074 Tübingen, Tel.: 07071/68850, Fax: 07071/688520
Ansprechperson: Martin Klaus, info@silberburg.de, www.silberburg.de
Programm: (schwäbische) Mundart.
Weitere Bereiche: Baden-Württemberg.

Silver Horse Edition, Gschaid 2, 84163 Marklkofen
Ansprechperson: Peter Ettl, Tel.: 08732/938121, Fax: 08732/938122, silverhorseranch@aol.com, www.silverhorseedition.de
Programm: Lyrik schwerpunktmäßig nicht von Debütanten, sondern eher von „älteren Semestern" aus der Szene. In der Lyrikreihe jeweils limitierte und signierte Auflagen, etwa zwei Titel pro Jahr.

Skarabæus Verlag, Erlerstr. 10, A-6020 Innsbruck, Tel.: 0512/395045, Fax: 0512/39504515
Ansprechperson: Georg Hasibeder-Plankensteiner, georg.

hasibeder@skarabaeus.at, www.skarabaeus.at

Suhrkamp Verlag, Lindenstr. 29–35, 60325 Frankfurt, Tel.: 069/756010, Fax: 069/75601522, lektorat@suhrkamp.de, www.suhrkamp.de

Programm: Lyrik ist in den Programmen der Verlage Insel und Suhrkamp fest verankert. Gepflegt werden die Klassiker (Brecht, Eich, Goethe, Hesse, Hölderlin, Rilke, Schiller u. a.); doch auch die Lyrik zeitgenössischer deutscher und internationaler AutorInnen wird veröffentlicht (Egger, Grünbein, Köhler, Kolbe, Oliver, Ostermaier, Rosenlöcher, Schindel, Seiler u. a.). Außerdem gewährleisten programmübergreifende Reihen (Frankfurter Anthologie, Gedichte in einem Band etc.) die Kontinuität bei der Veröffentlichung von Lyrik. Pro Jahr erscheinen rund 15 bis 20 Gedichtbände. Zusendungen von ca. 15 Gedichten bitte an die Postadresse, Lektorat.

SuKuLTuR, Harzer Str. 51–52, 12059 Berlin, sukultur@satt.org, www.sukultur.de

Ansprechperson: Marc Degens, degens@satt.org

Programm: 16- bis 24-seitige Hefte im DIN-A6-Format mit junger, deutscher und fremdsprachiger Lyrik. Pro Jahr erscheinen ein bis zwei Titel.

Tenea Verlag, Zweigniederlassung Deutschland, Salzufer 20, 10587 Berlin, Tel.: 030/34702720, Fax: 030/34702721, info@tenea-verlag.de, www.tenea-verlag.de

Ansprechperson: Thomas Gerstmeyer

Programm: Etwa ein bis zwei Lyriktitel pro Jahr.

Verlag Laufschrift Edition, c/o Martin Langanke, Bäumenstr. 2, 90762 Fürth, text@laufschrift-magazin.de, www.laufschrift-magazin.de

Programm: Lyrik-Einzeltitel, Anthologien sowie Überset-

꙳ ꙳

„Durch diese Übersetzungsarbeit mit Keats, auch durch seine Briefe vor allen Dingen, habe ich sehr viel gelernt, was den Dichterberuf angeht: dass man einfach vor allen Dingen leben soll, auch wenn das jetzt sehr tiefsinnig ist [lacht], und dass der Rest von alleine kommt."
Mirko Bonné am 3.9.2003 im Büchermarkt des Deutschlandfunks.

zungen englischsprachiger Lyrik (unregelmäßig).

Verlag Der Apfel, Matteottiplatz 1, A-1160 Wien, Tel.: 01/5266152, Fax: 01/5228718, office@verlagderapfel.at, www.verlagderapfel.at

Verlag im Wald, Dönning 6, 93485 Rimbach (Name des Verlags für französische LeserInnen: Edition en forêt), Tel./Fax: 09977/708

Ansprechperson: Rüdiger Fischer, 09977708@t-online.de, www.verlagimwald.de

Programm: Fremdsprachige Lyrik (Französisch, Englisch, Italienisch, Tschechisch, Polnisch, Hebräisch, Griechisch, Spanisch). Etwa sechs Titel pro Jahr. Nur Lyrik.

Verlag Kleine Schritte, Medardstr. 105, 54294 Trier, Tel.: 0651/300698, Fax: 0651/300699, mail@kleine-schritte.de, www.treves.de

Waldgut Verlag & Atelier Bodoni, Industriestr. 23, CH-8500 Frauenfeld

Ansprechperson: Dr. Monika Oertner, Tel.: 05272/88925, lektorat@waldgut.ch, www.waldgut.ch

Laut Homepage freut sich der Verlag auch über unverlangt eingesandte Manuskripte. Einsendungen per E-Mail sind auch möglich.

Wallstein Verlag, Geiststr. 11, 37073 Göttingen, Tel.: 0551/548980, Fax: 0551/5489833

Ansprechperson: Nikola Medenwald, nmedenwald@wallstein-verlag.de, www.wallstein-verlag.de

Weidle Verlag, Beethovenplatz 4, 53115 Bonn, Tel.: 0228/632954, Fax: 0228/697842

Ansprechperson: Stefan Weidle, verleger@weidle-verlag.de, www.weidleverlag.de

Wiesenburg Verlag, Postfach 4410, 97412 Schweinfurt, Tel.: 09172/6859355, Fax: 0931/870963710

„Wenn er [der Dichter] ein Gedicht übersetzt, wird er höher entlohnt, als wenn er ein Gedicht schreibt. Wenn er ein Gedicht rezensiert, oft sogar noch erheblich höher, als wenn er ein Gedicht veröffentlicht."
Gerhard Falkner, in: Joachim Sartorius (Hg.): Minima Poetica, 2003, S. 123f.

Ansprechperson: Werner Schmid, info@wiesenburgverlag.de, www.wiesenburgverlag.de

Programm: Lyrikprogramm ist Bestandteil des Verlagskonzepts. Keine Lyrik-Anthologien. Etwa fünf Lyriktitel pro Jahr, das sind rund 30 % der Titel.

Weitere Bereiche: Romane, Reiseliteratur.

Wieser Verlag, Ebentaler Str. 34 B, A-9020 Klagenfurt/Celovec, Tel.: 0463/37036, Fax: 0463/37635

Ansprechperson: Iris Katholnig, iris.katholnig@wieser-verlag.com, www.wieser-verlag.com

Wolfbach Verlag, Gemeindestr. 4, CH-8032 Zürich, Tel.: 044/2529361, Fax: 044/2529312, mail@wolfbachverlag.ch, www.wolfbach-verlag.ch

Verlag Das Wunderhorn, Rohrbacher Str. 18, 69115 Heidelberg, Tel.: 06221/402428, Fax: 06221/402483, info@wunderhorn.de, www.wunderhorn.de

yedermann Verlag, Oliver Brauer und Sebastian Myrius GbR, Georg-Kerschensteiner-Str. 8, 85521 Riemerling, Tel.: 089/60190293, Fax: 089/60190294, lektorat@yedermann.de, www.yedermann.de

7.2. Der richtige Zeitpunkt für den ersten Band und der passende Verlag

Generell möchte ich eindringlich davor warnen, den ersten Gedichtband zu früh anzusteuern. Haben Sie Geduld mit sich und Ihrer literarischen (und persönlichen) Entwicklung und arbeiten Sie an der Qualität Ihrer Gedichte. Bedenken Sie, wie viel Zeit und wie viel Arbeit die Ausbildung eines Pianisten oder einer Wissenschaftlerin benötigt. So wie Etüden, Hausarbeiten und Übungsklausuren über Jahre hinweg nicht für die Öffentlichkeit gedacht sind, so schreiben Sie in den ersten Jahren fast ausschließlich und auch später immer wieder Gedichte, die Sie für sich behalten sollten. Bieten Sie nur Ihre besten Texte zur Veröffentlichung in Literaturzeitschriften an. Testen Sie aus, welche Literaturzeitschriften Ihre Gedichte drucken und welche nicht, und überlegen Sie, woran es liegen könnte. Es ist nicht schlimm, das eine oder andere nicht geglückte Gedicht in einer Nischenzeitschrift in einer 150er Auflage verbreitet zu wissen. Unangenehm kann es aber sein, wenn Sie sich ein paar Jahre nach Erscheinen Ihres Lyrikdebüts für Ihr Buch schämen, weil Sie inzwischen viel bessere Gedichte schreiben. Wenn Sie auf verschiedenen Wegen Kontakte zu anderen Schreibenden suchen und wenn es Ihnen im Lauf der Jahre gelingt, sich durch Veröffentlichungen in Literaturzeitschriften oder Anthologien einen Namen zu machen, werden Sie allmählich ein Netz von Literaturbekanntschaften und -freundschaften aufbauen und das Weitere ergibt sich. Im optimalen Fall merken Sie, wie sich Ihre Gedichte wie von selbst organisch zu einem Band fügen, vielleicht weil Sie nach einer Zeit der Befindlichkeitsgedichte ein Thema gefunden haben, an dem Sie arbeiten oder weil Ihnen im Lauf der Zeit Ihre Poetologie allmählich klarer geworden ist (siehe Arbeitsanregung 28). In vielen Fällen ergibt sich der Kontakt zu einem Verlag auf eine ungezwungene Art, zum Beispiel, weil ein Verleger oder ein Freund eines Verlegers Sie auf einer Lesung hört, weil Ihre Lyrikkollegin Sie empfiehlt, weil Sie auf dem *Open Mike* auftreten oder vielleicht auch einfach nur, weil jemand ein paar Gedichte von Ihnen gelesen hat.

Machen Sie sich im Lauf der Zeit mit der Lage auf dem Lyrikbuchmarkt vertraut. In den großen Verlagshäusern, deren Gedichtbände im Buchhandel präsent sind, wird ein Neuling ohne renommierten Lyrikpreis nicht landen, aber es gibt kleinere und kleinste Verlage, die neuen AutorInnen gegenüber durchaus aufgeschlossen sind. Hinzu kommt, dass in den vergangenen Jahren von einer neuen Lyrikgeneration so einige ambitionierte Verlage gegründet wurden, die auch von der Literaturkritik und der Öffentlichkeit wahrgenommen werden. Die Bandbreite an Verlagsprofilen hat sich in den vergangenen Jahren also eher vergrößert.

Die äußere Aufmachung von Lyrikbänden unterscheidet sich von Verlag zu Verlag. Dies betrifft zunächst den Buchumfang. Die Zahl der Gedichte, die einen Band füllen – üblicherweise wird auf jede Seite ein Gedicht gedruckt –, schwankt erheblich.

Es gibt Verlage, die bereits aus sieben Gedichten ein Bändchen produzieren. Bei anderen Verlagen braucht man mit unter 100 Gedichten gar nicht anzufragen. 40 bis 60 Gedichte sind das Mittelfeld, eine gute Zahl für einen Band, der schließlich auch einen aussagekräftigen Einblick in die Arbeit und die Entwicklung der Autorin oder des Autors ermöglichen soll.

Ein nicht ganz unwichtiges Kriterium für die Auswahl eines Verlages ist aus meiner Sicht auch der Ladenpreis der Lyrikbände. Liegt er zu hoch, wirkt er als Kaufbremse. Mögliche Überlegungen: Wie viel Geld würde jemand für ein Geburtstagsgeschenk ausgeben? Bis zu welchem Preis wäre die Besucherin einer Lesung bereit, spontan einen Band zu erwerben?

Allerdings gibt es auch weniger preiswerte Lyrikbände, deren Äußeres ein ästhetischer Genuss ist. Da werden alle Buchstaben im Bleisatz von Hand gesetzt oder ganze Bücher handschriftlich geschrieben, es werden Fotos von Hand eingeklebt oder in Zusammenarbeit mit bildenden KünstlerInnen Zeichnungen mit aufgenommen. Solche bibliophilen Kostbarkeiten werden oft nur in einer Auflage von wenigen Dutzend hergestellt; manche kosten einige hundert Euro – es sind Sammlerexemplare.

Die formalen und inhaltlichen Anforderungen an Gedichte schwanken teilweise von Verlag zu Verlag erheblich. Bei der Überlegung, ob Ihre Gedichte in ein Verlagsprogramm passen, könnten Sie zum Beispiel auf Folgendes achten: Reim (vorhanden oder – das ist eher üblich – nicht vorhanden), Tonfall (schnodderig, gediegen, elitär, witzig, melancholisch usw.), Länge der Gedichte, bevorzugte Themen, allgemeine Qualität, Einschränkung durch das Verlagsprogramm: nur Preisträger oder nur LyrikerInnen mit Wohnsitz in Thüringen. Wenn es Ihnen gelingt, den Lyrikgeschmack eines Verlages einzuordnen, können Sie leichter einschätzen, ob Ihre Gedichte zu dem Verlag passen oder nicht.

Wie können Sie die angesprochenen Punkte nun konkret recherchieren? In Stadtbibliotheken oder in Buchhandlungen werden Sie kaum fündig werden. Achten Sie darauf, in welchen Verlagen Kolleginnen und Kollegen, deren Textqualität Ihrer eigenen ähnelt oder deren Gedichte in der gleichen

Literaturzeitschrift erschienen sind wie Ihre, publizieren. Stöbern Sie im Internet auf den Verlagsseiten der in der Liste aufgeführten Verlage. So erhalten Sie Informationen über die äußere Aufmachung und die Seitenzahl der publizierten Gedichtbände, in den meisten Fällen auch Textproben. Bestellen Sie Lyrikbände Ihrer Verlagsfavoriten. Es ist wie bei Literaturzeitschriften: Irgendwann finden Sie Verlage, in deren Umfeld Sie sich wohlfühlen.

Wer nicht in der Nähe einer der Niederlassungen der Deutschen Nationalbibliothek in Leipzig oder Frankfurt am Main wohnt und dort alle nach 1945 in Deutschland abgelieferten Pflichtexemplare mit ISBN lesen kann, dem hilft vielleicht der Onlinekatalog unter www.ddb.de, zum Beispiel um herauszufinden, wie viele Bücher welcher Autoren mit welchen Buchtiteln und Seitenzahlen ein Verlag veröffentlicht hat. Dies recherchiert man auf der Seite des Katalogs über die Eingabefunktion „Verleger und Ort". So erfahren Sie auch, wie viele Titel ein Verlag pro Jahr herausgibt und ob er in den vergangenen Jahren regelmäßig produziert hat.

Aufschlussreich sind auch die Verlagsportraits von Theo Breuer: In der Literaturzeitschrift *Muschelhaufen,* Ausgabe 42 (2002), hat Theo Breuer unter dem Titel „Mein lyrisches Verlags-ABC" seine Lieblingsverlage zusammengestellt und charakterisiert. Einen Teil dieses Artikels können Sie unter www.muschelhaufen.de lesen. Im *Faltblatt* Nr. 8 und Nr. 9, zu bestellen über www.theobreuer.de, stellt Theo Breuer jeweils etwa zwei Dutzend Verlage, meist Kleinverlage, vor.

Gelegenheit zum Stöbern und zum persönlichen Gespräch gibt es auf der Mainzer Minimesse, einer internationalen Buchmesse, die alle zwei Jahre in den ungeraden Jahren im Mai stattfindet. In einem großen Zelt am Rheinufer stellen vor allem Klein- und Kleinstverlage ihre Bücher und Zeitschriften aus und bieten sie zum Kauf an. Die Palette reicht von bibliophilen

„Poesie richtet bestenfalls volkswirtschaftlichen Schaden an."
Hans Thill, in: Michael Braun, Hans Thill (Hg.): Das verlorene Alphabet, 1998, S. 213.

Sammlerexemplaren bis zu preiswerten schmalen Bändchen. Unter www.minipresse.de können Sie die Messetermine und weitere Einzelheiten erfahren; hier finden Sie auch ein Verzeichnis aller Aussteller.

8. Der Verlagsvertrag

Wer Texte bei Literaturzeitschriften, Tageszeitungen oder Anthologien anbietet, hofft auf eine Veröffentlichung. Jeder Publikation liegt ein Vertrag zugrunde, der Nutzungsrechte zum Inhalt hat. Oft sind sich Autorinnen und Autoren dessen nicht bewusst. Denn ein Vertrag, der etwa die Veröffentlichung eines Gedichtes in einer Literaturzeitschrift zum Inhalt hat, muss (wie die meisten anderen Verträge auch) zu seiner Wirksamkeit weder schriftlich ausformuliert noch von den Vertragspartnern unterschrieben sein. Für Veröffentlichungen in Literaturzeitschriften ist das auch nicht üblich. Über Veröffentlichungen in Anthologien werden dagegen eher, aber auch nicht immer, schriftliche Vereinbarungen geschlossen.

Ein Vertrag kann nicht nur schriftlich, sondern auch mündlich abgeschlossen werden, und er kann sich auch nur aus dem Verhalten der Beteiligten ergeben, was man „stillschweigenden Vertragsschluss" nennt. Ein typisches Beispiel für einen stillschweigend abgeschlossenen Verlagsvertrag über die Veröffentlichung eines Gedichtes in einer Literaturzeitschrift liegt vor, wenn eine Autorin der Redaktion fünf Gedichte per E-Mail zur Veröffentlichung anbietet und eines der Gedichte ohne weiteren Kontakt mit der Autorin nach ein paar Monaten in der Zeitschrift abgedruckt wird. (Allerdings ist das eher nicht die feine Art. Üblicherweise wird ein Autor vorab darüber informiert, dass ein Gedicht von ihm veröffentlicht wird und um welches Gedicht es sich handelt.)

Grundlage aller Verlagsverträge ist das Urheberrechtsgesetz, das AutorInnen und anderen Künstlern das Recht, über die

Verwertung ihrer Werke selbst zu entscheiden, zuspricht. In einem Verlagsvertrag können die Autorin und der Verlag vereinbaren, zu welchen Konditionen dies geschieht. Vereinbaren Sie keine Details, greifen bestimmte Regelungen aus dem Urheberrechtsgesetz und das Gesetz über das Verlagsrecht (auch Verlagsgesetz genannt) als Ersatz ein.

Wer ein Gedicht geschrieben hat, ist Urheber im Sinn des Urhebergesetzes und damit berechtigt, zu entscheiden, wer sein Werk nutzen darf. Das Urheberrechtsgesetz unterscheidet einfache und ausschließliche Nutzungsrechte. Nach § 31 Absatz 2 Urheberrechtsgesetz berechtigt das einfache Nutzungsrecht den Inhaber, das Werk neben dem Inhaber oder anderen Berechtigten auf die ihm erlaubte Art zu nutzen. Räumt ein Autor einer Literaturzeitschrift also ein einfaches Nutzungsrecht zur Veröffentlichung eines Gedichtes ein, kann er das Gedicht gleichzeitig noch einer weiteren Zeitschrift zur Veröffentlichung anbieten. Dagegen berechtigt das ausschließliche Nutzungsrecht nach § 31 Absatz 3 Urheberrechtsgesetz den Inhaber, das Werk unter Ausschluss aller anderen Personen einschließlich des Urhebers (!) auf die ihm erlaubte Art zu nutzen. Mit einem ausschließlichen Nutzungsrecht räumt ein Autor seinem Vertragspartner also wesentlich mehr Rechte als mit einem einfachen Nutzungsrecht ein. Ein Autor, der jemandem das ausschließliche Nutzungsrecht für eines seiner Gedichte übertragen hat, darf sein eigenes Gedicht grundsätzlich nicht mehr ohne vorherige – und in der Regel kostenpflichtige – Zustimmung des neuen Rechtsinhabers veröffentlichen. (Zur Klarstellung: Mit der Übertragung des ausschließlichen Nutzungsrechtes überträgt der Autor selbstverständlich nicht seine Position als Urheber.)

Nutzungsrechte sind auf bestimmte Nutzungsarten begrenzt. So kann eine Autorin zum Beispiel das ausschließliche Nutzungsrecht für den Abdruck ihres Gedichtbandes einem Verlag einräumen und das ausschließliche Nutzungsrecht für eine Hör-CD einem anderen Verlag übertragen. In der Praxis werden jedoch meist beide und noch weitere Nutzungsarten einem einzigen Vertragspartner eingeräumt.

Oft geben Redaktionen von Literaturzeitschriften im Impressum einseitig die Bedingungen vor, zu denen sie Beiträge in ihrer Zeitschrift veröffentlichen. Zum Beispiel mit einer Formulierung wie: „Mit der Einsendung bieten die Autoren ein einfaches Nutzungsrecht zur Veröffentlichung ihrer Texte in dieser Zeitschrift an." Sendet eine Autorin an die Redaktion dieser Zeitschrift ein Gedicht ein und wird dieses veröffentlicht, hat die Autorin der Redaktion ein einfaches Nutzungsrecht eingeräumt. Gelegentlich findet sich in einem Impressum auch die Formulierung, dass die Autoren „ihre Rechte behalten" oder dass die Rechte bei den Autoren liegen, was eine Umschreibung dafür ist, dass ein einfaches Nutzungsrecht übertragen wurde. Bevor man einer Literaturzeitschrift seine Gedichte anbietet, ist ein Blick ins Impressum also sehr zu empfehlen.

Was aber gilt, wenn keine Vereinbarung zum Nutzungsrecht getroffen wurde? Die Rechtslage hängt dann von der Art des Mediums ab, für das der Beitrag eingereicht wurde. Nach § 38 Absatz 1 Urheberrechtsgesetz erwirbt der Verleger oder Herausgeber „im Zweifel" ein ausschließliches Nutzungsrecht, wenn der Urheber die Aufnahme des Werkes in eine periodisch erscheinende Sammlung gestattet. Die Formulierung „im Zweifel" bedeutet, wenn nichts anderes vereinbart wurde oder aus den Umständen – zum Beispiel der Ausschreibung – hervorgeht. Periodisch erscheinende Sammlungen sind neben Zeitschriften auch Kalender, Almanache und Jahrbücher. Wurde ein Beitrag ohne weitere Vereinbarung in einer solchen Sammlung veröffentlicht, darf der Urheber sein Werk erst wieder nach Ablauf eines Jahres seit Erscheinen anderweitig veröffentlichen. Dies gilt auch dann, wenn dem Autor für die Veröffentlichung seines Gedichts kein Anspruch auf ein

---

„Irgendwann zerbricht etwas, bei jedem Menschen, und eine Wunde bleibt. Und mir will es so vorkommen, als sei dies der exakte Grund dafür, warum Bücher geschrieben, Bilder gemalt, Musikstücke komponiert werden. Es ist Ausdruck einer Verwundung. Ich glaube, wir schätzen den Wert von Kunstwerken um so höher, wenn wir diese Wunde des Künstlers in uns selbst spüren und erkennen."
Kazuo Ishiguro am 9.11.2001 im Deutschlandfunk.

Honorar zusteht. Um Literaturzeitschriften kein ausschließliches Nutzungsrecht an einem Gedicht für die Dauer eines Jahres einzuräumen, ist es sinnvoll, immer nur ein einfaches Nutzungsrecht anzubieten. Zum Beispiel mit der Formulierung „Hiermit biete ich Ihnen/euch ein einfaches Nutzungsrecht an meinen Gedichten an." Diesen Zusatz brauchen Sie Ihrem Anschreiben nur dann hinzufügen, wenn Sie nirgendwo den oben genannten Hinweis (die Autoren behalten ihre Rechte) finden.

Wird ein Gedicht einer Tageszeitung angeboten, erwirbt der Verleger oder Herausgeber nach § 38 Absatz 3 Urheberrechtsgesetz ein einfaches Nutzungsrecht, es sei denn, es wurde etwas anderes vereinbart.

Für Veröffentlichungen in Anthologien und anderen nicht periodischen Sammlungen gilt, wenn keine Vereinbarung über das Nutzungsrecht und über die Auflagenhöhe getroffen wurde, Folgendes: Der Verlag erwirbt nach dem Verlagsgesetz das ausschließliche Recht zur Vervielfältigung und Verbreitung für eine Auflage von maximal 1000 Exemplaren. Hat der Autor für die Veröffentlichung kein Honorar erhalten, darf er seinen Beitrag ein Jahr nach Erscheinen wieder anderweitig verwerten (§ 38 Absatz 2 in Verbindung mit § 38 Absatz 1 Satz 2 Urheberrechtsgesetz). Das ausschließliche Nutzungsrecht verwandelt sich dann in ein einfaches. Wer einen Beitrag zu einer Anthologie liefert und die Übertragung eines ausschließlichen Nutzungsrechtes vermeiden möchte, sollte nur ein einfaches Nutzungsrecht anbieten.

Die hilfsweise eingreifenden gesetzlichen Regelungen können hauptsächlich nur in der Theorie zu Verwirrung führen. In der Praxis ist der Hinweis „die AutorInnen behalten ihre Rechte" üblich.

Im Unterschied zu Veröffentlichungen in Zeitschriften wird vor der Veröffentlichung von Gedichten in einem eigenen Band immer ein schriftlicher Verlagsvertrag abgeschlossen. Meist schickt der Verleger der Autorin einen vorformulierten Vertrag und erwartet, dass die Autorin unterschreibt. Solche Entwürfe können aber sowohl im Hinblick auf die Honorarkonditionen als auch im Hinblick auf andere Punkte für die Autorin ungünstig sein. Deshalb sollte die Autorin den Entwurf so lange prüfen, bis sie alle Begriffe und Formulierungen verstanden hat, und sie sollte nur unterschreiben, wenn sie sie akzeptiert.

Zur Orientierung kann der Normvertrag dienen, der zwischen dem Verband deutscher Schriftsteller (VS in ver.di) und dem Börsenverein des deutschen Buchhandels ausgehandelt wurde. Darin sind Muster-Formulierungen für den Vertragsgegenstand, die Rechtseinräumung, die Verlagspflicht, Absatzhonorare, Nebenrechte, Manuskriptablieferung, Freiexemplare, Satz und Korrektur, Lieferbarkeit, Verramschung, Urheberbenennung und Änderungen der Eigentums- und Programmstrukturen des Verlags enthalten. Der Normvertrag hat den Charakter einer Empfehlung. Man findet ihn in vielen Autoren-Handbüchern und auch im Internet, zum Beispiel unter www.uschtrin.de/normvertrag.html. Um einen Vertragsentwurf einschätzen zu können, sollten Sie den Vertragstext Absatz für Absatz mit dem des Normvertrages vergleichen. Allerdings haben größere Verlage meist eigene Vorlagen, die mehr oder (in der Regel) weniger günstig für einen Autor oder eine Autorin sein können. Besonders wichtige Punkte, auf die Sie beim Abschluss des Vertrages achten sollten, sind Rechtseinräumung und Honorar. Sollten Klauseln zur Haftung, Vertragsstrafe oder Verpflichtungen für zukünftige Manuskripte enthalten sein, sollten Sie vorsichtig sein und sich lieber juristisch beraten lassen.

Oft verlangen Verlage vom Autor, Nutzungsrechte für die Dauer des gesetzlichen Urheberrechts zu übertragen. Das gesetzliche Urheberrecht erlischt nach § 64 Absatz 1 Urheberrechtsgesetz 70 Jahre nach dem Tod des Urhebers. Das bedeutet: Nach diesem Zeitpunkt können alle Werke eines Autors veröffentlicht werden, ohne beim Inhaber der Nutzungsrechte Lizenzen einzuholen (und sie zu bezahlen). Mit der Übertragung des gesetzlichen Urheberrechts geht man also eine sehr lange Bindung mit dem Verlag ein. Meist überdauert diese Bindung die Lieferbarkeit eines Gedichtbandes erheblich. Wenig bekannt unter Autorinnen und Autoren ist, dass man als Urheber die Rechte zurückrufen kann, wenn der Verlag sie nicht mehr nutzt. Dieses Rückrufsrecht wegen Nichtausübung regelt § 41 des Urheberrechtsgesetzes, das auch im Bereich des Verlagsgesetzes anwendbar ist. Wer einen Rückruf plant, sollte sich von einem Autorenverband oder einem auf Urheber- und Vertragsrecht spezialisierten Rechtsanwalt beraten lassen und sich die Muster auf http://vs.verdi.de/urheberrecht/mustervertraege durchlesen.

Neben dem Hauptrecht der Vervielfältigung und Verbreitung für Druckausgaben sieht der Normvertrag eine Reihe von Nebenrechten vor, die der Autor ebenfalls überträgt, zum Beispiel das Recht zur „Aufnahme auf Vorrichtungen zur wiederholbaren Wiedergabe mittels Tonträger", womit die Verbreitung als Hörbuch gemeint ist. Wer mit dem Gedanken spielt, seine Gedichte neben der gedruckten Fassung in einem anderen Verlag als Hörbuch zu veröffentlichen, sollte dem Verleger dieses Nebenrecht also nicht übertragen. Bei einem Verlagsvertrag über einen Gedichtband sollte man sich darüber im Klaren sein, ob man dem Verlag nur das ausschließliche Nutzungsrecht an der Zusammenstellung der Gedichte im Band überträgt oder auch an den einzelnen Texten. Überträgt ein Autor das Nutzungsrecht auch an den einzelnen Gedichten an den Verlag, darf er die im Band veröffentlichten Texte ohne Lizenz des Verlegers keiner Zeitschrift zur Veröffentlichung anbieten. Nach § 31 Absatz 3 Satz 2 Urheberrechtsgesetz kann bei einer Übertragung des ausschließlichen Nutzungsrechtes bestimmt werden, dass die Nutzung durch den Urheber vorbehalten bleibt. Sie können zum Beispiel folgende Klausel in den Verlagsvertrag einfügen: „Die Autorin ist berechtigt, ohne Rücksprache mit dem Verlag über das einfache Nutzungsrecht an bis zu fünf Gedichten aus diesem Band zu verfügen. Honorarforderungen des Verlages gegenüber der Autorin entstehen auf diese Weise nicht."

Vorgaben zum Honorar enthält der Normvertrag nicht. Der Verband deutscher Schriftsteller empfiehlt bei Hardcover-Büchern 10 %, bei Taschenbüchern 6 % vom Nettoverkaufspreis. Der Nettoverkaufspreis ist der Ladenverkaufspreis abzüglich der darin enthaltenen Mehrwertsteuer. Werden bei einer Veröffentlichung in Anthologien Honorare gezahlt, ist entweder ein Pauschalbetrag üblich oder die Aufteilung des Honorars nach Anzahl der Autoren oder nach Textumfang. Üblich ist eine jährliche oder halbjährliche Zahlungsweise.

Falls keine Vereinbarung zu Freiexemplaren getroffen wurde, greift § 25 Verlagsgesetz und spricht dem Verfasser auf je hundert Abzüge ein Freiexemplar zu, jedoch im Ganzen nicht weniger als fünf und nicht mehr als fünfzehn Exemplare.

Schließlich ist es noch sinnvoll, im Verlagsvertrag zu vereinbaren, zu welchen Konditionen der Autor sein eigenes Buch kaufen kann. Üblich sind 40 % Rabatt vom Ladenpreis.

9. Book on Demand als Alternative?

Im Unterschied zu einem „normalen" Buch, das in einer bestimmten Auflage gedruckt und gelagert wird, wird ein Book on Demand – auf Deutsch: Buch auf Nachfrage – zwar als digitale Produktionsvorlage vorbereitet, dann aber nur auf Bestellung gedruckt – wenn nötig sogar Stück für Stück. Die Herstellung dauert bei diesem relativ neuen Produktionsverfahren meist nur einen Tag. Äußerlich sind Books on Demand von einem herkömmlich hergestellten Buch kaum noch zu unterscheiden.

 Es gibt zahlreiche Anbieter, die Bücher im Book-on-Demand-Verfahren produzieren. Ihre Zielgruppe sind vor allem Autoren, die ihr Buch selbst veröffentlichen wollen, und Verlage, die nur an kleinen Auflagen interessiert sind. Am bekanntesten ist die Books on Demand GmbH in Norderstedt. Auf der Internetseite www.bod.de können Sie mit verschiedenen Optionen experimentieren und zum Beispiel probehalber einen Lyrikband von 64 Seiten mit unterschiedlicher Druckauflage zu verschiedenen Ladenverkaufspreisen unkompliziert und kostenfrei per Mausklick kalkulieren. Weitere Anbieter und viele Informationen zu diesem Thema finden Sie auf der Internetseite www.wege-zum-buch.de.

Listet man Nachteile und Vorteile des Book-on-Demand-Verfahrens auf, kommt man zu folgender Gegenüberstellung: Nachteilig ist für den Autor, dass es ihn viel Zeit und Geld kostet, eine druckfähige Produktionsvorlage/Datei aus seinem Manuskript zu erstellen. Satz, Layout und Covergestaltung – das, was sonst die Profis übernehmen – muss man nun selbst machen. Zudem fehlt ein professionelles Lektorat; das wissen auch die Rezensentinnen in den Tageszeitungen, die diesen „selbst gebastelten" Büchern daher in der Regel nur ungern ihre Aufmerksamkeit schenken. Besprechungen von Book-on-Demand-Titeln sind daher äußerst selten. Wem es darauf ankommt, in der Literaturkritik Anerkennung zu finden, der liegt mit einem Book on Demand falsch. Zu wichtig ist in unserer Lesekultur die Rolle des Verlagsnamens zur Einordnung der Qualität des Inhalts. Bei Wettbewerben, die als Teilnahmevoraussetzung einen eigenen Gedichtband verlangen, zählt ein Book on Demand ebenso wenig wie ein Buch aus dem Selbstverlag. Die Vorteile eines Book on Demand liegen im höheren Gewinn pro verkauftem Buch (sofern man die eigene Arbeitszeit für die Aufbereitung des Manuskripts nicht mit einkalkuliert) und in der Möglichkeit, Layout und Cover nach eigenen Vorstellungen zu gestalten. Das kann für diejenigen, die sich lieber auf das Schreiben konzentrieren, allerdings auch ein Nachteil sein.

Ein Book on Demand kommt also für Autoren in Betracht, die – aus welchen Gründen auch immer – keinen Verlag finden und die es sich zutrauen, ihr Buch selbst zu vermarkten.

10. Nach dem Verlagsvertrag

Wenn Sie den Verlagsvertrag über Ihren ersten Gedichtband unterschrieben haben, geht es darum, das Buch bekannt zu machen und zu verkaufen. Der Zusammenarbeit von Verlag und Autor kommt dabei eine entscheidende Rolle zu.

Aus Sicht eines Verlages zählt der finanzielle Erfolg mehr als der literarische Wert Ihrer Gedichte. In der Regel betrachtet ein Verlag ein Buch als ein Produkt, das mehr einbringen als kosten sollte. Üblicherweise hängt das Honorar des Autors von der Zahl der verkauften Bücher ab. Nicht nur deswegen legen Autorinnen und Autoren viel Wert auf eine hohe Zahl verkaufter Exemplare – hohe Verkaufszahlen bedeuten auch, dass mehr Menschen ihr Werk lesen. Für den Verlag ist es hingegen sinnvoll, den Verkauf nicht weiter zu fördern, wenn der Aufwand dafür höher ist als der Gewinn. Deshalb ist es sinnvoll, dem Verlag möglichst viele kostengünstige Vorschläge zu machen, die den Abverkauf unterstützen können.

Nehmen Sie die Pressearbeit und andere Promotionsaktivitäten nur in Absprache mit dem Verlag in die Hand. Eine einfache Möglichkeit ist ein Hinweis in Ihrer E-Mail-Signatur. Fragen Sie Ihren Verlag, ob er Flyer drucken kann, und fertigen Sie, falls der Verlag dies ablehnt, selbst Flyer an, die Sie bei Lesungen auf dem Büchertisch auslegen (zum Mitnehmen für noch Unentschiedene).

Überlegen Sie sich, wie Sie Ihre LeserInnen erreichen. Fragen Sie bei Literaturzeitschriften, vorzugsweise bei solchen, in denen Sie schon veröffentlicht haben, an, ob Interesse an einem Rezensionsexemplar besteht (vergewissern Sie sich jedoch vorher, ob die betreffende Literaturzeitschrift überhaupt Rezensionen veröffentlicht!), und teilen Sie dann die Adresse, an die das Rezensionsexemplar verschickt werden soll, Ihrem Verlag mit. Oft sind auch Redaktionen von Lokalzeitungen oder lokalen Radiosendern dafür aufgeschlossen, Autorinnen und Autoren der Region vorzustellen. Erkundigen Sie sich bei Ihrem Verlag, wie viele Rezensionsexemplare er zur Verfügung stellen kann, welche Vorschläge er für die Pressearbeit hat und ob er Ihnen zu Lesungen verhelfen kann. Wenn Sie selbst Mitglied einer Literaturgruppe sind, könnte ein erstes oder neues Buch eines Gruppenmitglieds ein Anlass für eine Lesung sein.

Ihre potenziellen LeserInnen können Sie vor allem durch eine Kostprobe Ihrer Gedichte überzeugen. Weisen Sie bei jeder Veröffentlichung Ihrer Gedichte in Literaturzeitschriften und Anthologien in Ihrer Kurzbiografie auf Titel, Verlag und Erscheinungsjahr Ihres Gedichtbandes hin. Letztlich kann nur die Qualität eines Textes überzeugen. Berührt ein Gedicht einen Leser im Kern, wird er süchtig nach dem Gefühl, das weitere Gedichte ähnlicher Art in ihm auslösen können.

Die Autorin

Martina Weber: 1966 in Mannheim geboren, studierte in Heidelberg, Freiburg, Frankfurt am Main und Mainz und lebt in Frankfurt am Main. Lyrikveröffentlichungen in Literaturzeitschriften und Anthologien, u. a. im bei S. Fischer erschienenen *Jahrbuch der Lyrik* 2005, 2006, 2007 und 2008, in *Macondo, Außerdem* sowie auf www.poetenladen.de. Lesungen u. a. im Frankfurter Literaturbüro, Darmstädter Literaturhaus, im Haus der Sprache und Literatur in Bonn, im Radio, Fernsehen und auf dem Erlanger Poetenfest 2007. In der Endrunde beim Georg-K.-Glaser-Förderpreis 2007; 1. Preis beim Mannheimer Heinrich-Vetter-Literaturpreis 2007.

2001 bis 2003 Newsletter-Redakteurin der *Federwelt*. Seit 2003 Lyrik-Expertin des Newsletters des Autorenforums *The Tempest*, siehe www.autorenforum.de. Seit 2005 Leiterin der „Textwerkstatt 2" im Literaturhaus Darmstadt sowie des Kurses „Literarisches Schreiben" im Offenen Haus der evangelischen Diakonie Darmstadt. Mitglied der Jury für den Debütpreis des Poetenladens (www.poetenladen.de).

Daneben Juristin und wissenschaftliche Autorin mit dem Schwerpunkt Arbeits- und Pflegerecht. Veröffentlichung zahlreicher Fachartikel und mehrerer Fachbücher. Zuletzt erschien: *Arbeitsrecht für Pflegeberufe. Handbuch für die Praxis*, Stuttgart: Kohlhammer, 2007, 575 Seiten (mit Mustertexten auf CD-ROM).

Das Standardwerk

Handbuch für
Autorinnen und Autoren

7. Auflage 2009 // 6. Auflage 2005
704 Seiten, 43 EUR

Weitere Informationen:
www.uschtrin.de/handbuch.html

„... das beste Buch, das es hier auf dem
Markt gibt für deutsche Autoren – ein
ganz, ganz tolles Buch!"
(SWR-TV, »Kaffee oder Tee«, 28.01.2005)

„... kurzum: neben dem Duden gehört
dieses Handbuch auf jeden Schreibtisch."
(literaturblatt für Baden und Württemberg,
März/April 2005)

Die **Federwelt – Zeitschrift für Autorinnen und Autoren**
wendet sich an Schreibanfänger und Fortgeschrittene und enthält praxisorientierte Fachartikel und Interviews zum Thema
Schreiben und Veröffentlichen, Informationen über literarische
Wettbewerbe sowie Rezensionen, Gedichte und kurze Prosa-
texte.

Die **Federwelt** erscheint alle zwei Monate im Uschtrin Verlag.
Jahresabonnement (6 Ausgaben): 29,80 EUR
Einzelheft: 5,50 EUR

Uschtrin Verlag, Taxisstr. 15, 80637 München
fon: 089/15 98 01 66, fax: 089/15 98 01 67
www.federwelt.de   .uschtrin.